Beauté fatale

De la même autrice

Rêves de droite. Défaire l'imaginaire sarkozyste, Zones, Paris, 2008.

Chez soi. Une odyssée de l'espace domestique, Zones/La Découverte, Paris, 2015, 2016.

Sorcières. La puissance invaincue des femmes, Zones, Paris, 2018.

Mona Chollet

Beauté fatale

Les nouveaux visages d'une aliénation féminine

La Découverte POCHE

Cet ouvrage a été précédemment publié en 2012 aux Éditions Zones.

Composé par Facompo à Lisieux
Création graphique de la couverture : Valérie Gautier
Dépôt légal : avril 2015

ISBN 978-2-7071-8581-5

Remerciements

Un grand merci pour leurs précieuses relectures, remarques, objections et suggestions à Katia Berger, Eleonora Faletti, Frédéric Le Van et Thomas Lemahieu, ainsi qu'à mon éditeur, Grégoire Chamayou.

Merci aussi à Xavier Monthéard.

À Constance, parce qu'« un chat est un chat ».

Introduction

Écrire un livre pour critiquer le désir de beauté ? « Il n'y a pas de mal à vouloir être belle ! », m'a-t-on parfois objecté lorsque j'évoquais autour de moi le projet de cet essai. Non, en effet : ce désir, je souhaite même le défendre (voir chapitre 2). Le problème, c'est que dire cela à une femme aujourd'hui revient un peu à dire à un alcoolique au bord du coma éthylique qu'un petit verre de temps en temps n'a jamais fait de mal à personne.

Autant l'admettre : dans une société où compte avant tout l'écoulement des produits, où la logique consumériste s'étend à tous les domaines de la vie, où l'évanouissement des idéaux laisse le champ libre à toutes les névroses, où règnent à la fois les fantasmes de toute-puissance et une très vieille haine du corps, surtout lorsqu'il est féminin, nous n'avons quasiment aucune chance de vivre les soins de beauté dans le climat de sérénité idyllique que nous vend l'illusion publicitaire. Pourtant, même si l'on soupire de temps à autre contre des normes tyranniques, la réalité de ce que recouvrent les préoccupations esthétiques chez les femmes fait l'objet d'un déni stupéfiant. L'image de la femme équilibrée, épanouie, à la fois active et séductrice, se démenant pour ne rater aucune des opportunités que lui offre notre monde moderne et égalitaire, constitue une sorte de vérité officielle à laquelle personne ne semble vouloir renoncer.

Pendant ce temps, sans qu'on y prenne garde, notre vision de la féminité se réduit de plus en plus à une poignée de clichés mièvres et conformistes. La dureté de l'époque aidant, la tentation est grande de se replier sur ses vocations traditionnelles : se faire belle et materner (chapitre 1). Le cinéma est gangrené par le phénomène des « égéries », ces actrices sous contrat avec un parfumeur, un maroquinier ou une marque de cosmétiques, et plus préoccupées de soigner leur image de portemanteau maigrichon tiré à quatre épingles que d'étendre la palette de leur jeu. Le succès des blogs mode ou beauté témoigne lui aussi d'un horizon mental saturé par les crèmes et les chiffons (chapitre 3).

Au-delà des belles images, l'omniprésence de modèles inatteignables enferme nombre de femmes dans la haine d'elles-mêmes, dans des spirales ruineuses et destructrices où elles laissent une quantité d'énergie exorbitante. L'obsession de la minceur trahit une condamnation persistante du féminin, un sentiment de culpabilité obscur et ravageur (chapitre 4). La crainte d'être laissée pour compte fait naître le projet de refaçonner par la chirurgie un corps perçu comme une matière inerte, désenchantée, malléable à merci, un objet extérieur avec lequel le soi ne s'identifie en aucune manière (chapitre 5). Enfin, la mondialisation des industries cosmétiques et des groupes de médias aboutit à répandre sur toute la planète le modèle unique de la blancheur, réactivant parfois des hiérarchies locales délétères (chapitre 6).

Les conséquences de cette aliénation sont loin de se limiter à une perte de temps, d'argent et d'énergie. La peur de ne pas plaire, de ne pas correspondre aux attentes, la soumission aux jugements extérieurs, la certitude de ne jamais être assez bien pour mériter l'amour et l'attention des autres traduisent et amplifient tout à la fois une insécurité psychique et une autodévalorisation qui étendent leurs effets à tous les domaines de la vie des femmes. Elles les amènent à tout accepter de leur entourage ; à faire passer leur propre bien-être, leurs intérêts, leur ressenti, après ceux des autres ; à toujours se sentir coupables de quelque chose ; à s'adapter à tout prix, au lieu de fixer leurs propres règles ; à ne pas savoir exister autrement que par la séduction, se condamnant ainsi à un état de subordination permanente ; à se mettre au service de figures masculines admirées, au lieu de poursuivre leurs propres buts. Ainsi, la question du corps pourrait bien constituer un levier essentiel, la clé d'une avancée des droits des femmes sur tous les autres plans, de la lutte contre les violences conjugales à celle contre les inégalités au travail en passant par la défense des droits reproductifs.

En France, cependant, cette question est toujours restée dans l'angle mort ; elle suscite plutôt l'indifférence. Les féministes, contrairement à leurs homologues américaines, ne s'en sont jamais vraiment emparées, y voyant, au mieux, un enjeu secondaire [1]. À leur relatif désintérêt s'ajoute l'absence d'une tradition française d'étude de la culture de masse, considérée comme un objet scientifique indigne, anodin ou vulgaire – ou les deux. Or les films, les feuilletons, les émissions de télévision, les jeux, les magazines, parce qu'ils impliquent une relation affective, ludique, aux représentations qu'ils proposent, parce qu'ils mettent en branle les pouvoirs de la fiction et de l'imaginaire, informent en profondeur la mentalité de leur public, jeune et moins jeune.

---

1 Parmi les exceptions, citons Anne-Marie Dardigna, *La Presse « féminine ». Fonction idéologique*, Maspero, « Petite collection Maspero », Paris, 1978 ; Ilana Löwy, *L'Emprise du genre. Masculinité, féminité, inégalité*, La Dispute, Paris, 2006 ; et l'ouvrage en deux volumes du collectif Ma colère, *Mon corps est un champ de bataille*, Ma colère, Lyon, 2004 et 2009.

Dans ce contexte, un magazine comme *Elle* peut se proclamer féministe sans (toujours) susciter l'hilarité, et une Élisabeth Badinter juger les représentations publicitaires inoffensives sans voir son crédit entamé. Il a fallu attendre la parution de son livre sur les dérives supposées de l'écologie, en 2010, pour que sa qualité d'actionnaire principale de Publicis, troisième groupe mondial de publicité, soit mise en avant, après avoir longtemps été éclipsée par le prestige du nom de son mari [2]. De même, en 2011, les commentaires suscités par les soutiens-gorge ampliformes pour fillettes ou les mini-spas se contentaient souvent d'accuser le « marketing ». Cette explication nous fait penser aux blagues racistes ou misogynes dont l'auteur lance, lorsqu'il constate que son interlocuteur n'est pas vraiment plié en deux : « Oh, mais c'est de l'humouuuur ! » Or il n'est pas innocent de prétendre faire vendre précisément *avec ça*, comme il n'est pas innocent de prétendre faire rire *avec ça*.

Mais faut-il parler d'indifférence ou d'acquiescement ? Amorcer une critique de l'aliénation féminine à l'obsession des apparences fait immédiatement surgir dans les esprits le pire cauchemar des essayistes germanopratins : la *féministe américaine*, char d'assaut monté sur des baskets – pointure 44 – qui exhibe ses poils aux jambes, passe son temps à se couvrir la tête de cendres en dévidant d'une voix caverneuse sa litanie « victimaire » et vous intente un procès pour viol dès que vous la regardez dans les yeux sans son consentement explicite. Pas de ça chez nous ! De toute façon, nous explique-t-on pour mieux conjurer ce spectre funeste, on n'en a pas besoin, car la France, elle, a su œuvrer pour l'égalité des sexes tout en préservant le délicieux frisson des rapports de séduction – c'est à se demander comment font les Américains pour continuer à se reproduire.

---

2 Voir Marie Bénilde, « Publicis, un pouvoir », *Le Monde diplomatique*, juin 2004.

Pour le démontrer, Pascal Bruckner, dans *La Tentation de l'innocence* [3], paru en 1995, convoque pêle-mêle Louise Labé, les Précieuses, les libertins et les troubadours. Dans *Les Mots des femmes*, la même année, Mona Ozouf tente elle aussi d'expliquer pourquoi le « discours du féminisme extrémiste » trouve, par bonheur, si peu d'écho en France [4]. En 2006, Claude Habib, une spécialiste de la littérature du XVIIIe siècle, lui emboîte le pas avec un hommage – qu'elle lui dédie – à la « galanterie française ». « Bien des féministes n'ont pas reculé devant le rôle de rabat-joie, y déplore-t-elle, ignorant apparemment combien c'est classique avec ces garces. Elles ont attaqué l'hypothèse galante en brandissant le fait des crimes sexuels qui se commettent en France : si des violences contre les femmes se produisent ici comme ailleurs, c'est que la prétendue entente des sexes est une duperie [5]. » Et, pourtant, argue-t-elle, « il n'est pas impensable qu'une même société abrite, sur un même sujet, la délicatesse et la brutalité. Ainsi, depuis la seconde moitié du XXe siècle, le souci des animaux domestiques et la maltraitance des animaux d'élevage se sont développés parallèlement ». De l'art de choisir ses comparaisons…

De surcroît, on sous-estime les vertus quasi thaumaturgiques exercées par la galanterie – véritable poudre de perlimpinpin – sur les aspects contrariants que pourrait présenter la condition des femmes françaises : « Au sein de leurs foyers, même si les Françaises travaillent, elles ne servent pas. Elles font ce qu'il leur plaît de faire. Sans nous en rendre compte, nous sommes habituées à un régime d'égards. Il est exclu qu'un mari parle à sa femme comme à une servante. » Monsieur est

---

3 Pascal BRUCKNER, *La Tentation de l'innocence*, Grasset, Paris, 1995.

4 Mona OZOUF, *Les Mots des femmes. Essai sur la singularité française*, Gallimard, « Tel », Paris, 1995.

5 Claude HABIB, *Galanterie française*, Gallimard, Paris, 2006. De même pour les citations suivantes.

trop bon. Au moins, les partis pris sont clairs et l'homophobie s'affiche tranquillement[6] : « Au malaise qui touche le caractère national dans son ensemble s'ajoute, dans le cas de la galanterie, un second facteur de fragilité : le grave ébranlement des identités sexuelles qu'ont produit la contestation féministe puis l'affirmation des homosexualités. »

La théorie de l'« exception française » suit toujours le même schéma discursif : on commence par concéder qu'il reste des progrès à faire, sans trop se fouler non plus pour dissimuler que ça ne nous empêche pas vraiment de dormir, puis on enchaîne très vite en soulignant les progrès inouïs qui ont quand même été accomplis. On en conclut que, dans ce contexte éminemment satisfaisant, celles qui continuent le combat ne peuvent être que des mégères enragées et hystériques que seul le ressentiment fait jouir, et qui cherchent à obtenir un traitement de faveur plutôt que l'égalité (puisqu'elles l'ont déjà !) ; mais, heureusement, elles vivent très loin, là-bas, de l'autre côté de l'Atlantique. Quelques citations apocalyptiques où certaines d'entre elles comparent la violence contre les femmes à un génocide, qu'on assortira de flots de protestations indignées, permettront de noyer définitivement le poisson. Elles achèveront de vacciner les mignonnes petites Françaises qui seraient tentées d'imiter ces sorcières. Il n'y aura plus qu'à persuader les gourdes qu'elles sont des femmes libérées, qu'elles ont bien de la chance et qu'elles feraient mieux d'aller dévaliser les boutiques tout en versant une larme sur le sort des pauvres Afghanes. Et qu'elles ne viennent pas nous emmerder pour un mannequin nu à quatre pattes sur un panneau 4 x 3.

Notre thèse sera ici que la célébration des « rapports de séduction à la française », que l'on a vu resurgir, en même temps que la condamnation du « puritanisme américain », lors

6 Voir aussi le florilège établi par Act Up Paris, « Claude Habib et Irène Théry, les pauvres filles de l'ANRS », Actupparis.org, mars 2000.

des affaires Polanski et Strauss-Kahn, en 2009 et en 2011, traduit le désir de maintenir les femmes dans une position sociale et intellectuelle subalterne ; elle est, pour ceux qui la défendent, une manière de nier la subjectivité féminine et de protéger leur monopole de la péroraison (chapitre 7). On a affaire avec ces discours à une banale réaction antiféministe, qui fait semblant de confondre remise en cause d'un ordre social et hostilité envers les hommes. Alors que ses prédécesseurs avaient simplement travesti ce postulat en chauvinisme, Badinter, en 2003, a réussi la prouesse de le travestir en féminisme ; elle s'est d'ailleurs référée à *La Tentation de l'innocence* de Bruckner dès les premières pages de *Fausse route* [7]. Dans son attitude, le réflexe de classe et la mise à distance dédaigneuse de la masse des femmes prennent clairement le pas sur la démarche féministe. La journaliste Sylvie Barbier nous livre le résultat de cette opération idéologique, tel qu'on le retrouve dans la bouche du directeur d'un magazine féminin s'adressant à sa nouvelle rédactrice en chef : « La guerre des sexes c'est fini, les psychos qui se moquent des hommes aussi, on rêve de réconciliation, non ? Françoise, excuse, Évelyne [*sic*] Badinter elle-même l'affirme : le vrai féminisme, c'est un combat qui doit se mener avec les hommes, pas contre eux. La lutte pour l'autonomie est également terminée, nous allons tourner la page et projeter une vision réconciliée de la féminité [8]. »

À ce conservatisme viscéral s'ajoute le fait que la femme française est un trésor national, quasiment une marque déposée. Elle a pour noble mission de perpétuer l'image d'élégance associée au pays, ne serait-ce que pour servir le rayonnement international des deux géants français du luxe, Moët Hennessy Louis Vuitton (LVMH), le groupe de Bernard Arnault,

---

7 Élisabeth BADINTER, *Fausse route*, Odile Jacob, Paris, 2003.

8 Sylvie BARBIER, *La bimbo est l'avenir de la femme*, Denoël, « Indigne », Paris, 2006.

et Pinault Printemps Redoute (PPR), celui de François Pinault (propriétaire notamment de Gucci et d'Yves Saint Laurent). En a encore témoigné, en 2005, le succès mondial du livre de Mireille Guiliano, *French Women Don't Get Fat* (« Les femmes françaises ne grossissent pas »)[9]. L'ancienne P-DG des champagnes Veuve Clicquot (groupe LVMH) aux États-Unis y recommande « le pain, le champagne, le chocolat et l'amour comme les ingrédients clés d'une vie et d'un régime équilibrés ». Idée géniale : exploiter *en même temps* la fascination des Américains pour les clichés sur l'art de vivre à la française, l'obsession des femmes pour les régimes et leur goût des « secrets » partagés (elles en ont bien besoin, les pauvres). Quant à la figure mythique de la Parisienne, elle est incarnée par Inès de la Fressange, mannequin vedette de Chanel dans les années 1980 et modèle pour le buste de Marianne en 1989. En 2011, son guide *La Parisienne* – cosigné avec une journaliste de *Elle* –, mélange de conseils vestimentaires et de bonnes adresses, grand succès de librairie, s'est exporté en Grande-Bretagne et aux États-Unis[10]. On y apprend par exemple qu'il ne faut pas porter un collier en diamants « sur une robe noire le soir », mais « sur une chemise en jean le jour ». Ce qui, personnellement, m'a évité de commettre un terrible impair.

Toutefois, il faut bien l'avouer : une fois qu'on a lu Susan Bordo, Eve Ensler, Laurie Essig, Susan Faludi ou Naomi Wolf[11], la Parisienne apparaît pour ce qu'elle est, c'est-à-dire une sorte de Nadine de Rothschild en moins joufflue et en plus chic.

---

9 Mireille Guiliano, *French Women Don't Get Fat. The Secret of Eating for Pleasure* [2005], Vintage, New York, 2007, www.frenchwomendontgetfat.com.

10 Inès de la Fressange (avec Sophie Gachet), *La Parisienne*, Flammarion, Paris, 2010.

11 Signalons aussi le livre de Joan Jacobs Brumberg, *The Body Project. An Intimate History of American Girls*, Random House, New York, 1997, ainsi que le travail de la photographe Lauren Greenfield, *Girl Culture* (2002) et *Thin* (2006), www.laurengreenfield.com.

Même celle qui prête le plus le flanc à la caricature, Naomi Wolf, auteure en 1991 du best-seller *The Beauty Myth* (« Le mythe de la beauté »), multiplie les intuitions et les analyses brillantes. On regrette, en refermant les livres de toutes ces essayistes remarquables, qu'elles n'aient jamais été traduites en français – à l'exception d'Ensler, grâce au succès mondial des *Monologues du vagin*. Il est vrai que si elles l'étaient, les Françaises pourraient bien s'inspirer de leur intelligence flamboyante, de leur clairvoyance, de leur humour, du mélange de rigueur et de passion avec lequel elles prennent à bras-le-corps la réalité dans laquelle elles sont plongées, transformant des préoccupations intimes en souci du bien commun, forgeant de puissants outils de compréhension et de libération pour toutes. Elles pourraient commencer à raisonner, à contester ; elles pourraient se mettre en tête de devenir des *personnes*, les insolentes. Puisse le ciel nous épargner encore longtemps une pareille catastrophe.

1

Et les vaches seront bien gardées. L'injonction à la féminité

« Quand les hommes étaient des hommes et les femmes portaient des jupes. » Aucun doute possible : la nostalgie exprimée par le slogan de *Mad Men* ne peut s'entendre que dans un sens ironique. Alors qu'elle débute en 1960, peu avant l'élection de John Fitzgerald Kennedy, la série de Matthew Weiner [1] est souvent située à tort dans les années 1950, tant elle montre une société conservatrice, rigide, étouffante, qui nous paraît très lointaine. Tout en dissimulant de leur mieux leurs failles intimes et leur désarroi existentiel, les publicitaires de Madison Avenue, à New York (les *Mad Men*), pratiquent un entre-soi arrogant, décomplexé, et affichent avec désinvolture leur machisme, leur homophobie, leur racisme, leur antisémitisme. Chaque scène, chaque épisode dépeint avec une acuité rare les mœurs qu'allait venir balayer l'explosion contestataire de la fin de la décennie, et permet de comprendre pourquoi elle était inéluctable.

La série brosse en particulier un tableau saisissant de la condition des femmes. Betty Draper, la mère au foyer, élevée dans le souci exclusif de son apparence et de sa beauté, qui a tout pour être heureuse selon les critères de son milieu, mais

1 Diffusée depuis 2007 sur la chaîne américaine AMC.

qui crève de solitude et d'ennui ; Peggy Olson, la jeune rédactrice volontaire – seule femme à occuper ce poste –, aux prises avec le dragon ultra-catholique qui lui sert de mère, furieuse à la fois de subir les mains baladeuses de ses collègues et d'être jugée trop menaçante pour correspondre à leur idéal amoureux ; Joan Holloway, la plantureuse secrétaire rousse, qui tente de faire une force de son statut d'objet sexuel, sans que cela la mette à l'abri de la frustration et de la déception : toutes, si différentes soient-elles, se débattent dans les limites que leur assigne la société américaine de cette époque.

De cette époque seulement ? « Ça m'amuse beaucoup quand j'entends les gens parler avec horreur du comportement macho des hommes dans *Mad Men*, comme si tout ça était révolu, commente Matthew Weiner. Ma nièce de vingt-deux ans vient d'effectuer un stage dans un cabinet d'architecture où on ne l'a pas laissée faire quoi que ce soit. Mais à la fin, le patron est venu la trouver pour lui demander de participer à la photo d'entreprise : "Il nous faut une présence féminine", lui a-t-il dit [2]. » Mettant en scène l'une des officines où s'élabore le modèle historique du bonheur par la consommation – idéal qui, un demi-siècle plus tard, s'est propagé à la Terre entière –, son œuvre sonde le fossé existant entre cette propagande et une réalité bien plus noire. Elle pointe l'ampleur des mensonges qu'une société est capable de se raconter à elle-même et, ce faisant, elle semble adresser au spectateur un message insistant. « L'univers de la pub me paraissait un vecteur idéal pour aborder la question de l'aliénation, de l'identité, qui est au centre de la série : l'image que l'on a de nous-mêmes, par opposition à ce que nous sommes vraiment [3]. »

On reste donc pantois en découvrant, lorsque le phénomène déferle pour de bon sur la France, à l'automne 2010, sur

---

2 *Télé Obs*, 11 septembre 2010.

3 *Idem*.

quoi se fonde l'engouement pour *Mad Men* : sur les jolies robes. Sur le *style*. Couturiers et magazines de mode se sont emparés de l'univers de la série, à laquelle ils multiplient les hommages. « Quelle jeune femme d'aujourd'hui n'a pas envie d'un brushing impec et de jolis ongles carmin ? C'est l'effet "Mad Men" ! » s'extasie *Elle*[4]. « Alors que nous vivons aujourd'hui dans un monde où le style *casual* est devenu la norme, *Mad Men* ressuscite une période où chaque femme faisait l'effort de s'habiller avec soin pour mettre en valeur sa féminité[5] », écrit *L'Express Styles*. Dans sa rétrospective de l'année 2010, le *Glamour* britannique remercie la série pour avoir « remis au goût du jour les silhouettes de femme fatale, les gants en dentelle, les sacs à main rigides et les imprimés floraux. C'est le moment de dévaliser la garde-robe de votre grand-mère[6] ! ». Et le site MeltyFashion commente en ces termes une photo de Joan Holloway au cours d'une saison où celle-ci, fraîchement mariée, découvre des aspects insoupçonnés de la personnalité de son conjoint, et doit faire le deuil de ses espoirs de bonheur et d'ascension sociale : « Joan Harris, la fameuse chef de bureau sexy de Sterling Cooper mariée au jeune médecin Greg Harris, sait comment être classe et jolie. On voit ici Joan affairée au téléphone, toujours enjôleuse, avec un foulard fleuri agrémentant sa jolie chevelure rousse et flamboyante. Jolie, simple et sexy, tout ce qu'on aime. L'été décline, mais voici une coiffure parfaite été comme hiver. On avait déjà vu comment se coiffer avec un bandana, au tour du foulard à grosses fleurs ! Pour avoir une jolie allure un peu bohémienne chic, suivez Joan[7] ! »

Fin 2010, après avoir signé une collection spéciale « Mad Men » pour une marque de prêt-à-porter et collaboré avec

4 « Toutes Mad Men-istas ! », *Elle*, 10 septembre 2010.

5 *L'Express Styles*, 22 octobre 2009.

6 Glamourmagazine.co.uk, décembre 2010.

7 Meltyfashion.fr, 19 août 2010.

Mattel pour lancer quatre Barbie en édition limitée à l'effigie des personnages principaux, la costumière de la série publie *The Fashion File*, un livre de conseils vestimentaires illustré par le designer en chef de Barbie. Sur le site de la chaîne AMC, en décembre, une rubrique suggère à la téléspectatrice, pour les fêtes, différentes tenues empruntées à l'univers de la saison 4, avec pour chacune un lien vers une robe sur une boutique en ligne : la « divorcée » (robe Sonia Rykiel, 948 dollars), la « collégienne » (APC, 290 dollars), la « carriériste » (Madewell, 148 dollars) [8]... Des personnages singuliers, profonds, complexes se voient ainsi réduits à de simples « types » permettant de vendre la panoplie correspondante : « On a le choix entre l'allure de Betty Draper (la femme du héros, inspirée de Grace Kelly) et celle de Joan Holloway, la pulpeuse secrétaire, inspirée de Sofia Loren [9]. »

« Ils ressemblent aux figurines d'un gâteau de mariage », lance un personnage à propos du couple Draper dans la saison 3. La mise sur le marché de poupées Barbie à l'effigie du brun Don et de la blonde Betty accrédite l'idée que ces deux-là incarnent la perfection et le bonheur, alors même que la série s'attache à mettre en pièces cette illusion. D'une fiction explorant les ravages causés par l'obsession des apparences, la stratégie commerciale et la réception médiatique ne retiennent donc que... les apparences. D'une critique féministe au vitriol, elles font une célébration de la femme-objet, cantonnée aux tenues aguicheuses et aux rôles subalternes (« On s'aime en secrétaire fifties », titre d'un guide shopping dans *Elle* [10]). À bien

8 Blogs.amctv.com, 20 décembre 2010.

9 *L'Express Styles*, 22 octobre 2009.

10 Sur le forum de l'article en ligne, cette interrogation d'une pertinence indéniable : « Euh, le sac à 1 600 euros, quelle secrétaire peut l'acheter exactement ? »

des égards, les hommages rendus à *Mad Men* ont des allures de baiser de la mort.

Ce dévoiement illustre l'emprise croissante exercée sur la sphère culturelle par la mode, la publicité, la consommation qui la vident de tout contenu pour lui imposer leur logique et leurs impératifs, en même temps qu'elles font valoir leur prétention à accéder elles-mêmes au rang de culture (voir chapitre 3). Il témoigne aussi d'un fonctionnement classique de la presse féminine : des phénomènes les plus divers, celle-ci ne prend jamais en compte que la dimension esthétique. À l'hiver 1933, on parie que l'événement le plus retentissant de l'actualité mondiale aurait été, à ses yeux, le grand retour de la petite moustache bien taillée. Mais, ici, sa manœuvre d'évitement est particulièrement frappante, car elle porte sur une œuvre mettant en cause la vision des femmes qu'elle-même contribue à fabriquer.

La surdité obstinée à ce que nous dit *Mad Men* ne résulte pas seulement d'une stratégie commerciale efficace. Elle trahit aussi ce qui semble être une tendance profonde de l'époque : l'aspiration à revenir à un partage net des rôles sexués. Contre toute attente, la série a révélé, dans une large partie du public insensible aux implications déprimantes de ces tautologies, une nostalgie entièrement dépourvue d'ironie pour l'époque où « les hommes étaient des hommes » et les femmes, des femmes. On a d'ailleurs du mal à concevoir une image plus éloquente de la pleutrerie contemporaine que celle de ces couples new-yorkais commandant sur Internet la tête de lit capitonnée vue dans la chambre conjugale de Don et Betty Draper : apparemment, nous en sommes au point où le malheur de nos parents ou de nos grands-parents nous semble faire un bonheur tout à fait acceptable. Le sociologue Frédéric Monneyron y décèle le « désir de revenir à une plus grande différenciation des sexes [11] ». Vincent

11 *Télé Obs*, 11 septembre 2010.

Grégoire, consultant dans un bureau de style, souligne que l'on a affaire à un « univers très élégant, très structuré, où chacun est à sa place » et que « cela plaît » [12]. Le magazine *Glamour*, plus direct, parle de « Bobonne Mania [13] ».

Cette fascination pour les années 1950 aux États-Unis laisse particulièrement songeur quand on lit le tableau détaillé qu'a brossé de cette période Betty Friedan dans son célèbre réquisitoire *La Femme mystifiée* (*The Feminine Mystique*) en 1963. Les Américains, après le traumatisme de la guerre, s'étaient repliés sur les valeurs familiales ; ils avaient porté aux nues la mère au foyer uniquement préoccupée du bien-être de son mari et de ses enfants, de son apparence et de la bonne tenue de sa maison. Les conquêtes des années 1920 et 1930 furent enterrées, ou reniées bruyamment. La construction de cette « mystique féminine » prit des formes qui, soixante ans plus tard, nous sont étrangement familières : « Des industriels lancèrent sur le marché des soutiens-gorge fortement renforcés et des seins artificiels en mousse de caoutchouc pour les fillettes de dix ans ; et l'on put voir à l'automne 1960 dans le *New York Times* un placard publicitaire pour une robe d'enfant qui proclamait : "Elle peut, elle aussi, participer à la chasse au mari [14]." » Les grossesses précoces furent considérées avec une fascination qui rappelle les émissions de téléréalité actuelles mettant en scène des adolescentes enceintes (*Teen Mom, 16 and Pregnant*). Les enquêtes réalisées par Friedan dans le cadre de son travail de journaliste lui avaient donné une vision d'ensemble de la condition des femmes de son époque : « J'ai vu sous un

---

12 *Elle*, 10 septembre 2010.

13 *Glamour*, septembre 2010.

14 Betty FRIEDAN, *La Femme mystifiée*, traduit de l'américain par Yvette Roudy, Gonthier, Paris, 1964. De même pour les citations suivantes. Pour une mise en perspective historique de ce livre, voir Stephanie COONTZ, *A Strange Stirring. The Feminine Mystique and American Women at the Dawn of the 1960s*, Basic Books, New York, 2011.

éclairage nouveau le retour à l'accouchement naturel, à l'allaitement au sein [...]. » La vaste campagne d'abrutissement collectif dont elles furent victimes finit par produire chez les Américaines un profond malaise, une frustration, une neurasthénie que Friedan baptise le « problème sans nom ». Un médecin de quartier lui confie : « Vous seriez étonnée du nombre de ménagères apparemment heureuses qui, subitement, une nuit, deviennent folles et sortent dans les rues en hurlant, nues. » C'est bien le « problème sans nom » qui hante le personnage de Betty Draper. Certains critiques soupçonnent d'ailleurs les scénaristes de *Mad Men* de lui avoir donné ce prénom en hommage à Friedan, dont le livre figure parmi leurs sources d'inspiration (à noter que l'équipe est largement féminine : en 2009, sur neuf scénaristes travaillant sous la houlette de Matthew Weiner, on comptait sept femmes [15]).

Pour des femmes en jupe et des hommes qui en ont

Notre propre nostalgie est loin de ne se manifester que dans l'accueil réservé à une série télévisée. On l'observe aujourd'hui partout. L'enthousiasme que suscite l'évocation d'une époque « où les femmes portaient des jupes » est ainsi à rapprocher de la récente remise à l'honneur, en France, de ce symbole de la féminité traditionnelle. À l'origine, il y a l'émoi suscité par le fait que les adolescentes de banlieue doivent se l'interdire sous peine de se faire insulter. Une focalisation d'ailleurs trompeuse : on a par exemple appris, dans le sillage de l'affaire Strauss-Kahn – lorsque le directeur du Fonds monétaire international a été accusé de viol par une femme de chambre d'un hôtel new-yorkais, en mai 2011 –, qu'au FMI les

15 « The women behind "Mad Men" », *The Wall Street Journal*, 7 août 2009.

employées « évitaient d'aller au travail en jupe [16] » et qu'à l'Assemblée nationale les députées qui en portaient s'exposaient à des remarques salaces. En 2006, déjà, une « Journée de la jupe et du respect » avait été instaurée dans un... lycée agricole breton [17].

Au printemps 2009, le film de Jean-Paul Lilienfeld, *La Journée de la jupe*, diffusé sur Arte puis en salles, est devenu l'étendard de cette cause. Accréditant la vision hystérique d'un pays mis à feu et à sang par ses enfants d'immigrés, il constitue une fidèle adaptation du livre *Les Territoires perdus de la République*, qui faisait déjà des adolescents de banlieue la cause de tous les maux de la société [18]. Ceux-ci y sont dépeints à gros traits comme le Mal incarné, histoire de dédouaner par avance la jubilation malsaine avec laquelle le spectateur accueillera les coups et les insultes (« connards », « crétins », « pelle à merde ») que leur assène leur professeure, interprétée par Isabelle Adjani [19]. Il est révélateur que les collègues masculins de la valeureuse enseignante, montrés comme des antiracistes imbéciles et masochistes parce qu'ils refusent de vomir sur leurs élèves, aient tous, dans leur physique, quelque chose de mou, d'empâté, d'efféminé : on comprend vite qu'au fond ce sont des couards qui se défilent devant l'envahisseur. Une autre professeure, seule à prendre la défense de l'héroïne, leur lance d'ailleurs : « Elle est peut-être en jupe, mais elle ne baisse pas son froc, elle ! » En somme, ce dont la France a besoin, c'est de *vrais hommes*, qui « ne baissent pas leur froc », et de *vraies femmes*, en jupe et talons. Chacun dans son rôle, les vaches seront bien

---

16 Corine Lesnes, « Sexe au FMI : le zèle de la presse US », Big Picture, http://clesnes.blog.lemonde.fr, 20 mai 2011.

17 « Garçons-filles, mode d'emploi », *Télérama*, 14 mars 2009.

18 Emmanuel Brenner (dir.), *Les Territoires perdus de la République. Milieu scolaire, antisémitisme, sexisme*, Mille et une nuits, Paris, 2002.

19 Voir Mona Chollet, « Ils ne comprennent que la force », Le lac des signes, http://blog.mondediplo.net, 12 avril 2009.

gardées et les barbares n'auront qu'à bien se tenir. Une règle immuable veut que, lorsqu'un groupe social se vit – à tort ou à raison – comme assiégé, agressé, menacé dans son identité, il renforce les contraintes qu'il exerce sur les deux sexes, et en particulier son contrôle sur l'allure et le comportement de « ses » femmes. C'est vrai dans le cas des descendants d'immigrés musulmans ; mais ça l'est tout autant, même si l'on s'en aperçoit moins, dans le cas des Français bon teint. Lors d'une cérémonie de remise de prix au Lido, en février 2010, Adjani, mélangeant un peu tout, déclarait vouloir faire de la jupe « un symbole pour gagner la guerre contre l'obscurantisme et la haine des femmes, une anti-burqa [20] ».

Dans un article consacré aux relations filles-garçons, à l'occasion de la diffusion du film de Jean-Paul Lilienfeld, Sophie Bourdais et Samuel Douhaire notent que les adultes, eux aussi, et notamment les enseignants, reproduisent les stéréotypes et contribuent au maintien d'une logique sexiste, quoique sur un mode plus feutré [21]. On peut se demander si cette insistance pour le moins maladroite sur la jupe n'y participe pas. Elle ne milite pas pour que toutes les élèves aient le droit de s'habiller comme elles le souhaitent, mais pour qu'elles se conforment toutes au modèle de la jeune fille « féminine ». La différence n'est pas anodine… En novembre 2010, l'association Ni putes ni soumises organisait au palais de Tokyo, à Paris, une soirée de vente aux enchères de jupes appartenant à des célébrités (Inès de la Fressange, Sophie Marceau, Isabelle Adjani, Élisabeth Badinter, etc.) au profit de la lutte contre les violences faites aux femmes. Le compte rendu de la soirée publié sur le site des *Inrockuptibles* soulignait l'affligeant conformisme de l'opération : « Toute nana normalement constituée incapable de se départir de son pantalon un 25 novembre (3 °C

20 Parismatch.com, 9 février 2010.

21 « Garçons-filles, mode d'emploi », Télérama.fr, 5 avril 2009.

à Paris) ou émettant un doute sur le symbole suscite des regards de type : *"Elle est pas bien celle-là, c'est quoi son problème*[22] *?"* »

On aurait tort, pourtant, d'oublier le partage des rôles qu'institue ce vêtement. Le sociologue Pierre Bourdieu définissait la jupe comme un « enclos symbolique[23] ». Symbolique, mais aussi parfois très concret. L'historienne Christine Bard cite ce passage du journal de l'écrivain Maurice Sachs lorsqu'il était adolescent, en 1919 : « J'ai suivi ce matin, dans la rue, une jeune femme qui portait une robe entravée ; elle avait une peur terrible, voulait courir, ne le pouvait pas, ne savait comment faire. Je me suis bien amusé. » Elle rappelle que « porter la culotte ou le pantalon, c'est avoir le pouvoir[24] ». À l'inverse, le qualificatif « en jupon », accolé à toutes les fonctions autrefois réservées aux hommes et peu à peu conquises par des femmes, traduit une ironie condescendante, voire méprisante, à l'égard des intruses : la jupe est synonyme d'une charmante inanité. « Aujourd'hui encore, comme dans le passé, une dose d'identification masculine est nécessaire à toute femme désirant sortir de son "destin féminin", constate l'historienne. La transgression de l'ordre des genres permet d'obtenir le "respect". »

Elle note aussi les étranges résistances que suscite toujours l'appropriation féminine du pantalon. En 2004, le député qui, à l'occasion du bicentenaire de la naissance de George Sand, voulut faire abroger l'ordonnance de la préfecture de Paris interdisant aux femmes de s'habiller en homme essuya un refus, au prétexte troublant que « la désuétude [était] manifeste ». À Polytechnique, les élèves de sexe féminin sont toujours condamnées à la jupe, la direction ayant « suivi des avis masculins qui préfèrent les filles en jupe plutôt qu'en

22 « En pantalon à la soirée de la jupe », Lesinrocks.com, 26 novembre 2010.

23 Pierre Bourdieu, *La Domination masculine*, Seuil, Paris, 1998.

24 Christine Bard, *Ce que soulève la jupe*, Autrement, Paris, 2010. De même pour les citations suivantes.

pantalon [25] ». Quant aux hôtesses d'Air France, leur employeur, comme celui de nombreuses femmes, compte sur la séduction qu'elles peuvent exercer auprès d'une clientèle envisagée comme exclusivement constituée de mâles hétérosexuels ; elles n'ont donc conquis leur droit au pantalon qu'en 2005. Dans l'approbation parfois bruyante qui salue le port de la jupe se mêlent la satisfaction voyeuriste et le réconfort à l'idée que celle qui la porte sait tenir sa place. Sur un forum de discussion autour de la « Journée de la jupe » instituée par le lycée breton de Vitré, Christine Bard a relevé l'accueil enthousiaste fait à l'initiative par un « fétichiste de la minijupe », qui écrivait : « Il faut marquer le coup... Contre le désastre commis par les féministes et leurs jambes si viriles et si coincées dans un habit d'homme [26]... »

Certes, un même vêtement peut avoir des significations différentes, et une femme peut porter une jupe sans que cela signifie un acquiescement à ce que la société attend d'elle. Mais la proclamation d'une norme censée s'imposer à toutes relève d'un autre cas de figure. Ce n'est pas le vêtement en lui-même qui pose problème : c'est l'assignation à un vêtement et, à travers lui, à un certain rôle. « Personne n'a le droit de se comporter à mon endroit comme s'il me connaissait », écrivait Robert Walser ; décider à la place de quelqu'un de la façon dont il doit s'habiller, c'est se comporter à son endroit comme si on le connaissait.

Or la décennie écoulée, marquée par la crispation de l'après-11 Septembre et, en France, par les débats autour du voile, a vu la promotion tous azimuts d'une féminité

---

25 Témoignage d'une élève recueilli par Dominique Le Tirant, *Paroles et images d'elles*, Écomusée de Fresnes/Neufs de Transilie, Fresnes, 2006, cité par Christine Bard, *Ce que soulève la jupe*, *op. cit.*

26 Sur Forum.doctissimo.fr, 2 mars 2007, cité par Christine Bard, *Ce que soulève la jupe*, *op. cit.*

consumériste et sexy perçue comme un fait de nature. Au printemps 2011, sur Arte, le producteur Daniel Leconte consacrait une soirée « Théma » à la jupe : l'occasion de poursuivre, à peine plus sournoisement, son obsessionnelle diabolisation des musulmans et assimilés. Sur le plateau, durant le débat qu'il animait, défilaient les images d'un mannequin sans tête, jambes nues et pose aguicheuse : un décor qui résume la conception très personnelle que le maître des lieux se fait du féminisme. Dans l'un des documentaires diffusés au cours de la soirée, on apercevait, lors d'une manifestation de Ni putes ni soumises, l'alliance délectable d'un bonnet phrygien et d'un sac Hello Kitty. Quelques années plus tôt, dans *Libération*, le portrait d'une figure de proue de ce mouvement s'ouvrait sur cette description : face aux filles voilées, « asservies volontaires à l'obscurantisme », se dresse Loubna Méliane, « fille des Lumières », « cheveux au vent, jupe en jeans et bas résille, fière de son indépendance sur ses talons vacillants [27] ». Et dire que le lien entre les bas résille et les Lumières nous avait toujours échappé jusque-là...

Le charme retrouvé des territoires féminins

« Virons-nous réac ? », s'interroge l'hebdomadaire *Elle* [28]. Le prisme omniprésent du « choc des civilisations » n'est en effet pas la seule caractéristique de l'époque qui pousse à un retour frileux aux identités sexuées traditionnelles. L'absence de perspectives de tous ordres, la dureté des relations sociales provoquent un repli des femmes sur les domaines qui leur ont toujours été réservés et qui, jugés étouffants il n'y a pas si

27 « D'une autre étoffe », *Libération*, 17 janvier 2004.
28 *Elle*, 26 novembre 2010.

longtemps, leur apparaissent désormais comme des abris préservés, intimes, rassurants, parés de tous les attraits. L'espace et les valeurs domestiques (vocation maternelle, cuisine, pâtisserie, couture, tricot) font l'objet d'un réinvestissement massif, de même que les compétences esthétiques : mode, beauté, maquillage, décoration... Non, ce n'est pas ringard – du moins pas si vous en faites un blog. Ainsi se remet en place cet ordre tracé au cordeau que la contestation des années 1970 avait ébranlé : aux hommes l'abstraction, la pensée, le regard, les affaires publiques, le monde extérieur ; aux femmes le corps, la parure, l'incarnation, le rôle d'objets de regards et de fantasmes, l'espace privé, l'intimité.

Bien que le passage à l'acte reste minoritaire [29], la tentation du retour au foyer impose sa légitimité dans les discours. La séduction qu'exerce cette idée n'a pas de traduction significative dans les faits – du moins pas pour le moment –, mais elle mérite qu'on l'examine, même si les féministes préfèrent souvent la balayer d'un revers de main. En 2006, elle inspirait par exemple à la sociologue Margaret Maruani cette réaction agacée : « Régulièrement, on nous parle des femmes qui rêvent de retourner au foyer. Voyez le succès, il y a quelques années, du livre de Christiane Collange *Je veux rentrer à la maison* [30]. [...] Tout se passe comme si cette société n'avait pas digéré la montée en puissance de l'activité féminine. Alors que les femmes représentaient 34 % de la population active dans les années 1960, elles en représentent 46 % aujourd'hui [31]. »

---

29 En France, en 2005, 81,1 % des femmes de vingt-cinq à quarante-neuf ans étaient actives, contre 41,5 % en 1962, et cette progression se poursuivait, comme dans tous les pays d'Europe. Voir Margaret MARUANI, *Travail et emploi des femmes*, La Découverte, « Repères », Paris, 2011, 4e édition.

30 Christiane COLLANGE, *Je veux rentrer à la maison*, Grasset, Paris, 1970.

31 Thomas DELTOMBE, « Femmes à domicile. Comment les femmes au foyer sont souvent des "chômeuses de l'ombre" », *in* Stéphane BEAUD, Joseph

Maruani arguait que l'on pouvait très bien ne nourrir aucune illusion sur son travail et pourtant vouloir à tout prix le garder : « Je l'ai vu dans une de mes enquêtes, à la fin des années 1970, sur une grève d'ouvrières dans le Pas-de-Calais. C'étaient des femmes, des OS [ouvrières spécialisées] de la confection, qui avaient occupé leur usine jour et nuit pendant trois ans pour sauvegarder leur emploi alors même qu'elles faisaient un travail qu'elles n'avaient pas vraiment choisi, qu'elles détestaient même, qu'elles effectuaient dans les pires conditions. On peut donc se battre pour son emploi même si on déteste son travail. Je pense qu'aujourd'hui de plus en plus de gens détestent leur travail, détestent leurs conditions de travail… mais ne sont pas prêts pour autant à lâcher leur emploi et leur revenu[32]. » En 1975, le collectif féministe Les Chimères, dans son manifeste, tenait le même raisonnement : « Le travail est chaque jour plus contesté par les femmes et les hommes des pays industrialisés, la coupure entre les vacances et la reprise du travail se fait chaque année plus difficile. Est-ce le moment que nous allons choisir pour demander que toutes les femmes entrent dans la vie active ? Nous répondons oui, car l'indépendance économique est le premier marchepied vers la liberté[33]. »

Et, pourtant, on peut se demander si ce n'est pas cela, précisément, qui est en train de changer dans les mentalités. Pour les femmes des générations précédentes, il allait de soi que le travail, si dur soit-il, était préférable à la dépendance à l'égard du conjoint ; mais ce n'est plus le cas pour leurs filles. Ça l'est d'autant moins que la crise les frappe de plein fouet et que le découragement les gagne face aux temps partiels subis, aux

---

Confavreux et Jade Lindgaard (dir.), *La France invisible*, La Découverte, Paris, 2006.

32 *Idem.*

33 Les Chimères, *Maternité esclave*, 10/18, Paris, 1975.

inégalités de salaires, aux représailles qui suivent l'annonce d'une grossesse ou la naissance d'un enfant. Un argument revient sur les forums de discussion : « Pourquoi toujours envisager le pire [c'est-à-dire la séparation] ? »

Il faut aussi prendre en compte deux facteurs nouveaux. La violence du monde du travail, d'abord, semble franchir un seuil : l'exaspération était particulièrement perceptible dans les manifestations françaises contre la réforme des retraites, en 2010 [34]. Ensuite, la montée de la préoccupation écologiste « n'est plus une vague utopie mais une question de survie », comme le dit l'Américaine Temra Costa, l'une de ces « femivores » qui, aux États-Unis, se réclament à la fois du féminisme et de l'écologie [35]. Des idéaux progressistes peuvent en effet être invoqués pour justifier le choix de rester à la maison : la recherche d'un mode de vie plus serein et plus sain ; le rejet d'un salariat vécu, non sans raison, comme absurde et ingrat. L'ampleur et la vivacité des débats suscités, début 2010, par le livre d'Élisabeth Badinter *Le Conflit. La femme et la mère* [36] ont montré l'extrême sensibilité de ces questions, qui ne sont pas notre sujet ici. On se contentera de remarquer que les femmes ne peuvent être seules à prendre en charge un changement de société, dans un souci de l'intérêt général typique des réflexes qu'on les pousse à cultiver. Un tel pari a toutes les chances de n'aboutir à rien d'autre qu'à redoubler leur enfermement dans les valeurs « féminines », leur interdisant le développement d'autres talents, l'exploration d'autres territoires et d'autres dimensions d'elles-mêmes [37].

---

34 Voir Danièle LINHART, « "Métro, boulot, tombeau" », *Le Monde diplomatique*, novembre 2010.

35 « Les green féministes rentrent à la maison », *Elle*, 25 juin 2010.

36 Elisabeth BADINTER, *Le Conflit. La femme et la mère*, Flammarion, Paris, 2010.

37 C'est ce que montre la militante écologiste Janet Biehl dans son livre *Rethinking Ecofeminist Politics* (South End Press, New York, 1991).

Quand des écologistes rentrent à la maison pour mieux sauver le monde, d'autres, à l'inverse, réagissent à la situation contemporaine en illustrant un autre cliché du comportement féminin : la frivolité. Elles dédient leur vie aux préoccupations esthétiques, qui constituent le second pôle de cette féminité traditionnelle revivifiée. Elles se laissent gagner par un perfectionnisme obsessionnel, qu'accompagne une convoitise sans cesse renouvelée pour les produits et les techniques mis sur le marché à un rythme effréné. Les stratégies de séduction déployées par des industries étroitement imbriquées les unes aux autres – mode, beauté, publicité, médias, divertissement – sont d'autant plus irrésistibles que plus rien ne vient leur faire concurrence. Elles s'engouffrent dans un vide abyssal. Les utopies politiques sont mortes, et on ne peut raisonnablement pas attendre du travail autre chose que les moyens de la survie ; le peaufinage de notre image est donc le dernier idéal à notre disposition. Les hommes sont d'ailleurs eux aussi concernés, quoique dans une mesure toujours bien moindre que les femmes.

Dans un monde défiguré, pollué, tenaillé par la peur, l'horizon sur lequel chacun s'autorise à projeter ses rêves s'est rétréci jusqu'à coïncider avec les dimensions de son chez-lui et, plus étroitement encore, avec celles de sa personne. Notre apparence, comme l'agencement et la décoration de notre cadre de vie, est au moins quelque chose sur quoi nous avons prise. La mode, associée à l'insouciance, au rêve et à la beauté, fournit une échappatoire mentale et imaginaire, en même temps qu'elle représente l'un des rares espoirs de réussite auxquels s'accrocher. « Les jeunes ont intégré l'idée que leur apparence vestimentaire peut avoir un impact considérable sur tous les domaines de leur vie : pour eux, un bon look, ça signifie le bon réseau, le bon petit ami, voire le bon boulot !, observe le sociologue de la mode Pascal Monfort. C'est devenu une qualité intrinsèque, ce qui n'était pas le cas dans la génération précédente [38]. » Dans le film de Géraldine Nakache *Tout ce qui brille* (2009), c'est la mode, et non les études, qui cristallise les rêves d'ascension sociale des deux jeunes héroïnes banlieusardes : elles dévorent *Elle* au pied de leur HLM, et Lila a tapissé le mur de sa chambre de sacs des boutiques de luxe parisiennes. On est loin de *L'Étudiante*, le film de Claude Pinoteau avec Sophie Marceau, en 1988 : on doute qu'un personnage préparant l'agrégation fasse rêver qui que ce soit aujourd'hui.

Dans bien des cas, la mode apparaît au moins comme une planche de salut. Lorsque *Libération* rencontre, pour dresser son portrait, une lycéenne qui a organisé une révolte contre les consignes vestimentaires trop strictes du proviseur, la jeune fille en profite pour se renseigner sur les possibilités de stage au sein du quotidien, car elle aimerait devenir journaliste, avant de glisser : « Si je n'arrive pas à percer là, j'ouvrirai une boutique de fringues ou de déco [39]. » Dans un article de *Paris Match* signalant la pâtisserie rose bonbon que vient d'ouvrir une Parisienne, où elle vend des *cupcakes* – petits gâteaux vivement colorés –, il est précisé que la jeune femme « a abandonné le monde tumultueux du marketing car le travail se faisait rare au début de la crise ». Elle a une passion pour la mode des années 1950 et pense que le retour en grâce de celle-ci s'explique par le fait que « les gens en avaient marre de ce monde sans rondeurs ni féminité [40] ».

L'insolente santé économique du secteur rend ce repli compréhensible, à défaut de le justifier. La prospérité de l'industrie de la mode et de la beauté semble à toute épreuve. La crise qui a éclaté en 2008 n'a fait que l'égratigner. Le numéro un mondial des cosmétiques, L'Oréal, qui se targue d'avoir

38 « Reines du look », *Le Nouvel Observateur*, 19 mai 2011.

39 « Haut les jupes ! », *Libération*, 27 novembre 2009.

40 « Chloé S., cupcakes et réminiscences fifties », Parismatch.com, 21 janvier 2011.

enchaîné durant deux décennies les années de « croissance à deux chiffres », a connu une mauvaise passe relative en 2009, mais ses ventes sont reparties à la hausse dès le début 2010. « En cas de difficulté, le marché cosmétique résiste bien, se félicitait à l'été 2011 son P-DG, Jean-Paul Agon. Il est très résilient dans les pays développés et reste en forte croissance dans les pays émergents [41]. » Au premier semestre 2011, indiquait-il, le marché mondial des cosmétiques vendus en grande distribution avait progressé de 3,5 %. En France, le secteur de la beauté, l'un des plus dynamiques, réalise un chiffre d'affaires annuel d'environ 17 milliards d'euros [42]. La crise économique et la baisse de la publicité n'ont pas non plus dissuadé les groupes de presse de lancer trois nouveaux magazines féminins sur le marché français : *Grazia*, du groupe Mondadori, en 2009, et *Envy*, du Groupe Marie Claire, ainsi que *Be*, de Lagardère Active (déjà propriétaire de *Elle*), en 2010. En 2009, année particulièrement critique, et dans un contexte catastrophique pour la presse en général, les féminins axés sur la mode (*Vogue, Biba, Elle, Marie Claire, Cosmopolitan, Glamour*) ont tous enregistré une nette progression de leur diffusion [43].

« N'exister que par la beauté »

L'absence d'idéal concurrent et les sollicitations permanentes de la consommation viennent réactiver les représentations immémoriales qui vouent les femmes à être des créatures avant tout décoratives. Depuis quelques années, le discours des magazines féminins a viré à l'entreprise de

41 *Les Échos*, 31 août 2011. Le prêt-à-porter a davantage souffert de la crise, d'autant qu'il a été confronté à la hausse du cours du coton.

42 « Un marché florissant », *Le Nouvel Observateur*, 6 mai 2010.

43 *Correspondance de la presse*, 10 février 2010.

décervelage pur et simple. La journaliste Sylvie Barbier a raconté dans un livre l'évolution à laquelle elle a assisté : « Désormais, le titre prône la tyrannie du look. On encourage l'idiote aguicheuse, la séduction de sous-douée, le regard de poisson mort. Fin de la sincérité. Enfuie l'audace. Début du grand formatage. Nouveau refrain : n'exister que par la beauté et ne survivre que par le regard des hommes [44]. » Le déchiffrement du monde en termes de « tendances » qu'on réserve à la lectrice, la surenchère d'articles lui signalant tous les aspects d'elle-même qui pourraient partir à vau-l'eau et les façons d'y remédier, lui disent implicitement, mais avec une insistance proche du harcèlement, que sa principale, voire son unique vocation est d'exalter et de préserver ses attraits physiques. Et de ne pas s'occuper du reste.

Aux critiques, les journalistes de la presse féminine ont coutume de rétorquer que « les lectrices ne sont pas idiotes » et qu'elles savent très bien faire la part des choses. Or l'intelligence n'a rien à faire dans la réception de ces discours, dont le propre est justement de la mettre en échec, de la contourner. Ils ont inévitablement un effet, car ils jouent sur des craintes et des failles très intimes, qu'ils ne cessent de titiller, d'entretenir : la peur de ne pas ou de ne plus être aimée, la peur d'être rejetée, la peur de vieillir dans une société qui semble ne concevoir les femmes que jeunes… En outre, les mots sont secondés par des légions d'images irréelles, encore plus redoutables qu'eux car elles se faufilent dans le cerveau à notre insu, précédant et déjouant toute réflexion, toute démarche critique. Il est à peu près impossible d'échapper à leur matraquage. Cette presse, enfin, doit une partie de sa puissance à sa façon de se placer au centre d'une communauté féminine – fictive, mais peu importe – dont elle se prétend le simple relais. Les pratiques qu'elle prescrit, jure-t-elle, ne sont pas de son fait, pas plus

44 Sylvie Barbier, *La bimbo est l'avenir de la femme*, *op. cit.*

qu'elles ne sont dictées par des intérêts commerciaux quelconques : ce sont celles qu'ont spontanément choisi d'adopter la majorité des femmes, ou du moins les « femmes qui comptent », les filles avisées, dans le vent, celles qui ont tout compris et qui livrent leurs secrets dans les pages du magazine.

La dévalorisation systématique de leur physique que l'on encourage chez les femmes, l'anxiété et l'insatisfaction permanentes au sujet de leur corps, leur soumission à des normes toujours plus strictes et donc inatteignables sont typiques de ce que l'essayiste américaine Susan Faludi a identifié en 1991 comme le *backlash* : le « retour de bâton », qui, dans les années 1980, a suivi l'ébranlement provoqué à la fin des années 1960 par la « deuxième vague » du féminisme [45]. Le corps, comme l'a montré Naomi Wolf dans *The Beauty Myth* (« Le mythe de la beauté ») [46], paru la même année que le livre de Faludi, a permis de rattraper par les bretelles celles qui, autrement, ayant conquis – du moins en théorie – la maîtrise de leur fécondité et l'indépendance économique, auraient pu se croire tout permis. Puisqu'elles avaient échappé aux maternités subies et à l'enfermement domestique, l'ordre social s'est reconstitué spontanément en construisant autour d'elles une prison immatérielle. Les pressions sur leur physique, la surveillance dont celui-ci fait l'objet sont un moyen rêvé de les contenir, de les contrôler. Ces préoccupations leur font perdre un temps, une énergie et un argent considérables ; elles les maintiennent dans un état d'insécurité psychique et de subordination qui les empêche de donner la pleine mesure de leurs capacités et de profiter sans restriction d'une liberté chèrement acquise. Elles-mêmes, en outre, se sentent coupables de la transgression que

---

45 Susan Faludi, *Backlash. La guerre froide contre les femmes* [1991], Éditions des femmes, Paris, 1993.

46 Naomi Wolf [1991], *The Beauty Myth. How Images of Beauty Are Used Against Women*, Harper Perennial, New York, 2002.

constitue leur présence dans des sphères d'où elles ont longtemps été exclues ; elles ont donc tendance, pour compenser, pour rassurer les hommes ou pour se rassurer elles-mêmes sur leur pouvoir de séduction, à surenchérir dans le soin porté à leur apparence.

Il ne faut pas sous-estimer, dit Naomi Wolf, le traumatisme causé par l'arrivée massive, sur une période historique très courte, des femmes occidentales sur le marché du travail. Les prouesses esthétiques que l'on exige d'elles sont une manière de leur faire payer leur audace, de les remettre à leur place. Dans l'entreprise, les hommes sont chez eux ; ils n'ont donc « pas de corps », comme l'écrit Virginie Despentes [47]. Les femmes, elles, doivent donner des gages – sans que l'on sache très bien de quoi, d'ailleurs. Elles doivent n'être ni trop ni trop peu attirantes : dans le premier cas, elles risquent de ne pas être jugées crédibles professionnellement et, si elles se font harceler sexuellement, elles l'auront bien cherché ; dans le second, elles s'exposent aux réflexions désobligeantes pour avoir manqué à leur rôle de récréation visuelle et de stimulant libidinal. Il s'agit de prouver que l'on mérite d'être à la place qu'on occupe et, en même temps, que l'on reste « une femme » au sens traditionnel du terme – de prouver une chose et son contraire, en somme. Naomi Wolf n'a pas tort d'estimer que le matin, lorsqu'elle ouvre sa penderie, une salariée devrait avoir droit à la présence d'un avocat.

En vingt ans, ces analyses n'ont rien perdu de leur pertinence. Ce qui change, c'est le peu de résistance que rencontre désormais cette pression ; c'est l'acceptation résignée ou enthousiaste, par les principales intéressées, de l'idée que l'essentiel de la valeur d'une femme dépend de son apparence. Avec l'affaiblissement du mouvement féministe, avec l'éloignement dans le temps de la période où il fut le plus influent, les

---

47 Virginie Despentes, *King Kong Théorie*, Grasset, Paris, 2006.

discours critiques et les mises en garde dont il était porteur se sont perdus. Le naturel en a profité pour revenir au galop – le naturel de la société, pas celui des femmes...

Le sort actuel des petites filles en témoigne jusqu'au tragique. Des filles nées dans les années 1980 et plus tard, c'est-à-dire après le début du *backlash*, Naomi Wolf écrit qu'elles souffrent d'une « déformation congénitale : elles n'ont pas d'enfance ». « Aujourd'hui [autour de 1990, donc], pour une petite Américaine de sept ans, monter sur la balance et pousser un cri horrifié est un rituel de féminité, indissociable d'une promesse de gratification sexuelle, comme l'était pour ma génération le fait de parader en talons aiguilles devant le miroir, ou, pour la génération de ma mère, d'habiller sa poupée de satin blanc. » Wolf procède à un calcul intéressant : si cette petite fille a sa première relation sexuelle autour de quinze ans, elle aura, à ce moment-là, déjà passé la moitié de sa vie à « apprendre le masochisme » pour s'y préparer. Elle n'aura jamais eu la moindre chance « de se construire des souvenirs érotiques dans l'Éden, la plénitude, la frénésie de plaisir, l'insouciance d'un corps d'enfant [48] ». Vingt ans plus tard, de nombreux pays – Royaume-Uni, Canada, Australie, France – constatent une augmentation des cas d'anorexie infantile. « Nous voyons des fillettes qui ont commencé un régime de leur propre chef à neuf-dix ans, puis la maladie se déclenche », déclare une praticienne du service de pédopsychiatrie de l'hôpital Robert-Debré à Paris [49].

---

48 Naomi Wolf, *The Beauty Myth*, *op. cit.*

49 « Les cas d'anorexie infantile se multiplient », Lefigaro.fr, 4 août 2011.

Backlash *et marketing*

En 2011, le conditionnement et la sexualisation précoce des petites filles ont fait quelques remous dans les médias. La marque Petit Bateau a par exemple commercialisé des bodies pour bébé rose ou bleu selon le sexe ; sur le premier, on pouvait lire les mots : « jolie, têtue, rigolote, douce, gourmande, coquette, amoureuse, mignonne, élégante, belle » ; sur le second : « courageux, fort, fier, vaillant, robuste, rusé, habile, déterminé, espiègle, cool ». Poussant très loin la panique de l'indifférenciation sexuelle, une entreprise américaine propose des perruques pour bébé, afin qu'il soit bien clair que les petites filles ne sont pas des garçons (« I'm not a boy ! »), mais des « petites princesses [50] ».

On l'a dit : il ne suffit pas d'incriminer le « marketing ». Celui-ci, cherchant le meilleur moyen de gagner de l'argent, ne fait qu'identifier les tendances profondes qui travaillent une société afin de les exploiter. Pour autant, on commettrait une grave erreur en sous-estimant sa capacité à les exacerber en retour. L'écrivaine et chroniqueuse américaine Peggy Orenstein en a fait l'expérience. Mère d'une petite Daisy, elle a été médusée par la passion que développait la fillette pour le rose et les « Princesses Disney » : « Elle dévorait des yeux les vitrines drapées de tulle des magasins de jouets du quartier et me réclama pour son troisième anniversaire "une vraie robe de princesse" avec les chaussures à talons hauts assorties. Pendant ce temps, l'une de ses camarades de classe, celle qui avait deux mamans, arrivait tous les jours à l'école vêtue d'une robe de Cendrillon – avec son voile nuptial [51]. » Elle décide donc

---

50 http://baby-bangs.com

51 Peggy Orenstein, *Cinderella Ate My Daughter : Dispatches from the Front Lines of the New Girlie-Girl Culture*, HarperCollins, New York, 2011. Traduction : « Contre la dictature du rose », *Courrier International*, 22-28 septembre 2011.

d'enquêter. Elle rappelle que, il y a un siècle encore, le code couleur pour les enfants de chaque sexe n'existait pas. Lorsqu'il a commencé à se mettre en place, de surcroît, le rose était considéré comme une couleur masculine – « une version pastel du rouge, la couleur associée à la force » – et le bleu, « associé à la Vierge Marie, à la constance et à la fidélité », comme une couleur féminine. La déferlante du rose *girly* ne date que du milieu des années 1980, lorsque « l'amplification des différences d'âge et de sexe devint une stratégie clé du marketing ciblant les enfants ». Poussant plus loin ses investigations, elle découvre que certaines catégories d'âge qui passent pour des stades de développement identifiés par les psychologues sont en fait de pures trouvailles marketing. C'est le cas du *toddler*, le « tout-petit » (entre un et trois ans), inventé par les fabricants de vêtements dans les années 1930, et, plus récemment, du *tween*, le préadolescent, qui a fait son apparition dans les années 1980. « Je n'aurais jamais pensé, en ayant une fille, que l'une de mes tâches les plus importantes serait d'empêcher la société de consommation de faire main basse sur son enfance », écrit Orenstein.

« Se peut-il que nous trouvions désormais mignon d'habiller nos filles comme de petites prostituées ? » se demandait la philosophe américaine Susan Bordo en voyant, en 2002, des hordes de mini-Britney Spears courir les rues la nuit de Halloween [52]. En 2011, les soutiens-gorge et maillots de bain rembourrés pour fillettes proposés par certaines marques ont fait scandale aux États-Unis, en Grande-Bretagne et en France. Après le coup de fil du site d'information Owni.fr, qui enquêtait sur le sujet, La Redoute et les 3 Suisses ont retiré précipitamment ces modèles de

52 Susan Bordo, « In the empire of images : preface to the tenth anniversary edition », *Unbearable Weight. Feminism, Western Culture, and the Body* [1993], University of California Press, 2003.

leurs rayons virtuels [53]. Auparavant, une responsable communication des 3 Suisses avait bien insisté, pour la défense de l'entreprise, sur le fait qu'on ne voyait pas de petite fille porter ces sous-vêtements : ce qui était polémique, et qui justifiait cette prompte réaction, c'était donc l'incitation à la pédophilie, plutôt que la vision d'elles-mêmes que cela encourageait chez les fillettes. Dans une vidéo circulant sur Internet, Mia, deux ans, dansait sur *Like a Prayer* de Madonna lors d'un concours de mini-miss aux États-Unis en arborant une réplique miniature du soutien-gorge doré, aux bonnets en forme d'obus, créé pour la star par Jean Paul Gaultier ; dans un festival de danse, des fillettes de sept ans imitaient la chorégraphie très sexy d'un tube de la chanteuse Beyoncé [54]. Et le *Vogue* français a suscité un certain émoi en faisant poser des gamines habillées et maquillées comme des femmes fatales, talons hauts et attitudes séductrices, pour son supplément cadeaux de décembre 2010.

L'univers du people donne le ton. Née en 2006, Suri Cruise, fille de Tom Cruise et de Katie Holmes, tient le haut du pavé. Cette poupée à la frange brune et aux yeux bleus, arrivée en tête du classement *Forbes* 2008 des enfants les plus puissants (si, si), emploie une armée de coiffeurs et possède une garde-robe estimée en 2011 à 3,2 millions de dollars. Elle a porté des talons dès ses trois ans et ses parents lui ont fait faire des Louboutin [55] sur mesure : « Même quand elle va jouer avec ses amis ou marcher sur la plage, elle pleure si [sa mère] ne choisit pas une petite paire de sandales à talons [56]. » Et, dans les années à venir,

---

53 « Des soutiens-gorge ampliformes en taille… 8 ans », Owni.fr, 23 mars 2011.

54 « Les bikinis rembourrés pour fillettes font scandale aux USA », Owni.fr, 20 août 2011.

55 Christian Louboutin est un chausseur français de luxe, dont les escarpins sont reconnaissables à leurs semelles rouge vif.

56 « How Suri Cruise, five, already has a $150,000 shoe collection », Dailymail.co.uk, 7 juin 2011.

la petite Harper Seven Beckham, née à l'été 2011, devrait représenter une concurrence sérieuse : après trois garçons, sa mère, l'ex-Spice Girl Victoria Beckham, épouse du footballeur anglais David Beckham, rêvait depuis longtemps d'avoir une fille avec qui aller faire du shopping pendant que les hommes joueraient au foot. Cette fois, la commande de Louboutin a apparemment été passée avant même la naissance de l'enfant. Âgée de deux mois, Harper a pour la première fois visité une boutique Prada, expérience qu'elle a « adorée », selon sa mère : « C'était comme si elle disait : "Maman, je suis chez moi [57] !" »

Ces mises en scène ne font après tout que traduire notre avidité sans bornes pour un idéal féminin associé toujours plus étroitement à la jeunesse et à la fraîcheur. On s'assure d'ailleurs que les fillettes en sont bien conscientes : leur propre date de péremption approche à grands pas. Et, puisqu'il vaut mieux prévenir que guérir, il n'est jamais trop tôt pour apprendre à « s'occuper de soi ». Elles intègrent donc un autre aspect de la féminité contemporaine : la conviction d'un défaut, d'un vice fondamental lié à leur corps, que le temps ne fera que rendre plus évident et dont il s'agit de retarder autant que possible l'apparition ; mais aussi d'une forme de *saleté*, à laquelle sont censés remédier mille produits destinés à « purifier », « gommer », « désincruster »... Certains instituts de beauté parisiens proposent des « mini-spas » et autres soins spécifiques destinés aux petites filles : « Comme ça l'enfant, après, prend soin d'elle, fait attention à sa peau, met des crèmes », explique la mère de Lola, cinq ans et demi, qui l'a amenée pour une pédicure-manucure. Interrogée sur l'utilité de faire un soin de la peau à huit ans, la directrice d'un institut rétorque, sur la

---

57 « "Mummy, I'm home !" Victoria Beckham reveals baby Harper couldn't get enough of her first shopping trip to Prada », Dailymail.co.uk, 14 septembre 2011.

défensive : « C'est interdit de se *nettoyer* [c'est nous qui soulignons], de se faire masser le visage [58] ? »

Aux États-Unis, le géant de la distribution Wal-Mart a lancé une gamme de maquillage antioxydants et antirides destinée aux 8-12 ans. L'initiative a suscité un éditorial indigné dans le *Elle* français. L'hebdomadaire ne mâche pas ses mots : « On ne naît pas femme névrosée, pourrait-on dire en paraphrasant Simone de Beauvoir, on le devient. Avec la bénédiction des superhéros du marketing, qui transforment inlassablement les angoisses collectives en marché porteur [59]. » La journaliste tente de tracer une limite : emprunter le rouge à lèvres ou les escarpins de sa mère le temps d'un jeu, très bien, mais « que se passe-t-il dans la tête d'une fillette de neuf ans si on lui dit que grandir, c'est surtout vieillir et devenir moche ? ». Et de citer d'autres faits alarmants, comme ces écolières qui, à la cantine, « laissent le pain aux garçons afin de ne pas grossir ». « Sommes-nous si pressés de voir nos enfants se pourrir la vie avec ce qui gâche trop souvent la nôtre ? Veut-on vraiment faire de nos filles des mini-femmes obsédées par les apparences, écrasées par des canons de beauté normatifs ? »

Il est pourtant illusoire de croire que l'accroissement constant de la pression exercée sur les femmes pourrait ne pas rejaillir sur leur progéniture. Si on entretient chez les mères la terreur de vieillir, comment s'étonner que leurs filles le ressentent ? Un peu comme dans le cas du tourisme sexuel, la sacralisation de l'enfance rend scandaleux ce qui l'est pourtant tout autant lorsqu'il s'agit de femmes adultes. Car « ce qui nous gâche trop souvent la vie » – aveu rare de la part d'un magazine féminin – ne tombe pas du ciel : quelques pages après cet édito incendiaire, *Elle* inaugurait une nouvelle rubrique, « Bistouri & Cie », consacrée aux « infos et techniques esthétiques

58 France Inter, *Journal de 8 heures*, 20 mai 2011.

59 « Petites filles modelées », *Elle*, 11 mars 2011.

qui buzzent » et apparemment destinée à devenir un rendez-vous régulier. Épargnons les petites filles, mais pour leurs mères : pas de quartier ! On imagine déjà les cris d'orfraie dans *Elle* quand des gamines joueront à s'injecter du Botox ou se dessineront au stylo-feutre sur le corps les pointillés que les chirurgiens esthétiques tracent sur la peau de leurs clientes.

Faut-il le rappeler ? Le monde des affaires a toujours été aussi agressif à l'égard des adultes que des enfants. Face aux moyens tant financiers que psychologiques dont il dispose, il serait bien naïf de penser que le fait d'être une grande fille ou un grand garçon suffit à s'en protéger. Peggy Orenstein découvrant l'emprise du marketing sur sa fillette nous fait d'ailleurs penser à Betty Friedan découvrant, lors de cet autre *backlash* des années 1950, son rôle actif dans l'enfermement domestique des Américaines. « On disait avec orgueil que 75 % du pouvoir d'achat aux États-Unis était détenu par les femmes et ce fait m'apparut tout à coup dans ses vraies dimensions : les femmes américaines étaient les victimes de ce cadeau empoisonné[60]. » Le secteur de l'électroménager, en particulier, préférait avoir pour clientes des femmes au foyer, perçues comme plus fiables, moins critiques, plus attentives à ce qu'il leur proposait. Il fit en sorte de leur donner l'illusion que, grâce à leurs robots, elles pourraient transformer une corvée en un moyen d'expression de leur créativité : « C'est une manière d'absorber les talents, le goût, l'imagination et l'initiative de la femme moderne. Cela lui permet d'utiliser dans son foyer toutes les facultés qu'elle déploierait dans une carrière. Ce besoin de création est une des forces qui la poussent à acheter », note une enquête que Friedan s'est procurée. Une autre étude, commandée par un fabricant de produits d'entretien, suggère de persuader la ménagère que ses détergents la font « participer aux

60 Betty FRIEDAN, *La Femme mystifiée*, *op. cit.* De même pour les citations suivantes.

découvertes scientifiques du moment »... Les industriels avaient été les premiers à identifier le « problème sans nom » ; et ils lui proposaient des solutions bien à eux. Un conseiller psychologique des propriétaires de grands magasins soulignait la solitude, l'ennui et la frustration des femmes au foyer : « Elles savent qu'au-delà de leur horizon une vie plus large existe et elles ont peur de passer à côté de cette vie-là. Les grands magasins brisent cet isolement. En entrant dans un magasin, une femme a soudain l'impression qu'elle participe à ce qui se passe dans le monde. » Et si elle ressent le besoin d'être indépendante, d'exister par elle-même, on lui vendra une voiture rien qu'à elle ou un shampooing différent de celui du reste de la famille.

Fermer des portes pour l'avenir

Le *backlash* des années 1950 aux États-Unis s'inscrivait dans un contexte de prospérité sans précédent. Aujourd'hui, cependant, c'est la détresse économique, couplée à la fascination pour le showbiz, qui l'alimente : la possibilité qu'une petite fille fasse une carrière de mannequin ou de chanteuse devient un espoir d'ascension sociale. En France, malgré l'indignation, les concours de mini-miss se multiplient ; la loi se contente d'interdire le maquillage et le passage en maillot de bain. Une couturière venue de Haute-Savoie avec sa fille pour les demi-finales des Mini-Miss France 2011 à Paris explique à la reporter de *Elle* : « Je suis seule avec ma fille, le papa est décédé. Jamais je ne pourrai lui offrir une maison, elle devra se débrouiller, alors je mets toutes les chances de son côté. » Un père, ouvrier en Bourgogne, ajoute : « Savoir se présenter, sourire, vaincre son trac, c'est un plus pour quand elle passera un entretien d'embauche. » En attendant, il faut débourser le prix des robes, du maquillage (quand même utilisé), du trajet, des nuits d'hôtel et du ticket d'entrée que les organisateurs font payer aux parents. En coulisses, les concurrentes « comparent la longueur de leurs cheveux, la hauteur de leurs talons. Beaucoup se trouvent grassouillettes ». Mélissandre, dix ans, confie : « Tous les soirs, dans mon lit, je pense à la beauté. J'aimerais me trouver belle, mais je n'y arrive pas. » Une autre soupire : « Moi, je veux arrêter les Miss, je veux faire du cheval, mais ma mère ne veut pas [61]. »

Si elle n'atteint pas toujours ces extrêmes, l'éducation des fillettes semble s'en tenir au même éternel conformisme. Les parents jurent parfois avoir observé un goût « spontané » pour certains loisirs, en oubliant combien l'acquis peut facilement se travestir en inné, et en négligeant les caractéristiques propres à cet âge : le manque de recul et la recherche éperdue de conformité, synonyme d'intégration et de popularité auprès des petits camarades. Rares sont les éditeurs de littérature jeunesse à rompre avec les stéréotypes [62]. On notera la démarche militante de la collection « Livres et égaux » des éditions Talents Hauts, et celle, simplement originale et exigeante, d'éditeurs comme Christian Bruel (Le Sourire qui mord, Éditions Être) et Alain Serres (Rue du monde). Le premier a cosigné en 1976, avec Anne Bozellec et Anne Galland, *Histoire de Julie qui avait une ombre de garçon* ; le second est notamment le coauteur d'un album absurde et savoureux intitulé *Maman, je veux être top model* [63] *!*

---

61 « Mini-miss, l'envers du rêve », *Elle*, 25 mars 2011.

62 Voir le livret « Littérature de jeunesse non sexiste » mis à disposition sur Internet en 2011 par l'association Adéquations (www.adequations.org). En 2009, l'Atelier des Merveilles a produit une autre sélection : « Pour l'égalité entre filles et garçons – 100 albums jeunesse » (www.crdp.ac-grenoble.fr/cddp26/egalite_fille_garcon/). L'association Du côté des filles, créée en 1994 sous l'impulsion d'Adela Turin, elle-même auteure jeunesse, a par ailleurs réalisé un important travail d'analyse des représentations tant dans les manuels scolaires que dans les albums de fiction.

63 Véronique Deiss et Alain Serres, *Maman, je veux être top model !*, Rue du monde, Voisins-le-Bretonneux, 1998.

Pour le reste... Catherine Monnot, dans l'étude qu'elle a consacrée aux « petites filles d'aujourd'hui », décortique cette « persuasion clandestine de l'identité sexuée » aussi précoce que féroce. Elle observe que, dans la presse qui leur est destinée, les modèles sont toujours photographiés « dans des poses statiques où elles n'existent que comme objets du regard d'autrui [64] ». Nouvelles technologies ou jeux à l'ancienne, on leur assigne les mêmes centres d'intérêt : « Sur leur console vidéo, elles jouent à *Nintendogs*, où elles prennent soin de leur chiot virtuel, ainsi qu'à *Léa, passion vétérinaire*, *passion bébé* ou *passion cuisine*. Mais la plupart des jouets tournent autour du thème de la beauté. Elles jouent donc aussi à *Léa, passion mode*, s'amusent à coiffer et à maquiller des têtes de mannequins et, grâce à des jeux “créatifs” conçus pour elles, dessinent des modèles de robe ou confectionnent des accessoires et des bijoux pour leurs poupées et pour elles-mêmes. Avec les copines, elles chantent et dansent grâce à des karaokés ; elles apprennent à se mettre en scène, à attirer le regard, à plaire à autrui. » Des sites de jeux en ligne leur sont destinés, tous voués « à la présentation de soi et au désir de plaire ».

À l'occasion, les projections qu'autorise aux petites filles leur environnement culturel peuvent être plus variées, mais il est frappant qu'un élément ne cède jamais : celui de la perfection physique. « Une fillette apprend très tôt que quels que soient ses dons ou ses goûts, si elle s'affirme adepte d'un discours, d'une activité ou d'une apparence considérés comme masculins, elle se doit de compenser cette rupture symbolique en cultivant, voire en renforçant des critères féminins traditionnels, qui lui permettront de conserver aux yeux de la société son identité féminine, écrit Catherine Monnot. Ses héroïnes quotidiennes lui en montrent la nécessité, telle Lara

64 Catherine MONNOT, *Petites filles d'aujourd'hui. L'apprentissage de la féminité*, Autrement, Paris, 2009. De même pour les citations suivantes.

Croft (incarnée par Angelina Jolie) : sportive et guerrière, ce personnage de jeu vidéo est une combattante implacable, mais, bien sûr, jeune et belle, mince et sexy. » Et l'enfer est parfois pavé de bonnes intentions : « Si, en France, un titre du magazine *Julie* comme "Toi et ton miroir : qu'est-ce que t'es belle !" vise bien sûr à décomplexer les plus jeunes lectrices, il les entraîne aussi sur le chemin des préoccupations esthétiques et les enjoint à développer sur leur corps un regard d'ordre qualitatif. »

En un siècle, l'ordre des priorités n'a guère varié. Dans son étude du magazine *Femina*, qui parut entre 1901 et 1914, Colette Cosnier cite ce conseil donné aux mères qui date de 1902 : « Amies lectrices, qui avez des filles, qui rêvez de faire d'elles de vraies femmes, des femmes complètes à tous les points de vue, qui les voulez sages, intelligentes et aimées, qui souhaitez qu'elles plaisent, soignez en effet leur âme et leur esprit, armez-les de jolis cerveaux et de bons petits cœurs courageux aptes à vivre avec leur temps, mais n'oubliez pas de veiller à leur "beau physique" [65]. » On avait failli oublier, en effet.

Tout cela exerce une influence directe sur les rêves, les projets, les ambitions des adolescentes. Leurs fantasmes de succès se limitent souvent aux carrières qui feraient d'elles des objets de représentation : chanteuse, actrice, top model. Sara Ziff, ancien mannequin ayant repris des études universitaires et auteure d'un documentaire sur son premier métier [66], fait le même constat : « Dans les magazines pour adolescentes, les seules femmes qui sont mises en vedette, ce sont les mannequins et les actrices. Forcément, leurs lectrices en déduisent que c'est cela, la réussite pour une femme. » Par ailleurs, cette focalisation sur leur apparence, à un âge où le rapport à leur corps est

65 Colette COSNIER, *Les Dames de* Femina. *Un féminisme mystifié*, Presses universitaires de Rennes, Rennes, 2009.

66 Ole SCHELL et Sara ZIFF (réal.), *Picture Me*, 2009.

souvent difficile, les pousse à développer une piètre estime d'elles-mêmes à un moment où elles doivent faire des choix d'orientation déterminants, observe Catherine Monnot. La complexité de l'idéal féminin en circulation, qui implique de réussir sur tous les fronts et qui, pour leurs mères, se traduit par des emplois du temps infernaux, contribue encore à les inhiber. L'idée qu'elles doivent chercher avant tout à plaire les amène à se tourner vers des métiers « qui leur permettront d'entrer en collaboration avec les autres, de leur venir en aide, et non pas de lutter contre eux [67] ».

Les statistiques montrent les effets de ces représentations : elles révèlent, sur le marché du travail, une double discrimination. Les femmes restent, dans leur majorité, concentrées dans un petit nombre de domaines : en 2002, sur les trente et une catégories socioprofessionnelles que distingue l'Institut national de la statistique et des études économiques (Insee), les six catégories les plus féminisées regroupaient 60 % de l'emploi féminin (contre 52 % en 1983). C'est la discrimination « horizontale [68] ». Et, comme l'explique Margaret Maruani, si certaines professions – médecin, avocat, journaliste – « se sont largement féminisées, sans pour autant se dévaloriser, le sommet de la hiérarchie résiste à ce mouvement : c'est la discrimination "verticale" [69] ».

Catherine Monnot signale également la primauté, dans les magazines ou les feuilletons destinés aux préadolescentes, de la maternité et de la vie de famille, présentées comme incontournables dans l'épanouissement d'une femme. Mille phrases d'interview mises en exergue (« Je suis faite pour avoir des bébés. J'ai l'instinct maternel, je le sens »), mille scénarios

---

67 Catherine Monnot, *Petites filles d'aujourd'hui, op. cit.*

68 Margaret Maruani, *Travail et emploi des femmes, op. cit.*

69 Mona Chollet, « Les acquis féministes sont-ils irréversibles ? », *Le Monde diplomatique*, avril 2007.

convenus en témoignent. La seule évolution perceptible consiste en ce qu'il ne s'agit plus d'accepter de bonne grâce un destin, mais, en vraie femme moderne, d'avoir une vocation, les moyens de son indépendance, et d'y renoncer au profit de sa vie familiale. Celles qui prétendent investir les mêmes terrains que les hommes sont jugées dures, froides, « carriéristes », alors que celles qui sont dénuées de toute ambition personnelle sont perçues comme simples, joyeuses, généreuses.

Au-delà des manipulations dont il peut faire l'objet, ce dilemme semble s'imposer à de nombreuses femmes très tôt dans leur vie. Au début du documentaire qu'elle a consacré à la condition d'actrice à Hollywood, Rosanna Arquette raconte : « Le premier film que j'ai vu de ma vie, c'est *Les Chaussons rouges* [70]. Il y est question d'une femme qui a la passion de la danse. Elle tombe amoureuse d'un homme qui lui demande d'arrêter de danser, et de ne plus être qu'une épouse – de sacrifier son métier, son art pour lui. Elle ne peut faire un choix, et elle se jette sous un train. J'ai eu cette image en tête toute ma vie. Je me suis toujours demandé : peut-on avoir les deux ? *Peut-on avoir les deux ?* Peuvent-ils coexister, et comment ces deux côtés peuvent-ils marcher ensemble ? Je ne sais pas [71]. » Elle précise que c'est sa mère qui lui avait fait voir ce film ; on peut donc présumer que cette préoccupation remontait à une génération au moins... Le scénario tragique des *Chaussons rouges* tend cependant à faire de cette difficulté une sorte de malédiction immanente pesant sur les femmes, et non le résultat d'une organisation sociale particulière. Il est certain qu'un franc débat sur la construction des attentes et des

---

70 Michael POWELL et Emeric PRESSBURGER (réal.), *The Red Shoes*, 1948.

71 Rosanna ARQUETTE (réal.), *À la recherche de Debra Winger* (*Searching for Debra Winger*), 2002. Disponible en DVD aux éditions Montparnasse/Éditions des femmes. Le film est toutefois assez décevant par son aspect brouillon et superficiel.

ambitions de chaque sexe, sur les stéréotypes et les préjugés dont chacun est imprégné, ne fournirait pas une matière dramatique aussi riche.

Apprendre à une petite fille à être « féminine », c'est s'assurer qu'elle grandira en étant « bien dans sa peau », arguait sur Facebook une cliente de Petit Bateau lors des débats suscités par les bodies de la marque. Outre les craintes que fait naître la vision apocalyptique d'un monde où les femmes réussiraient à exister sans minauderies ni talons hauts, la principale raison de s'accrocher à la féminité conventionnelle semble tenir aux rigueurs actuelles de l'ordre social. Ce dernier apparaît comme une divinité qu'il s'agirait d'apaiser par diverses offrandes et manifestations d'allégeance, sous peine d'attirer sur soi tous les fléaux de l'époque : chômage, solitude, exclusion. Les concours de mini-miss permettent de préparer les candidates aux entretiens d'embauche, répètent leurs parents. Le monde qui attend ces fillettes a effectivement de quoi effrayer ; mais les y préparer en leur apprenant à évider leur personnalité, plutôt qu'à la renforcer, revient à devancer les maux qu'on prétend leur épargner. C'est aussi, comme on va le voir, sous-estimer dramatiquement les effets destructeurs des codes de la féminité contemporaine.

2

Un héritage embarrassant. Interlude sur l'ambivalence

La société néglige les désordres créés par l'« inégalité des rôles esthétiques » entre les femmes et les hommes. Ce qui aboutit à une situation singulière : les seules instances qui les dénoncent parfois sont aussi celles qui produisent et relaient cette pression sur les femmes, car ce sont les seuls lieux où le sujet est légitime et suscite un intérêt. *Un corps parfait*, la pièce de théâtre d'Eve Ensler sur les ravages de cette obsession féminine, a ainsi été adaptée en français par Michèle Fitoussi, journaliste à *Elle* [1] : un peu comme si Oussama Ben Laden avait adapté en arabe les Mémoires du Mahatma Gandhi. À la sortie de *Picture Me*, le documentaire d'Ole Schell et Sara Ziff sur le mannequinat, le même magazine, où s'étale à peu près chaque semaine la « vie rêvée » ou le « conte de fées » d'un top model, écrit que son héroïne y découvre « les rouages les plus sordides de l'industrie qui l'emploie » – rouages sur lesquels il était pour sa part toujours resté d'une remarquable discrétion, par ignorance, sans doute – et présage qu'il « devrait en faire déchanter quelques-unes parmi celles qui rêvaient d'être sur papier glacé [2] ». Même scénario lors de la mort, à l'âge de

1 Eve Ensler, *Un corps parfait*, Denoël, Paris, 2007.

2 « Polémique : l'envers du podium », *Elle*, 20 juin 2009.

vingt-huit ans, d'Isabelle Caro, la comédienne anorexique dont le publicitaire Oliviero Toscani avait exhibé sur des affiches le corps décharné. *Elle* lui rend hommage : « Jusqu'au bout, elle a gardé le souci de donner à sa voix l'ampleur qu'elle refusait de donner à son corps [3]. » Or, si les corps qui voisinent avec cet article dans les pages de l'hebdomadaire se caractérisent par quelque chose, ce n'est certainement pas par leur ampleur.

La critique, quand elle ne souffre pas de ce confinement et de ces contradictions, peut aussi relever d'un calcul hypocrite. Elle permet d'exploiter la fascination que suscite le monde de la mode, ou sert de simple prétexte pour exhiber des corps féminins séduisants, comme dans ces reportages télévisés sur l'« enfer de la prostitution » où la caméra s'attarde complaisamment sur un décolleté ou une minijupe en cuir. Sur la jaquette d'un livre à sensation publié par les éditions Fortuna, intitulé *Mannequins ou bétail* (2010), et qui s'en prend à l'« omerta dans le mannequinat », s'étale la photo en pied de « Maïcha, 1 m 82, 1 m 22 de jambes » ; la biographie de l'auteur annonce que son prochain livre portera sur le « dur métier de call-girl » et lance cet appel : « Vous avez été ou vous êtes call-girl et en connaissez les difficultés et les "avantages". Vous désirez en parler en toute discrétion. Rencontrez-moi en toute confiance, je vous écouterai et respecterai scrupuleusement vos paroles ou vos écrits [4]. »

Mais il faut aussi tenir compte des cas où la confusion entre critique et adhésion, lorsqu'elle se manifeste chez les femmes elles-mêmes, relève d'une ambivalence sincère. *Télérama* s'est trompé, à notre avis, en qualifiant *Picture Me* de film « faux-cul [5] ». Le mérite du documentaire est de montrer honnêtement toutes les facettes de l'expérience de sa réalisatrice. Les

---

3 « Isabelle Caro, le combat perdu », 7 janvier 2011.

4 Joss de Paris, *Mannequins ou bétail*, Fortuna éditions, Paris, 2010.

5 *Télérama*, 23 octobre 2010.

avantages qu'elle retire du mannequinat sont indéniables : l'argent facile, qui lui permet de s'acheter cash son propre appartement à New York à un âge où, en général, on enchaîne plutôt les stages non rémunérés ; l'excitation de participer aux défilés de couturiers qu'elle admire. Mais les aspects sombres qu'elle dépeint n'en sont pas moins réels – et le film la montre assez souvent défaite et en pleurs pour qu'on ne les mette pas en doute : l'endettement sordide, auprès de leur agence, de ses camarades dont la carrière ne décolle pas ; les abus sexuels, la prédation cynique qui règne dans ce grand trafic de chair fraîche ; les complexes et la dévalorisation de soi que font naître chez les mannequins les regards et les commentaires impitoyables sur leur corps ; l'épuisement et l'exaspération causés par le fait d'être considérée comme une chose, comme une machine qu'il faut rentabiliser au maximum.

La sortie de son film en France suscite chez Sara Ziff un élan de nostalgie qui transparaît dans ces quelques lignes du dossier de presse : « J'ai plein de bons souvenirs de balades au Louvre entre deux défilés, et de promenades à la découverte de Paris. J'ai toujours particulièrement apprécié les défilés pour Chanel, Balenciaga et Hussein Chalayan, où s'exprime toute l'énergie de la semaine de la mode. » Ce ton convenu, spontané et superficiel, typique de ce milieu, mais aussi les noms de couturiers qu'elle cite et qui sont révélateurs de son univers, la disqualifient instantanément auprès de tous ceux qui ne conçoivent la critique que comme savante et sans concession, bardée de références à Foucault ou à Baudrillard. Pourtant, il serait dommage de s'en tenir à cette réaction épidermique. Car ni sa forme primesautière ni son apparente tiédeur ne diminuent l'intérêt du propos.

On ne peut espérer critiquer efficacement la réduction des femmes à leur apparence sans examiner toutes les raisons qui font qu'elles *marchent* dans ce conditionnement ; sans admettre les séductions réelles sur lesquelles il s'appuie. Il s'agit peut-être bien là d'un objet d'étude qui oblige à produire une radicalité nuancée. Notre hypothèse sera que, si le « complexe mode-beauté », comme l'a appelé la féministe britannique Angela McRobbie, connaît une telle prospérité, c'est parce qu'il est seul, dans la société, à prendre au sérieux une certaine culture féminine.

« Avec quoi elle vient ! »

De génération en génération, les femmes se sont en effet constitué bien malgré elles une culture partagée, officieuse, illégitime. Certains objets de préoccupation leur ont été assignés par l'ordre social ou ont été portés à leur attention par leur condition de dominées. C'est la théorie de la philosophe Séverine Auffret : « Au fil de l'histoire, les femmes ont développé une culture particulière, qui tient au rôle qu'on leur a donné, aux positions dans lesquelles on les a cantonnées – un peu comme les esclaves ont été amenés à développer certaines valeurs qui n'étaient pas celles des maîtres, ou comme le prolétariat, lui aussi, s'est constitué une culture propre, de résistance à la culture dominante. Il me semble qu'il y a là une richesse qui ne doit pas être reniée, mais, au contraire, revendiquée [6]. » Christine Bard, elle aussi, l'affirme implicitement lorsqu'elle place en exergue de *Ce que soulève la jupe* cette citation de Virginia Woolf : « Quand une femme se met à écrire… elle constate sans cesse qu'elle a envie de changer les valeurs établies : rendre sérieux ce qui semble insignifiant à un homme, rendre quelconque ce qui lui semble important. Et naturellement, la critique l'en blâmera [7]. » Précisons qu'il s'agit bien d'une *culture* et

---

6 « Une femme de ressources », Peripheries.net, septembre 2005.

7 Virginia Woolf, « Les femmes et le roman » [1929], *L'Art du roman*, traduit de l'anglais par Rose Celli, Seuil, Paris, 2009.

qu'il n'y entre aucun déterminisme biologique ; c'est-à-dire que de nombreuses femmes n'y adhèrent pas et que de nombreux hommes en partagent certains traits, sans forcément les identifier comme « féminins ».

Le sort qu'il convient de réserver à cet héritage particulier n'a cessé de diviser les féministes. Les unes rejettent sans barguigner ce qu'elles ne voient que comme des stéréotypes aliénants ; les autres ont envie, au contraire, de revendiquer ces centres d'intérêt que la culture officielle méprise et dont elle s'est débarrassée sur le féminin. Une même femme peut osciller entre ces deux attitudes, qui sont, estime Susan Bordo, « deux pôles de tension aussi nécessaires l'un que l'autre au combat féministe et au changement social [8] ». En effet, il s'agit à la fois de provoquer une « transformation de la culture », en interrogeant l'ordre symbolique en place, et d'« abattre les barrières qui interdisent aux femmes l'accès à des terrains réservés aux hommes ». Trouver le bon dosage entre les deux démarches relève d'une alchimie délicate. Bordo remarque qu'elle-même, devenue une professeure d'université respectée, peut désormais laisser parler des traits « féminins » de son identité et proposer un modèle d'autorité professorale qui leur doit beaucoup ; durant ses études, en revanche, pour sa survie professionnelle, elle était obligée de reproduire les comportements masculins.

Constatant la fermeture persistante des hautes fonctions universitaires aux femmes, les philosophes Vinciane Despret et Isabelle Stengers encouragent elles aussi leurs consœurs à « faire des histoires », dans tous les sens du terme : c'est-à-dire à faire des vagues, à refuser de se couler dans le moule [9]. Elles racontent comment elles-mêmes, à leur insu, se sont fait

---

8 Susan Bordo, « Introduction », *Unbearable Weight, op. cit.*

9 Vinciane Despret et Isabelle Stengers, *Les Faiseuses d'histoires. Que font les femmes à la pensée ?*, Les Empêcheurs de penser en rond/La Découverte, Paris, 2011.

remarquer par leurs sujets d'études originaux, qui les ont aussitôt désignées comme « femmes philosophes » : « Pour certains (et certaines !) nos problèmes sont suspects, susceptibles de déshonorer la philosophie. Hypnose, drogués, sorcières, cratéropes, paysans, morts pas tranquilles... : des problèmes pas sérieux, d'autant moins conventionnels que nous étions peu intéressées à les prendre pour prétextes afin de marquer un point contre d'autres philosophes, ou alors, juste assez pour dégager l'espace qui nous permettrait d'essayer de bien les traiter. Chacune d'entre nous a pu susciter le soupir "avec quoi elle vient !". » Or le contrat tacite, à leur entrée dans l'institution, n'était pas celui-là : « Vous êtes les bienvenues, votre présence est normale car nous sommes "démocrates", mais à nos conditions, à condition que rien ne change. Vous êtes les bienvenues à condition de ne pas faire d'histoires... »

De nombreuses féministes se montrent également allergiques à toute manifestation d'un trait catalogué comme « féminin », au risque de redoubler la disqualification de celui-ci par l'ordre dominant. Bordo parle d'une « panique de l'essentialisme » – panique à l'idée d'« être identifiée à des aspects marginalisés et dépréciés de l'identité féminine » –, qu'elle juge injustifiée. Au contraire, dit-elle, il faut, quand c'est possible, affirmer cette identité dans les cercles de pouvoir de tous ordres ; car ces cercles, qu'il s'agisse du monde politique ou des lieux de travail, demeurent imprégnés d'une culture masculiniste qui les rend tout sauf accueillants pour les femmes. Cela ne revient en rien à célébrer une prétendue « vérité du corps féminin », mais à assumer et à fortifier des imaginaires de l'*altérité*, dotant ainsi la démarche féministe d'un point d'appui indispensable. « Sans imaginaires (et incarnations) de l'altérité, à partir de quel point de vue pourrions-nous rechercher une transformation de la culture ? Et comment construire ces imaginaires et ces incarnations, si ce n'est par une alliance avec ce qui a été réduit au silence, réprimé, dédaigné [10] ? » Ces imaginaires de l'altérité devraient être prêts à accueillir tout ce que la culture officielle rejette, c'est-à-dire à la fois le bagage hérité de la domination, quand certaines choisissent de le revaloriser et de le revendiquer, et les pratiques et affirmations qui bousculent et contestent – parfois avec virulence – ce même héritage.

Les préoccupations auxquelles les femmes ont été assignées n'ont, en elles-mêmes, rien d'aliénant ni de réactionnaire. Elles peuvent même représenter un atout indéniable, car elles offrent un regard sur le monde différent de la vision dominante. Elles *deviennent* cependant aliénantes lorsque les femmes y sont cantonnées et se voient refuser, ou se refusent à elles-mêmes, l'accès à des prérogatives masculines ; mais aussi lorsque ces centres d'intérêt sont récupérés par le complexe mode-beauté, seul à leur offrir une possibilité d'expression.

Les femmes, rappelle la sociologue américaine Laurie Essig, ont une histoire particulière avec la consommation. « Les femmes blanches de la classe moyenne ont été les premières à être délivrées du devoir de production pour aller faire du shopping. C'est pourquoi les premiers centres commerciaux s'appelaient "Ladies' Mile". Ces femmes cessèrent de fabriquer le savon ou les vêtements à la maison : elles se rendirent dans les grands magasins, ces palais du désir, et initièrent cette révolution aujourd'hui connue sous le nom de "société de consommation". » Dès le début, le marché fit d'elles ses cibles privilégiées, leur vendant de la beauté et du bien-être. Non sans conséquences : « Il est désormais difficile de se représenter un monde où la beauté n'est pas un produit. Après plus d'un siècle passé à acheter de la beauté, comment pouvons-nous encore imaginer qu'elle a un jour existé en dehors du marché [11] ? »

---

10 *Idem.*

11 Laurie Essig, *American Plastic. Boob Jobs, Credit Cards, and Our Quest for Perfection*, Beacon, Boston, 2010.

On peut distinguer trois ensembles de valeurs qui font l'objet de cette récupération commerciale. D'abord, le souci de l'apparence, le soin apporté au choix des vêtements, à l'entretien et à la parure du corps. Ensuite, le goût du détail, du minuscule, du superflu, la sensibilité aux objets, la capacité à les investir d'une dimension quasi métaphysique. Et, pour finir, le goût d'une vie hors du monde, centrée sur le foyer, l'intimité, le cercle des proches, mais aussi attentive à la nature, au passage des saisons, avec ce que cela suppose d'indifférence, au moins momentanée, à la vie sociale et politique. Souvent, ces trois ensembles s'entremêlent au point de devenir indistincts.

Sagesse de la parure

Commençons par le souci de l'apparence. L'horizon sur lequel chacun s'autorise à projeter ses rêves se confond désormais avec les contours de sa propre personne, avons-nous dit. Ce rétrécissement, si problématique soit-il, peut se comprendre. Il a le mérite de miser sur de l'immédiat, sur du tangible ; il met en jeu un plaisir visuel, esthétique, sensuel, ludique, qui représente un bénéfice net, dont on peut jouir sans délai. Impossible, par exemple, de se défendre d'une certaine fascination en contemplant les photos publiées sur le blog The Sartorialist [12]. Scott Schuman arpente les rues des villes du monde entier et arrête les passants dont l'allure le séduit. Il peut s'agir aussi bien d'individus gravitant dans l'univers de la mode que de travailleurs dont il admire la façon bien à eux qu'ils ont de porter leur uniforme. Ses clichés font ressortir avec une netteté étonnante la personnalité qui s'y manifeste. Des pieds à la tête, l'œil, telle une balle de flipper, rebondit indéfiniment

12 TheSartorialist.com. Une sélection d'images a été réunie dans un livre : Scott SCHUMAN, *The Sartorialist*, Penguin Books, Londres, 2009.

d'un détail à l'autre, appréciant à la fois les infimes raffinements d'une tenue – un bijou, une coiffure, un couvre-chef, un sac, un tatouage, une pochette, la couleur ou le pli d'une chaussette – et la cohérence de l'ensemble. Ce magnétisme tient au sentiment que quelque chose d'un peu magique est concentré dans ces silhouettes.

La « profondeur de la frivolité » n'est pas qu'une formule autojustificatrice pour cocktail mondain. Dans son livre *La Manifestation de soi*, le philosophe Jacques Dewitte décrit comme « inhérent à la vie » – la vie des humains, des sociétés et même des animaux – un « pur besoin de se montrer, de s'exhiber, de déployer des dispositifs ornementaux qui, bien loin d'être utiles, peuvent aller à l'encontre de tout principe d'utilité [13] ». Il réfute l'idée que l'on puisse isoler un « être » qui serait pur de tout paraître : « Il n'y a pas seulement l'existence pure et simple – positive, objective – mais une existence qui se montre, se donne à voir, qui se dédouble pour ainsi dire en "être" et "paraître", ou en "existence" et "apparence". » En somme, « l'être se dédouble, ou se redouble originairement, et non pas secondairement, en un paraître ». Notre apparence, loin d'être un simple ajout inerte sur une identité qui resterait stable, intervient sur notre être, le modifie : « En paraissant tel ou tel, en se montrant *comme* ceci ou cela, on le *devient* aussi quelque peu. À supposer qu'existe un "être" qui puisse être isolé et envisagé pour lui-même, c'est-à-dire séparé de tout "paraître" impur (hypothèse purement spéculative), il faut bien admettre que l'on n'"est" plus exactement le même selon l'image de soi que l'on donne – que l'on adresse aux autres, et, tout autant, à soi-même. »

La féminité traditionnelle, par la foi qu'elle manifeste – sans toujours la formuler clairement – dans cette alchimie de l'être et

---

13 Jacques Dewitte, *La Manifestation de soi*, La Découverte, « Bibliothèque du Mauss », Paris, 2010. De même pour les citations suivantes.

du paraître, s'oppose à la vision aujourd'hui dominante : celle d'une identité fixe, d'un « être pur », imperméable à ce qu'il a sur le dos comme à l'ensemble de son environnement matériel. Elle s'inscrit ainsi en faux contre la forme très particulière de raison dont la modernité a vu le triomphe : une raison froide, utilitaire, abstraite et calculatrice, qui se prétend le seul outil pertinent d'appréhension du monde et qui disqualifie le concret, la sensualité, en les renvoyant avec plus ou moins de mépris à l'anecdotique. Postulant une relation instrumentale de l'humanité au monde et aux objets, cette raison est une raison marchande dans son essence, mais qui a réussi le coup de force de se faire passer pour *la* raison. De nombreux penseurs ont pointé sa fausseté. Elle est contestée par la sensibilité anti-utilitariste dans laquelle s'inscrit Jacques Dewitte. Le géographe Augustin Berque, lui, a mis en évidence les interactions par lesquelles l'être humain et son environnement – le milieu naturel, les objets – se façonnent mutuellement en un mouvement profond et incessant. Il récuse l'idée d'une pensée qui serait purement cérébrale : « C'est par les sens que nous avons du sens, que nous avons accès aux choses [14] », écrit-il. De la censure de cette sensibilité, de la fin de ce rapport plein au monde, résultent une cassure, un malaise, un désenchantement. Dewitte parle de l'« alliage perdu » : alliage de l'utilitaire et de l'ornemental, qui ont cessé de s'entrelacer en une relation spontanée, harmonieuse. Les ravages exercés par une rationalité dévoyée, appauvrissant notre réalité, sont également dénoncés par des auteurs aussi divers que le sinologue Jean-François Billeter [15] ou les sociologues Michaël Löwy et Robert Sayre, dans leur passionnant plaidoyer pour la réhabilitation des valeurs du romantisme [16].

---

14 Augustin Berque, *Écoumène*, Belin, Paris, 2000.

15 Jean-François Billeter, *Chine trois fois muette*, Allia, Paris, 2006.

16 Michaël Löwy et Robert Sayre, *Révolte et mélancolie. Le romantisme à contre-courant de la modernité*, Payot, Paris, 2005.

Bouter le sensuel hors de la pensée implique un certain mépris des femmes, qui lui sont associées. L'activité intellectuelle se doit d'être abstraite et, par essence, masculine, tandis que la sensualité constitue en quelque sorte le repos du guerrier : un domaine féminin, accessoire et plaisant, dont on jouit, que l'on peut célébrer, mais où rien de décisif ne saurait se jouer. Il est d'ailleurs significatif que le personnage qui a fait carrière en incarnant une caricature creuse de l'intellectuel parisien, Bernard-Henri Lévy, forme [17] un couple médiatiquement très vendeur avec l'actrice et chanteuse Arielle Dombasle : ensemble, ils représentent à la perfection cette division des rôles sexués. Monsieur pense et pontifie, pendant que Madame danse nue au Crazy Horse et dispense ses conseils de beauté et de nutrition dans les magazines : buvez du thé vert, mangez des amandes, utilisez l'huile anticellulite de la marque Machin. À *Paris Match*, elle confie qu'elle a pour habitude de masser son compagnon (« ça le calme ») quand il se décide enfin à éteindre son ordinateur et à venir se coucher [18] : le repos du guerrier...

Outre les femmes, les cultures jugées inférieures sont elles aussi associées à cette sensualité plaisante, mais subalterne : ces dernières années, la montée d'un discours de plus en plus ouvertement raciste et l'obsession du prétendu péril musulman n'ont pas empêché que se poursuive en parallèle la consommation de l'art de vivre arabe, comme si celui-ci n'entretenait aucun rapport sérieux avec l'identité que l'on diabolisait par ailleurs. Elles n'ont pas fait baisser la fréquentation des palaces tunisiens ou marocains, ni le succès des riads auprès de la jet-set. Le rituel du hammam, la musique, la danse et la cuisine orientales : autant de traits culturels dont on jouit sous une forme qui, là encore, les réduit à l'anecdotique, en leur déniant

17 Ou « a longtemps formé », compte tenu des rumeurs de séparation.

18 « Arielle, atomique », Parismatch.com, 8 octobre 2009.

toute noblesse, toute portée philosophique, en les privant de la place qu'ils occupent dans un ensemble de significations.

On peut donc émettre l'hypothèse que les femmes, parce qu'elles ont été assignées à l'entretien des objets et des corps, mais aussi au rôle du « beau sexe », façonnant avec soin leur apparence, plus à l'aise que la plupart des hommes dans le choix et l'agencement des tissus, des couleurs, des ornements, ont conservé un rapport au monde plus riche et plus juste que le rapport dominant. Le complexe mode-beauté, en les bombardant de vêtements, de sacs, de chaussures, de bijoux, de cosmétiques, de colifichets, détourne donc à son profit une attitude juste ; mais il la dénature en la condamnant à ne pouvoir s'exprimer que sous le régime de la consommation. C'est l'essor de la vision marchande qui a fait déchoir la sensualité et, avec elle, tout ce qui pouvait venir enrichir notre appréhension du monde ; et c'est encore l'ordre marchand qui vient les récupérer à son profit. Belle illustration de son irrésistible opportunisme, de la perfection du piège qu'il représente. Cette gestion exclusive, par les marchands, de valeurs qu'ils ont éradiquées par ailleurs explique les contradictions absurdes qui se manifestent souvent, par exemple lorsque des actrices refaites des pieds à la tête nous expliquent combien la beauté est une alchimie mystérieuse et insaisissable.

Les hommes, eux, entretiennent avec la parure un rapport beaucoup plus neutre et conforme au prestige de l'abstraction. Cela les oblige pourtant à des sacrifices douloureux, comme l'a observé le psychanalyste anglais John Carl Flügel dans son ouvrage de 1930, *Le Rêveur nu*. Flügel baptise « Grande Renonciation » le processus qui les a conduits, vers la fin du XVIIIe siècle, à abandonner leurs aspirations à toute forme de coquetterie : « L'homme cédait ses prétentions à la beauté. Il prenait l'utilitaire comme seule et unique fin. Et quand, malgré tout, les vêtements gardaient une certaine importance à ses yeux, tous ses efforts avaient pour but une tenue "correcte" et non élégante ou raffinée [19]. » Quelles sont les causes de la Grande Renonciation ? Flügel invoque les bouleversements de la Révolution française : « La magnificence et le raffinement de la toilette, conformes aux idéaux de l'Ancien Régime, ne purent qu'être jugés incompatibles avec les nouvelles aspirations et désirs qui animaient l'esprit révolutionnaire. » Il mentionne aussi la nouvelle « respectabilité de l'idée de travail », qui incite à privilégier une tenue simple et pratique. Il y a donc, selon lui, un lien direct entre la richesse que conserve l'habillement des femmes et le « moindre rôle joué par le social » dans leur vie.

Ces explications paraissent sensées ; mais on ne peut s'empêcher de remarquer que la date fournie pour la Grande Renonciation coïncide, à peu de chose près, avec celle à laquelle Michaël Löwy et Robert Sayre situent le coup de force de la raison instrumentale : la fin du XVIIIe siècle, moment où « la grande industrie commence à prendre son essor » et où « le marché se dégage de l'emprise sociale » pour s'autonomiser, imposant partout sa loi et sa logique [20]. On peut aussi penser que c'est ce triomphe d'un rationalisme abstrait et calculateur qui se reflète dans l'habillement des hommes, tandis que les femmes sont épargnées : ce n'est pas à elles qu'il incombe d'incarner l'ordre dominant. Flügel écrit bien que l'habillement masculin, à partir de ce moment, prend l'« utilitaire comme seule et unique fin »...

De nombreuses femmes sont exaspérées de se voir réduites à leur apparence et constatent avec une certaine frayeur à quel point elles ont une conscience aiguë des regards posés sur elle : elles ont intériorisé leur dimension d'objet – objet de regard, de désir – dans une mesure qui laisse peu de place à leur

---

19 John Carl FLÜGEL, *Le Rêveur nu. De la parure vestimentaire* [1930], traduit de l'anglais par Jean-Michel Denis, Aubier Montaigne, « La psychanalyse prise au mot », Paris, 1982. De même pour les citations suivantes.

20 Michaël LÖWY et Robert SAYRE, *Révolte et mélancolie, op. cit.*

subjectivité. Mais, en même temps, elles s'irritent de voir que beaucoup d'hommes, à l'inverse, enfermés dans une pure subjectivité, n'ont aucune conscience des regards de leur entourage. Ils se dispensent facilement de cet égard élémentaire, de ce souci d'autrui que témoigne un effort d'élégance minimal. Elles ne souhaitent donc pas seulement être autorisées à sortir de leur rôle ornemental et conquérir le droit d'investir les terrains réservés aux hommes : elles voudraient aussi que les hommes fassent un pas vers leurs valeurs à elles – qu'ils renoncent à la Grande Renonciation.

Le désir sexuel masculin est censé passer largement par le regard. Or Flügel interprète ce voyeurisme traditionnellement attribué aux hommes comme une compensation de l'interdit auquel se heurte leur propre désir d'exhibition : le « désir d'être vu » se mue en « désir de voir ». Il écrit : « Ce plaisir de voir peut lui-même ne jamais être sublimé et trouver sa satisfaction dans la contemplation de l'autre sexe ; ou bien être sublimé et s'exprimer dans le désir plus général de voir et de connaître. Ce n'est peut-être pas un pur hasard si une période inégalée de progrès scientifique a succédé à l'abandon de la coquetterie vestimentaire chez l'homme, au début du siècle dernier [le XIXe, donc] [21]. » L'hypothèse est intéressante. Elle change en tout cas des interprétations essentialistes souvent données à ce partage des rôles, qui attribuent la « scoptophilie » masculine – le « plaisir érotique procuré par l'acte de voir » – à la biologie. Elle suggère qu'il n'existe aucun obstacle sérieux à ce que chaque sexe puisse faire, dans ce domaine, un pas vers ce qui est aujourd'hui l'apanage de l'autre. À condition de ne pas sous-estimer la révolution que cela impliquerait, tant ce thème apparemment frivole est lié à d'autres, aux racines philosophiques très profondes.

---

21 John Carl FLÜGEL, *Le Rêveur nu*, *op. cit.*

L'univers en modèle réduit

Quant au goût des objets et du détail, il se manifeste notamment à travers l'acquisition précoce d'une « culture du quotidien, du minuscule et du superflu », comme le relève Catherine Monnot dans son livre sur les petites filles [22]. Nancy Huston en a donné une description au chapitre « Petites choses » de son livre-hommage à Annie Leclerc [23] : « Une petite chose, c'est le début de la magie. C'est le secret. Le talisman. L'univers en modèle réduit, qui tient, et se tient, dans le creux de la paume. » Elle cite cet extrait d'une lettre que lui avait adressée Annie Leclerc : « L'art du créateur : rendre sensibles le lointain dans le proche, le proche dans le lointain. Je me souviens de ces rêveries d'immensité auxquelles me conviaient, enfant, les objets-jouets miniatures, mais aussi petites boîtes, coquillages, cailloux, herbes, mouches, fourmis et, plus évanescentes encore, gouttes d'eau, flocons de neige. » Et Huston commente : « En quelques lignes, sa plume a réveillé pour moi l'émerveillement que j'avais moi aussi connu, enfant, à me perdre dans la contemplation d'une bille... ou à follement m'exciter devant une maison de poupées – les *petites* pièces, les *diminutives* tables et chaises, les *minuscules* tasses et soucoupes –, oui, tout est là : rideaux, escaliers, lampes, batterie de cuisine... Jamais je n'ai possédé une telle maison mais j'en ai vu, ah ! et convoité jusqu'à la douleur... »

Elle est bien consciente du haut-le-corps que susciteront ces évocations navrantes chez les *grands* intellectuels : « Le roman

---

22 Catherine MONNOT, *Petites filles d'aujourd'hui, op. cit.*

23 Nancy HUSTON, *Passions d'Annie Leclerc*, Actes Sud, Arles, 2007. De même pour les citations suivantes. L'essai peut se lire tout entier comme une superbe exploration de cette « culture féminine » que les deux amies ont partagée jusqu'à la mort d'Annie Leclerc, en 2006. On s'abstiendra cependant de suivre Nancy Huston lorsqu'elle attribue cette culture à la simple différence des sexes.

moderne doit traiter de thèmes ÉNORMES. LA MORT, par exemple. AUSCHWITZ. L'HORREUR. LE NON-SENS. MA BITE. LA CRUAUTÉ. Or il va de soi que les GRANDES choses exècrent les petites. L'HORREUR déteste les pâquerettes et les colibris. Le NON-SENS vomit même les tournesols et les buses. Écartez-vous, femmelettes et morpions, ou vous aurez affaire à MA BITE ! Nous nous occupons ici de choses SÉRIEUSES ! » « Rendre sérieux ce qui semble insignifiant à un homme, rendre quelconque ce qui lui semble important », disait Virginia Woolf...

Encore une fois, il s'agit d'une disposition *culturelle*. Cette attention privilégiée aux petites ou aux grandes choses n'est en rien immuablement « féminine » ou « masculine », mais peut être portée par des instances très différentes. On ne retrouve d'ailleurs pas sous toutes les latitudes ce partage symbolique entre les sexes. *Notes de chevet*, le célèbre livre de Sei Shônagon [24], dame de compagnie d'une princesse japonaise du IXe siècle, fait par exemple la part belle aux « petites choses » et il semblerait que ce soit là une caractéristique japonaise plus qu'une caractéristique féminine. Commentant ce classique dans un entretien, après le séisme du 11 mars 2011, l'éditeur de littérature asiatique Philippe Picquier en disait : « Les titres de ses brèves parlent d'eux-mêmes : "Choses qui sont du passé", "Choses qui font rire", "Les roses trémières desséchées", "Un petit morceau d'étoffe violette ou couleur de vigne", "Un vase de terre cuite non vernissée". Elles disent l'importance du détail dans la culture japonaise. Un sourire, une fleur, une teinte... Lisez *Les Herbes du chemin*, un livre écrit neuf cent quinze ans plus tard par Natsume Sôseki (l'auteur qui figure sur les billets de 1 000 yens). On y retrouve la même attention aux petits détails qui n'en valent apparemment pas la peine, et qui

---

24 Sei SHÔNAGON, *Notes de chevet*, traduction et commentaires par André Beaujard, Gallimard/Unesco, « Connaissance de l'Orient », Paris, 1966.

renvoient à cette idée d'impermanence des choses [25]. » L'un des concepts clés de l'esthétique japonaise est celui de *kuwashii*, qui désigne le « sens de ce qui est petit et finement ciselé ». Il a souvent fait le désespoir des entreprises étrangères commerçant avec l'Archipel, car ce perfectionnisme y rendait les consommateurs particulièrement exigeants [26].

On est frappé par la parenté que l'on peut établir entre le goût très vif de Sei Shônagon pour les listes – « Choses qui font battre le cœur », « Choses qui font naître un doux souvenir du passé », « Choses élégantes », « Choses que l'on ne peut comparer », « Choses rares », « Choses dont on n'a aucun regret », « Choses magnifiques », « Choses désagréables à voir », etc. – et la prolifération des listes, au contenu cette fois résolument consumériste, dans les magazines féminins : parfums et produits de beauté dont on ne peut se passer, restaurants préférés, indispensables de la saison… Un site d'art de vivre américain, baptisé The List Collective, est même exclusivement dédié à l'exercice [27]. Cette presse, plus largement, cultive le goût du « petit », du « secret », du fétiche, du talisman. La rubrique dans laquelle une femme célèbre commente son musée intime, souvenirs, objets, vêtements, chaussures et bijoux fétiches, s'intitule « Le petit monde de… » dans *Marie Claire* et « La boîte à secrets de… » dans *Madame Figaro*.

---

25 « Philippe Picquier : "Les Japonais cherchent la posture la plus harmonieuse devant l'inéluctable" », *Télérama*, 26 mars 2011.

26 Boyé Lafayette De Mente, *Elements of Japanese Design*, Tuttle Publishing, Clarendon/Tokyo, 2006.

27 http://thelistcollective.com.

Derrière la fascination du it bag

C'est à la « folle excitation » de Nancy Huston enfant devant une maison de poupées que l'on pense en lisant le billet où la blogueuse mode Garance Doré délire sur son nouveau sac – faisant au passage une publicité éhontée à la marque de luxe qui le commercialise : « Oui, j'avoue, J'AVOUE !!! Il y a encore quelques trucs matériels en ce bas monde qui me rendent complètement hystérique. La plupart du temps je ne suis qu'intellect et érudition, mais parfois, oh, PARFOIS !!! Certains objets m'intoxiquent littéralement [28]. » Elle détaille : « Il est doublé tout en daim gris perle. J'ai envie de dormir dedans. Il a un petit cadenas dont la pochette en cuir est fermée par une pression dorée. C'est d'une préciosité follement hystérique. Presque aussi follement hystérique que moi, j'adore, j'adooore. » Tout y est : l'investissement imaginaire (« J'ai envie de dormir dedans »), la petitesse du cadenas, le secret qu'il symbolise...

L'importance prise depuis une vingtaine d'années par le *sac* dans l'industrie de la mode est remarquable. En 2007, il s'agissait du produit qui offrait aux marques la marge la plus confortable et du secteur qui connaissait la plus forte croissance ; les observateurs s'attendaient alors à un essoufflement du marché [29] – un *baglash* – qui ne s'est pas produit. En 2010, le grand magasin anglais Selfridges annonçait une augmentation de 60 % de ses ventes au cours de l'année précédente [30]. Le top model Kate Moss, la réalisatrice Sofia Coppola ou l'actrice Isabelle Adjani ont dessiné des modèles pour des marques de luxe.

---

28 « 10 reasons why... », Garancedore.fr, 4 juin 2009.

29 « Is this it for the it bag ? », *The New York Times*, 1er octobre 2007.

30 « Go on. Buy yourself an it bag. It's your duty to your nation », *The Observer*, 21 mars 2010.

Et, en Chine, ce sont les hommes qui s'y mettent : la sacoche masculine griffée y représente 45 % du marché [31].

Ce succès s'explique par un habile calcul commercial. Le sac, comme le parfum, permet de s'approprier une part de l'univers d'une marque, tout en présentant l'avantage de ne pas nécessiter d'essayage et d'aller à tout le monde : aucun risque de ne pas rentrer dans un sac. Mais le stratagème ne fonctionnerait peut-être pas aussi bien auprès des femmes s'il ne réactivait pas cette fascination atavique, remontant à l'enfance, que décrivent Nancy Huston et Annie Leclerc. Le sac est un objet creux qui semble pouvoir tout contenir, qui s'entoure de mystère par sa fonction de dissimulation ; il permet d'emporter avec soi d'autres objets et, à ce titre, fait office de maison miniature, de bulle d'intimité nomade. Il est le lieu d'une tension excitante entre désir de cacher et désir de montrer. À travers le choix du modèle et ce qu'elle range à l'intérieur, sa propriétaire compose un portrait chinois d'elle-même. Le portrait chinois, consistant à exprimer sa personnalité à travers un assemblage d'objets ou de produits qui donneront de soi une image flatteuse de sensualité et de raffinement, est lui aussi une figure omniprésente dans les magazines féminins. Très souvent, il comprend un sac, photographié vide au milieu des menus objets qu'il est censé contenir : carnet en cuir, baume pour les lèvres, lunettes, trousse à maquillage, appareil photo numérique, miniature de parfum, etc. Il peut s'agir de décliner des panoplies appartenant à des propriétaires fictives, représentant différents types de femmes (la sportive, la citadine…), mais aussi de femmes réelles : l'été, des actrices ou des créatrices de mode sont invitées à exposer le contenu de leur valise ou de leur sac de plage, et, en même temps, à décrire où et comment elles passent leurs vacances.

---

31 « In China, alpha males carry designer purses », *Los Angeles Times*, 7 février 2011.

Le *it bag*, ou « sac vedette », « cette saloperie née de la cuisse de Satan », comme l'écrit fort justement la blogueuse Élise Costa [32], s'est imposé dans la presse féminine, qui décline le thème à l'infini : juxtaposition de photos de célébrités permettant de comparer leurs manières respectives d'arborer un même modèle, présentation de la dernière création d'une maison prestigieuse, d'autant plus désirable qu'elle n'est pas encore disponible (rubriques « Must have » et « Waiting list » dans *Elle*)... Une ambiguïté révélatrice flotte autour du concept : certains le traduisent par « sac du moment » et d'autres par « sac mythique ». Les modèles cités comme les archétypes du *it bag*, ceux baptisés en leur temps par Hermès des noms de Grace Kelly et de Jane Birkin, sont fabriqués sur commande et coûtent plusieurs milliers d'euros. Forcément réservés aux clientes fortunées ou à celles qui sont prêtes à s'endetter pour les posséder, ils sont censés durer toute une vie, voire se transmettre de mère en fille. Le paradoxe est que l'industrie de la mode prétend désormais fournir du « mythique » à jet continu, en lançant à chaque saison de nouveaux modèles coûtant des centaines ou un bon millier d'euros. La consommatrice persuadée d'avoir trouvé le sac de ses rêves, qu'on lui présentera comme l'« investissement » avisé auquel doit consentir un jour ou l'autre toute femme de goût, sera donc soumise quelques mois plus tard à de nouvelles tentations qui auront toutes les chances de lui faire regretter son choix.

Avec son prix extravagant et son délai d'obsolescence record, le *it bag* pousse très loin la tyrannie de la mode, qu'il exerce y compris sur une clientèle très jeune. « C'est un peu à cause de nous que des gamines de quinze ans réclament pour Noël à des parents médusés un sac griffé à 250 euros », avoue Sylvie Barbier dans son livre sur la presse féminine [33]. Dans la

---

32 « De la signification du *it bag* », Madmoizelle.com, 29 octobre 2010.

33 Sylvie BARBIER, *La bimbo est l'avenir de la femme*, *op. cit.*

série américaine pour adolescents *Gossip Girl*, une jeune fille de la haute société new-yorkaise, devenue l'assistante d'un dealer mondain, utilise ses gains pour offrir à trois de ses camarades le *it bag* d'un maroquinier français, afin d'acheter leur allégeance et de détrôner la reine du lycée. Une blogueuse américaine, mère d'une adolescente, s'inquiète des normes de consommation exorbitantes que fixe la série : « À mon époque, on aimait déjà les marques, mais on parlait d'une paire de jeans à 70 dollars ; aujourd'hui, c'est plutôt d'un sac à 700 dollars. Que se passera-t-il quand ces jeunes vivront dans le monde réel ? [...] Je crois qu'une telle série, loin d'être un simple conte de fées, leur prépare d'immenses déconvenues [34]. » Ou de belles carrières criminelles. En mai 2010, aux États-Unis, Bonnie Hoxie, une secrétaire de trente-trois ans travaillant pour Disney à Los Angeles, était arrêtée pour avoir tenté de vendre à des fonds d'investissement les résultats financiers de l'entreprise avant leur publication. Avec l'argent, elle comptait s'acheter un sac Stella McCartney à 700 dollars.

Le prix du *it bag* est hors de proportion à la fois avec son coût de fabrication et avec le budget de la grande majorité des clientes qui succombent à son attraction. Il est un pur signe ostentatoire de richesse ; de richesse et de féminité. On peut y voir l'équivalent du symbole phallique que sont les grosses cylindrées pour les hommes. Le sketch des *Guignols de l'info* de Canal + dans lequel Bernadette Chirac se masturbait en caressant son éternel sac à main, en 1999, avait fourni une illustration assez efficace de cette association. Mais, si le *it bag* est un symbole de féminité, c'est d'une féminité clinquante, boursouflée, vulgaire : la plupart des modèles, d'une incroyable laideur, ont l'air de n'exister que pour attester le degré d'aveuglement que le marketing est capable de provoquer chez

34 Nina Goyco, « The Gossip Girl era », Ay, Mama !, Chicagonow.com, 19 mai 2010.

la consommatrice. Le sac devient ainsi, dans certains milieux, un paramètre de flicage des femmes, censées se conformer strictement aux codes de la féminité consumériste. En témoigne l'interdit absolu qui pèse sur le sac à dos : le sac, comme les talons hauts, exige qu'une femme digne de ce nom soit prête à se ruiner les lombaires pour remplir son devoir d'élégance.

Bien qu'un préjugé misogyne tende à attribuer leur efficacité à la cervelle d'oiseau de la consommatrice, les moyens de persuasion clandestine mis en œuvre par l'industrie de la mode ne doivent pas être sous-estimés. Ils concilient la puissance de feu économique, l'habileté culturelle et la multiplicité des relais (presse féminine, publicité, divertissement). Ils jouent sur des ressorts très profonds pour stimuler de façon démente la pulsion d'achat et pour enfermer les femmes dans une image qu'ils leur présentent comme l'essence de la féminité. On est loin des rêveries d'enfance de Nancy Huston et d'Annie Leclerc, qui, en tant que telles, ont un charme indéniable et ne posent aucun problème. Du moins aussi longtemps qu'elles ne dissuadent pas les filles de grimper aussi aux arbres, de mettre des beignes à leurs camarades quand ils l'ont cherché ou de jouer avec des camions ou des robots. Et que les garçons ont le droit, eux aussi, de se perdre dans la contemplation d'une bille ou de céder à l'envoûtement d'une maison de poupées.

Congédier le monde

« J'ai envie de dormir dedans » : la réflexion de Garance Doré sur son sac est également révélatrice du désir de fuite hors du monde qui hante la féminité traditionnelle. Ce désir n'est pas sans légitimité. J'ai longuement disserté, ailleurs, sur la privation de toute respiration imaginaire et psychique qui caractérise notre époque dévorée d'angoisse – entre crise écologique, souffrance au travail et peur du chômage – et

sur les ravages causés par cette asphyxie [35]. L'équilibre de l'individu ne peut reposer que sur une alternance de temps de participation sociale et de temps de retrait nécessaires pour refaire ses forces. Or, là encore, il faut bien constater que seuls la culture de masse et le discours publicitaire prennent au sérieux ce besoin humain d'évasion, considéré par la société comme le symptôme d'une paresse coupable. Et ils lui apportent, bien sûr, leurs propres réponses, en lui proposant des satisfactions strictement individualistes et consuméristes : non pas une alternance de temporalités consacrées à la vie sociale et à l'intimité, mais le fantasme d'une sphère intime totalisante, qui nie purement et simplement le monde commun.

Les femmes, comme en témoigne la tentation actuelle du repli sur le foyer, y sont particulièrement sensibles. La culture féminine, on l'a dit, se montre exigeante sur la qualité du quotidien – une valeur qu'elle a été amenée à chérir par la force des choses. Le cas de la New-Yorkaise Jessie Knadler est intéressant à cet égard. Elle est l'une des chefs de file des « femivores » américaines déjà évoquées (voir chapitre 1) : des femmes bénéficiant d'un haut niveau d'éducation qui, jugeant le travail salarié aberrant, décident de rentrer à la maison cultiver leurs légumes et élever leurs poules, afin d'inventer pour elles et leur famille un mode de vie sain, écologique et autosuffisant. Les femivores, affirme Peggy Orenstein, font le choix avisé d'assurer leur avenir en prenant l'expression *nest egg* (« pécule ») au sens littéral, plutôt qu'au sens figuré [36] ; on retrouve là, avec la référence au « nid », l'idée de refuge, de blottissement, qui traduit bien l'aspiration essentielle de ce mouvement. Parmi elles, Shannon Hayes, « militante bardée de

35 Mona Chollet, *La Tyrannie de la réalité* [2004], Gallimard, « Folio Actuel », Paris, 2006.

36 Peggy Orenstein, « The femivore's dilemma », *The New York Times*, 11 mars 2010.

diplômes » qui vit « dans une bâtisse rénovée avec panneaux solaires à trois heures de New York », insiste sur le fait que « cette révolution ne peut exister que dans une relation égalitaire où les tâches domestiques sont partagées, sinon toute femme prend le risque de retomber dans la fameuse cage dorée du foyer [37] ». Ce piège, Jessie Knadler, justement, craint bien d'y être tombée : « Par amour pour Jake, roi du rodéo, cette écrivaine a quitté Manhattan pour la verdoyante Virginie [38]. » Désormais, elle fabrique des conserves, publie des livres de recettes et avoue que les dîners où les femmes se retrouvent à papoter entre elles à la cuisine lui inspirent des sentiments mitigés. En lisant son blog, baptisé du nom éloquent « Rurally Screwed » (« Ruralement baisée »), on découvre que son Jake n'est pas seulement le roi du rodéo : il est aussi soldat. En janvier 2011, deux mois avant son départ pour l'Afghanistan, l'armée lui conseille de visionner un documentaire sur un petit groupe de GIs qui défendent un poste avancé dans une vallée afghane. « Jake m'a demandé si je voulais le regarder avec lui, raconte Jessie sur son blog, mais j'ai dû décliner. La testostérone dans ce film est suffisante pour m'en faire pousser une paire à moi aussi. Si fière que je sois du sacrifice que Jake est prêt à consentir pour son pays, en renonçant au confort, à une nourriture décente, sans parler de sa femme et de son enfant, je ne veux pas aller y voir de trop près. » Le billet s'intitule : « L'ignorance, c'est le bonheur » (« Ignorance is bliss ») – une assertion que l'on retrouve fréquemment, en poème ou en chanson, dans la culture américaine [39]. Un envoi ultérieur, consacré aux leçons de tir que prend Jessie pour être capable de se défendre en l'absence de son homme, montre bien le genre

---

37 « Les green féministes rentrent à la maison », art. cit.

38 *Idem.*

39 « Ignorance is bliss », Rurallyscrewed.com, 17 janvier 2011.

de camp retranché que semble représenter le foyer pour certaines femivores.

Aux hommes qui confisquent à leur profit l'activité intellectuelle et la participation aux affaires du monde, tout en disqualifiant la sensualité, répond donc un positionnement féminin exactement inverse : des femmes qui professent haut et fort leur complet désintérêt pour la politique (s'en mêler ne risquerait-il pas de leur en « faire pousser une paire » ?) et poursuivent, quant à elles, l'idéal d'une vie uniquement sensuelle et hédoniste. On retrouve là la vieille affinité féminine avec les saisons. Le terme « marronnier » journalistique – désignant un sujet qui revient de façon cyclique – paraît avoir été inventé pour la presse féminine, exigeant de ses rédactrices des prouesses d'imagination pour se renouveler un minimum : au printemps le « Spécial régime », en été les conseils pour soigner sa peau et ses cheveux à la plage, les pages beauté avec des « stars en vacances », en septembre le « Spécial enfants » et les trucs pour réussir sa rentrée, en hiver les recettes pour rester en forme et les listes de petits plaisirs qui aideront à supporter le temps froid et gris... Sans compter le fait, évidemment, que le monde de la mode, avec ses collections printemps-été et automne-hiver, vit sur un rythme saisonnier.

Les *Notes de chevet* de Sei Shônagon s'ouvrent sur une – très belle – description du charme particulier que revêt chaque saison à ses yeux. On sait également l'événement que représente au Japon la floraison printanière des cerisiers. Il est à relier, explique Dominique Buisson, au concept esthétique du *mono no aware* : « La "sensibilité aux choses", la poignante mélancolie, fugitive et diffuse, que l'on partage dans une communauté d'émotions comme la contemplation des fleurs de cerisier, des feuilles d'érable, de la première neige ou du reflet de la lune. » Il est impensable, dit-il, « de parler de raffinement sans faire référence aux saisons. La végétation, harmonieusement colorée au fil de quatre saisons bien distinctes, est une source inépuisable de créations pour le peintre sur tissu, le céramiste ou encore le laqueur, tous recherchant l'accord parfait avec la beauté du temps qui passe [40] ».

« "Le rythme des saisons", ça me rappelle le discours de Sarkozy sur l'homme africain qui n'est pas entré dans l'histoire ! », s'étrangle mon éditeur en lisant ce chapitre. En effet, la sensibilité aux saisons, si elle peut représenter une source de plaisir et de sagesse, ne suffit pas à fonder une relation au monde. Elle enferme les femmes dans un univers ahistorique, apolitique, sans mémoire, condamné à un éternel recommencement. « Les hommes, écrit Naomi Wolf, s'autorisent les traditions qui se transmettent de génération en génération ; les femmes, elles, n'ont que la mode, que chaque nouvelle saison rend obsolète. Dans ce schéma temporel, le lien entre différentes générations de femmes est forcément affaibli : les hauts faits du passé, au lieu d'être vus comme un héritage historique digne d'être conservé et admiré, sont tournés en dérision comme étant fâcheusement *démodés* [en français dans le texte] [41]. » La rigueur actuelle du *backlash* donne la mesure des dégâts causés par cette logique.

Dans son étude de la littérature jeunesse, la sociologue Sylvie Cromer note d'ailleurs que les personnages de garçon y « monopolisent le système de relations » : ils interagissent avec les mères, les hommes, les filles, les autres garçons, les groupes... Ils sont les « acteurs centraux de la société », dont les ressources leur profitent quasi exclusivement. Les filles, à l'inverse, sont « peu présentées dans des relations intergénérationnelles ou montrées comme étant éduquées et soutenues par des adultes ». Elles ne bénéficient pas non plus d'un

---

40 Dominique Buisson, « Aux sources du raffinement japonais », *in* Jean-Marie Bouissou (dir.), *Esthétiques du quotidien au Japon*, Institut français de la mode/Regard, Paris, 2010.

41 Naomi Wolf, *The Beauty Myth*, *op. cit.*

entre-soi féminin. Souvent, les héroïnes sont même des petites filles « seules au monde » (que l'on pense à Mimi Cracra, par exemple) [42]. Autrement dit, elles sont exclues de la transmission : leur seul moyen d'« échapper à la satellisation masculine » réside dans « l'excentrement du monde social et le renvoi à l'état de nature [43] ».

« L'ignorance, c'est le bonheur » : si différentes qu'elles puissent paraître au premier abord des « green féministes » pataugeant dans la gadoue, les femmes qui se replient sur une passion compulsive pour les fringues, la mode et la décoration pourraient elles aussi en faire leur devise. La propension à enfouir sa tête dans le sable se porte aussi bien à la ville qu'aux champs. En témoigne un nom de blog comme « Style Bubble » (« Bulle de style », blog tenu par l'Anglaise Susanna Lau). L'univers des *it girls*, tel que le présentent les magazines et les blogs mode, n'est que virées shopping, brunchs et apéros entre copines, yoga, massages et manucures, sorties culturelles et soirées romantiques avec leur fiancé. Le monde n'y affleure que sous la forme de galas de charité dédiés à une cause consensuelle, faim en Afrique ou lutte contre le sida. Et une bonne part de l'envie qu'il suscite tient au fait que le travail en est absent – du moins sous la forme ingrate et contraignante qui est le lot de la plupart des lectrices.

La « journée idéale » d'une femme célèbre est, comme la liste ou le portrait chinois, un genre éditorial très répandu. Sur son blog, Garance Doré demande à ses amies du monde entier de décrire la leur. Par exemple, Anouk, à Sydney : « Je me lève à Bondi, je prends un cours de yoga, un jus de fruit et un café et je vais me baigner. Ensuite je file rejoindre mes amis à la plage de

---

42 Sylvie Cromer, « L'enfance, les productions culturelles et l'égalité des sexes », intervention lors des Journées de Mauprévoir, août 2011.

43 Sylvie Cromer, « Le masculin n'est pas un sexe : prémices du sujet neutre dans la presse et le théâtre pour enfants », *Cahiers du genre*, n° 49, 2010.

Parsley Bay avec un bikini et un livre – pour paresser sur les rochers, nager, manger des glaces à l'eau et rire d'un rien, juste avant d'aller à North Bondi RSL pour prendre des verres et finir au Café Sopra pour un long dîner et plein de cocktails. Aaaaaaah le bonheur [44] ! » Autre exemple, pioché le même jour dans *Elle* : la « journée idéale » d'Alysson Paradis, sœur de Vanessa. « C'est celle qui débute avec un petit déj en amoureux, rythmé par des clips de W9 ou de MTV. Puis je file au club de sport L'Usine pour souffrir avec Fred, mon coach préféré ! À midi, j'aime aller chez Bioboa avec Clochette, ma copine maquilleuse (et la meuf la plus cool de la Terre !). En début d'après-midi, je vais au cinéma, aux Halles ou au MK2 Beaubourg, ou alors j'ai envie de coudre, et je fais le plein de boutons et de tissus au Marché Saint-Pierre [...]. Après, c'est apéro entre copines au Progrès avant de retrouver mon amoureux au théâtre ou à l'hôtel Amour [45]. »

Ce souci exclusif de ses loisirs, de son bien-être et de son plaisir revêt une nette dimension de classe. Il constitue un bras d'honneur plus ou moins franc adressé à la plèbe par une élite privilégiée qui évolue dans un monde à part, une bulle luxueuse, et qui ne veut rien savoir du cloaque où grouille la populace. « Le métro, c'est pour les rats », lance ainsi l'une des héroïnes de *Gossip Girl* : les personnages de la série, des gosses de riches de l'Upper East Side new-yorkais, ne se déplacent qu'en limousine avec chauffeur. Et, à l'hiver 2011, dans la vraie vie, une princesse de Bahreïn, interpellée sur Twitter au sujet de la répression ordonnée par les hommes de sa famille contre les manifestants qui réclamaient la démocratie [46], s'esclaffait : « Trop drôle : je me suis réveillée avec des tweets de gens en

---

44 « Anouk/Sydney », Garancedore.fr, 14 janvier 2011.

45 *Elle*, supplément Île-de-France, 14 janvier 2011.

46 « Bahrain Antoinette : let them eat LOL :) », Thegrumpyowl.com, 18 février 2011.

colère. Mais je ne suis pas une politicienne LOL wtf[47] !!!!! » Confrontée à la photo d'un homme tué par la police, le crâne explosé, la jeune femme, qui se présentait sur son compte Twitter comme « princesse certifiée, bombe sexuelle, fashionista, gourou du maquillage et fan numéro un de Kim Kardashian », commençait par essayer de changer de sujet, en répondant plutôt à l'un de ses pairs qui lui demandait « quelle était sa couleur préférée ». La discussion s'envenimait rapidement, et une autre princesse s'en mêlait : « Retourne dans le trou du cul dont tu es sorti, et laisse les gens de l'élite parler entre eux, pendant que vous nous enviez en silence. [...] Ce n'est pas de ma faute si tu as une vie merdique. Pas d'argent, c'est ça ? ça fait mal de voir des gens comme nous profiter de la vie, huh ? »

Rien de très étonnant dans cette arrogance. Le problème, c'est que la plupart du temps – en dehors des flambées contestataires ou révolutionnaires –, la si mal nommée « élite » ne suscite pas le dégoût et la défiance, mais, au contraire, le respect et l'envie. Son mode de vie, qui s'étale dans les médias, représente l'idéal auquel aspirent les masses anonymes des classes moyennes et populaires. Le discours de la coproductrice de *Gossip Girl*, disant son attirance de longue date pour l'Upper East Side où se déroule la série, est révélateur du masochisme foncier qui préside à ces rêves : « J'ai grandi à Calgary avec une mère célibataire, je n'aurais pas pu être plus éloignée de cet univers. Et pourtant j'ai toujours été fascinée par l'idée qu'il existait[48]. » Comme le faisait remarquer amèrement sur Twitter l'un des défenseurs des manifestants de Bahreïn : « Les petites

47 « LOL » signifie *Laughing Out Loud* (« rire aux éclats », soit l'équivalent anglais de mdr, « mort de rire ») et « WTF », *What The Fuck ?*, soit une interjection traduisant la surprise.

48 *Toronto Sun*, 10 mai 2010.

filles rêvent d'être des princesses. Si seulement quelqu'un pouvait leur dire la vérité sur les princesses... »

Moins ouvertement puante qu'une fille à papa de l'Upper East Side ou une princesse bahreïnie, la *it girl*, mannequin, actrice, créatrice de mode ou présentatrice de télévision, se situe à un échelon intermédiaire. Fournissant généreusement magazines, blogs et émissions de télévision, elle popularise et démultiplie à l'infini les discours et les images mettant en scène l'idéal de l'hédonisme par la consommation experte. On est vite écœuré par ces litanies d'adresses branchées, de filles cool, d'amitiés sans nuages, de fous rires, de fêtes, de farniente, de positivité forcenée. Au-delà de sa pénible dimension publicitaire, ce fantasme déraisonnable d'une vie qui ne serait que plaisir et détente, moment exceptionnel sur moment exceptionnel, oublie que seul le *contraste* permet de les apprécier pleinement. Ils ne prennent sens que s'ils alternent avec des moments où l'on affronte la vie sous tous ses aspects, y compris ceux qui peuvent se révéler sombres, ennuyeux ou pénibles. L'actrice sexagénaire qui, elle aussi invitée par un magazine à décrire son quotidien, répondait qu'elle s'astreignait, entre autres rituels, à « faire chaque jour une chose désagréable » avait sans aucun doute compris un secret qui échappe à ses consœurs.

Tous ces discours traduisent surtout une forme de nihilisme chic : après moi le déluge. Ils dénotent une totale indifférence à l'égard du monde commun ; mais ils excluent aussi, chez les femmes, toute compétence qui ne relève pas de l'habillement, de la beauté, de la décoration ou des choix de consommation avisés – avoir transformé l'aliénation en *compétence* est l'une des grandes réussites du complexe mode-beauté. Cela explique l'insondable bêtise qui finit par s'en dégager et le sentiment de claustrophobie qu'ils inspirent. À l'hiver 2011, toujours, alors que le monde arabe s'embrasait, les photos et les vidéos en provenance d'Égypte qui circulaient sur Internet montraient de nombreuses femmes parmi les manifestants. Sur une vidéo, on voyait l'une d'elles, âgée d'une vingtaine d'années, foulard rose vif sur les cheveux, scander des slogans anti-Moubarak que reprenait en chœur un groupe de jeunes hommes. Pendant ce temps, sur son blog, Garance Doré découvrait que « du moment que l'on met une robe et qu'elle est photographiée, on ne peut plus la reporter, c'est infernal mais c'est vrai [49] ». Question : de ces deux femmes, laquelle est la plus émancipée ?

Ce qui est plus troublant, cependant, c'est qu'on peut aujourd'hui éprouver le même sentiment de claustrophobie devant certains discours féministes. La question des relations entre les sexes, les problématiques égalitaires peuvent faire l'objet, comme les valeurs de la culture féminine, d'un ressassement permanent, à l'exclusion de tout autre centre d'intérêt. Elles peuvent être des moyens de se conforter dans une identité féminine valorisante, d'insister sur sa propre dimension sexuée, sans que l'on sache toujours très bien s'il s'agit de revendiquer ou d'aguicher. Elles permettent de se lover en toute bonne conscience, sous prétexte de militantisme, dans un ensemble de thématiques familières et rassurantes.

Cette confusion s'explique par ce qu'est devenu le féminisme aujourd'hui : non plus, sauf pour une petite minorité, un engagement militant et collectif, mais une démarche de réflexion individuelle, un effort de recul critique et de sensibilisation de l'entourage. Et encore : au mieux. Comme le relève l'universitaire britannique Nina Power dans son livre *La Femme unidimensionnelle*, « le faîte de la prétendue émancipation des femmes coïncide parfaitement avec le consumérisme ». Elle montre à quel point le mot « féminisme » a été vidé de son sens, et la facilité avec laquelle il peut désormais s'assimiler à une sorte de développement personnel. Elle brocarde l'auteure américaine Jessica Valenti, présentée en général comme une

49 « Dress code », Garancedore.fr, 26 janvier 2011.

figure du « féminisme de la troisième vague » : « Valenti fait de son mieux pour nous vendre son manifeste féministe, dans toute sa fausse radicalité : "Aimer votre corps peut devenir un acte révolutionnaire", conclut-elle, contemplant son nombril avec une joie curieuse, tandis qu'autour d'elle tombent en poussière des siècles d'activisme politique, et que s'évanouissent des mouvements qui eurent l'audace de considérer le *sacro-saint corps* comme secondaire par rapport à des projets égalitaires et impersonnels. [...] Valenti "croit réellement" que le féminisme est nécessaire pour que les femmes puissent "mener une vie heureuse et épanouie". Descendant aussi facilement qu'un yaourt plein de bonnes bactéries, la version du féminisme défendue par Valenti, à laquelle font totalement défaut toute analyse structurelle, toute colère véritable et toute exigence collective, croit devoir flatter le capitalisme afin de vendre plus efficacement son produit. Quand elle déclare : "Mesdames, nous devons entamer une action individuelle", elle veut dire en vérité, "Chacune pour soi". Et si c'est la Féministe™ qui parvient à mettre la main sur les plus belles chaussures et à avoir l'expérience sexuelle la plus chocolatée, alors tant pis pour toi, ma sœur [50]. »

Il existe un moyen infaillible d'être sûre que, au moment où l'on croit donner dans l'activisme féministe, on n'est pas en train de se vautrer dans l'individualisme consumériste, ni de conforter la domination en rabâchant les thématiques auxquelles les femmes ont été assignées : sortir des problématiques féminines ou féministes. Au moins de temps en temps. Investir des champs communs aux deux sexes, mais le plus souvent accaparés par les hommes, et contester leur hégémonie sur leur propre terrain. Il ne manque pas, d'ailleurs, de femmes ayant su universaliser la culture féminine dont elles avaient

---

50 Nina Power, *La Femme unidimensionnelle*, traduit de l'anglais par Nicolas Vieillescazes, Les Prairies ordinaires, Paris, 2010.

hérité. L'un des exemples les plus éclatants en a été fourni ces dernières années par Michelle Perrot avec son essai *Histoire de chambres*[51]. Toute sa carrière a été marquée par le féminisme ; elle a notamment codirigé une monumentale *Histoire des femmes en Occident*[52]. Mais, jusque-là, bien qu'elle porte sur des thématiques féministes, sa démarche d'historienne restait, dans la forme, tout à fait classique et semblable à celle de ses collègues masculins. *Histoire de chambres*, en revanche, prend pour point de départ sa sensibilité personnelle à un thème qui défie les catégories constituées – et qui est au départ un thème féminin, comme elle le soulignait elle-même lors de la parution du livre : « La chambre est le lieu des femmes[53]. » Elle se montrait consciente d'avoir rompu avec les conventions académiques : « J'ai toujours fait des livres, disons engagés, sur le monde ouvrier, l'histoire des femmes, avec des responsabilités éditoriales, des règles universitaires… Cette fois, je voulais vraiment faire un livre pour moi, libre, avec mes plaisirs, mes désirs. J'ai même eu un instant l'envie que l'on oublie que je suis historienne. Je n'ai pas voulu faire une histoire générale, ni une encyclopédie, ni un dictionnaire, mais un livre qui entrouvre des portes, une invitation au voyage. » Elle confiait aussi s'être affranchie d'interdits qui avaient pesé sur sa formation scientifique, osant enfin affirmer, par exemple, la pertinence de la littérature, considérée dans son milieu professionnel comme une lubie féminine dénuée de sérieux : « Dans ma jeunesse, pour étudier la bourgeoisie, on mettait Balzac de côté et on privilégiait, en guise de source, les inventaires après décès. La littérature était mise à l'écart et l'utiliser était presque un péché. Mon

---

51 Michelle Perrot, *Histoire de chambres*, Seuil, « La Librairie du XXIe siècle », Paris, 2009.

52 Georges Duby et Michelle Perrot (dir.), *Histoire des femmes en Occident*, Plon, Paris, 1990-1991 (5 vols).

53 « Michelle Perrot : "La chambre est le lieu des femmes" », *Télérama*, 5 décembre 2009.

maître, Ernest Labrousse (1895-1988), me recommandait comme livre de chevet l'ouvrage de François Simiand, économiste et historien français (1873-1935), *Le Salaire, l'évolution sociale et la monnaie* (1932). Livre certes passionnant, mais dont il faut bien reconnaître qu'il est un peu rude comme lecture du soir d'une jeune fille [54]... »

Dans son étude sur les petites filles, Catherine Monnot remarque que l'assignation de celles-ci à l'espace de la chambre – toujours d'actualité – revêt, au départ, une signification plutôt négative : « Loin d'être un choix librement consenti et serein, cette forme de "culture de la chambre" au féminin découle d'une restriction des options offertes aux filles et d'une forme d'autocensure qui les contraint à faire de cet espace domestique le lieu d'expression de soi propre à leur sexe et à leur âge [55]. » Là encore, on se trouve en présence d'un handicap que certaines ont su convertir en force, en richesse qu'elles versent au pot commun. Car, avec Michelle Perrot, la chambre, de lieu d'enfermement, se transforme en clé ouvrant sur de multiples époques et univers. Elle devient un outil d'exploration, l'unité de base du monde social, que l'historienne balaie par d'incessants allers-retours entre l'intime et le politique, promenant son lecteur des logements ouvriers aux appartements royaux, de la chambre des écrivains à celle des courtisanes ou des malades. Ainsi, alors que, dans ses livres précédents, le sujet était féministe et la démarche neutre, cette fois, c'est l'inverse. Parmi ses sources d'inspiration, elle citait Michel Foucault, mais aussi « le travail d'une amie scientifique, Nicole Le Douarin, qui a étudié les chimères et les cellules souches : le "*tout petit*" est un objet de recherche pour les scientifiques, mais aussi pour les historiens [56] ». Nancy Huston et Annie Leclerc approuveraient sans doute...

---

54 *Idem.*

55 Catherine Monnot, *Petites filles d'aujourd'hui*, *op. cit.*

56 « Michelle Perrot : "La chambre est le lieu des femmes" », art. cit.

Assumer sa propre sensibilité, sa propre manière de voir et de faire, qui peuvent être héritées d'un passé de domination, mais qui, lorsqu'on a le courage de les imposer sur la place publique, au lieu de les ruminer frileusement dans l'entre-soi féminin, se révèle d'une grande valeur pour l'ensemble de la société. Avant de poursuivre notre analyse de la façon dont elle est pervertie et mise au service de leur aliénation, il valait la peine de s'offrir ce détour par ce que la culture spécifique que les femmes se sont constituée peut offrir de mieux.

3

Le triomphe des otaries. Les prétentions culturelles du complexe mode-beauté

« Pas d'agence, pas de directeur artistique. C'est mon script, réalisé avec une totale liberté. À ce niveau, cela s'appelle du mécénat [1]. » Jean-Pierre Jeunet vient de tourner avec Audrey Tautou une publicité pour le parfum Chanel N° 5, et il est catégorique : « Ce court-métrage n'a rien à voir avec un film publicitaire [2]. » Le cinéaste estime même qu'il leur a permis, à son actrice fétiche et à lui, de « clore la trilogie » ouverte avec *Le Fabuleux Destin d'Amélie Poulain* et *Un long dimanche de fiançailles* [3].

En ce mois d'avril 2009, Audrey Tautou incarne également Coco Chanel dans le long-métrage d'Anne Fontaine, *Coco avant Chanel*. Un autre film, *Coco Chanel et Igor Stravinski*, signé Jan Kounen, dont la sortie est prévue pour la fin de l'année, doit faire la clôture du festival de Cannes. Cette fois, c'est l'actrice Anna Mouglalis, mannequin de longue date pour Chanel, qui y interprète le rôle de la styliste. La promotion indistincte des trois « événements » bat son plein, assurant à la marque aux deux « C » entrelacés une visibilité médiatique inédite. Inédite

1 *Première*, avril 2009.

2 *Idem.*

3 « En voiture pour le N° 5 », *L'Express Styles*, 9 avril 2009.

par son intensité, mais aussi par sa nature : elle représente un seuil dans la colonisation de la sphère culturelle par l'industrie de la mode, et dans la confusion entre journalisme et publicité.

Dans *Paris Match*, le long-métrage d'Anne Fontaine n'est évoqué que de façon secondaire : l'entretien avec Audrey Tautou porte en intégralité sur son nouveau rôle d'« égérie » du célèbre parfum [4]. À lui seul, le terme « égérie », qui s'est imposé depuis quelques années, est symptomatique du glissement qui s'est opéré : une actrice n'est plus l'inspiratrice d'un artiste – ce qui, en cantonnant les femmes au rôle muet de muses, en les réduisant à leur photogénie et à leur sensualité, pouvait déjà être agaçant –, mais celle d'une marque ou d'un produit, dont la démarche se trouve ainsi anoblie, auréolée de toute la gloire et tout le mystère de la création. Et la publicité n'est plus un fléau que l'on subit ou que l'on fuit, mais, au contraire, une production culturelle à part entière, que l'on est censé rechercher et attendre : certains magazines proposent ainsi sur leur site Internet le *making of* du spot de Jean-Pierre Jeunet.

Outre Jeunet et Tautou, le printemps 2009 voit un autre duo français calibré pour l'international se mettre au service d'une marque de luxe : Olivier Dahan, réalisateur de *La Môme, biopic* d'Édith Piaf, et Marion Cotillard, Oscar 2008 de la meilleure actrice pour le rôle de Piaf, tournent une publicité pour un sac Dior. Diffusée exclusivement sur Internet et promue à l'avance afin de créer un effet d'attente, l'œuvre porte un titre, *The Lady Noire Affair*, et dure six minutes trente. Trois autres volets suivront au fil des mois, toujours avec Cotillard. Dans l'un, réalisé par David Lynch, on voit un sac vernis matelassé apparaître magiquement dans un grand nuage de fumée – pouf ! – sur la moquette d'une chambre d'hôtel à Shanghaï : un grand moment de cinéma. Tous sont diffusés, avec leur *making of*, sur un site dédié. Ils y ont le statut de courts-métrages à part

---

4 *Paris Match*, 2 avril 2009.

entière, avec un générique annonçant : « Dior présente un film de... ». L'opération constitue un bon exemple de *brand content* (contenu éditorial de marque) ou d'*advertainment* – contraction d'*advertising* (publicité) et d'*entertainment* (divertissement). Fin 2008, alors que cette pratique était en expansion aux États-Unis, le cinéaste Luc Besson et le publicitaire Christophe Lambert ont lancé ensemble une société de production afin de « ne pas rater la vague en France ». « Finalement, c'est une forme de mécénat artistique », estime lui aussi le réalisateur du *Grand Bleu* [5]. La vague est passée, assurément : *Paris Match* qualifie le clip d'Olivier Dahan de « thriller publicitaire » et lui consacre six pages, avec interview complaisante de sa vedette. « En quoi ce projet publicitaire vous a-t-il séduite ? » Réponse de Marion Cotillard : « D'abord le scénario années 60 inspiré de l'univers de Hitchcock, dont je suis une grande fan, ensuite mon partenaire, le sac Lady Dior, qui joue un grand rôle [...] [6]. » Sacs Dior inanimés, avez-vous donc une âme ?

Une longue évolution a préparé le terrain à ces discours décomplexés. Alors qu'il y a dix ou quinze ans, une actrice faisait la couverture des magazines à l'occasion de la sortie d'un film, désormais, elle a plus de chances d'y parvenir en décrochant un contrat publicitaire avec une grande marque – en accédant au statut d'« égérie ». Ainsi, lorsque Rachida Brakni a signé avec L'Oréal en 2008, cela lui a valu d'apparaître dès le mois suivant en couverture de *Marie Claire*, avec un long entretien en pages intérieures, malgré une actualité cinématographique plutôt mince. Et, dans son édition du 16 mai 2009, l'hebdomadaire *Elle* consacrait des articles à deux actrices : Emmanuelle Devos et Marion Cotillard. L'une jouait dans – excusez du peu – trois films en compétition à Cannes ; l'autre,

5 « Luc Besson soigne l'image des marques », *Le Point*, 17 septembre 2008.
6 *Paris Match*, 7 mai 2009.

donc, dans une publicité. Mais c'est la seconde qui avait les honneurs de la couverture...

« Il faut faire un effort, Jenn' ! »

Une actrice dont le physique ne correspond pas aux critères de ce milieu ou qui se désintéresse de la mode, qui n'assiste pas aux défilés, qui refuse d'ouvrir les portes de son dressing ou de décrire sa « routine beauté » a-t-elle encore une chance de percer ? Dans son autobiographie, l'actrice Portia de Rossi raconte sa première participation à une cérémonie hollywoodienne, celle des Emmy Awards, les récompenses de la télévision américaine, après qu'elle a rejoint en 1998 la distribution de la série *Ally McBeal*. Terrorisée à l'idée de dire une bêtise au cas où on lui tendrait un micro sur le tapis rouge, elle a préparé à l'avance des réponses à toutes les questions qu'on pourrait lui poser. Du moins le croit-elle. Car tout ce qu'on lui demande, c'est : « Quel est le produit de beauté sans lequel vous ne pourriez pas vivre ? » et « Quel est votre accessoire indispensable pour la saison ? » Elle doit se rendre à l'évidence : « La plupart des journalistes se moquaient de mon personnage ou de la série. Tout ce qu'ils voulaient savoir, c'était de quel couturier était ma robe, quels étaient mes secrets de beauté et comment je faisais pour rester en forme. » Contrariée d'avoir ainsi été prise au dépourvu, elle se promet « d'acheter des magazines et de commencer à [s']intéresser aux produits de beauté, aux parfums et au sport [7] ».

Le risque de sanction est réel. Il faut voir les commentaires d'une incroyable agressivité que suscite par exemple, sur les

7 Portia de Rossi, *Unbearable Lightness. A Story of Loss and Gain*, Simon & Schuster, New York, 2010.

sites people, l'Américaine Jennifer Garner. Depuis qu'elle est mère, l'héroïne de la série *Alias* ose sortir dans la rue sans être tirée à quatre épingles. Sur PurePeople, on trouve, sous le titre « Jennifer Garner, l'histoire de la déchéance d'un look... Va-t-elle adopter le style négligé à vie ? [8] », une sélection de photos légendées en termes vengeurs : « Jennifer Garner version je couvre mon corps au maximum et dissimule mes atouts. Un très mauvais exemple mesdames » ; « Un gilet sans forme, un jean mal choisi, Jennifer a tout faux sur son look » ; « Jennifer Garner dans sa tenue journalière, un blouson de sport, un bas de jogging... Hum, sexy... » ; « Jennifer Garner dans sa tenue préférée : un jean troué beaucoup trop droit et de grosses baskets qu'elle accorde avec n'importe quoi » ; « On te l'a déjà dit Jenn', ton jean est trop large, il faut faire un effort ! », « Jennifer Garner a une panoplie de grosses parkas. Pourquoi n'opte-t-elle pas pour un joli manteau un peu plus... féminin ? », etc. Un jour où l'actrice sort sans sa fille, on présume que la petite a « honte du look de Bidochon de sa propre mère », qui « est apparue ces derniers jours dans un état pitoyable », c'est-à-dire en arborant « une casquette pas vraiment des plus féminine ». Seule circonstance atténuante : Garner est maternelle. « Pas vraiment lookée, Jenn' nous a malgré tout régalés dans le rôle de sa vie : celui de maman poule ! », s'extasie le site.

Ce refus d'être en représentation permanente, d'être séduisante, « sexy » et « féminine » à toute heure du jour est impardonnable. En témoigne, sur les sites féminins et people anglo-saxons, la catégorie pour le moins paradoxale de l'*off-duty* (pas en service), qui sert à qualifier l'allure des célébrités lorsqu'elles rentrent de leur cours de gym, déposent leurs enfants à l'école ou promènent leur chien : captées par les paparazzi, leurs tenues, censées bénéficier d'une certaine indulgence, sont scrutées du même œil impitoyable que leurs robes

8 Purepeople.com, 11 juin 2009.

de soirée lors d'événements mondains. En réalité, il n'y a *pas* d'*off-duty* – car que reste-t-il d'une femme lorsqu'elle n'offre pas une façade agréablement ornée, je vous le demande ? Le verdict du « *fashion* faux pas » (en français dans le texte) sanctionne tout manquement au bon goût ou aux tendances du moment. Transparaît, à travers la mise sous surveillance délirante des actrices, l'imposition d'un code de bonne conduite féminine qui consterne par son archaïsme et son abyssale stupidité.

Les vedettes qui émergent, en France ou aux États-Unis, sont dorénavant toutes calibrées sur le même modèle : extrême minceur – ou rondeurs tolérables –, teint diaphane, garde-robe sophistiquée le plus souvent élaborée par une styliste personnelle. À peine repérées, les espoirs féminins de Hollywood suivent toutes le même parcours : amaigrissement spectaculaire et embauche d'une styliste. Une fois réussie leur transformation en portemanteaux lisses, fades et interchangeables, elles pourront espérer susciter l'intérêt d'une ou de plusieurs marques de cosmétiques ou de vêtements. Le jeu en vaut la chandelle : si elles y parviennent, ce sera le jackpot, à la fois sur le plan financier et sur celui de l'exposition médiatique. L'objectif ultime n'est plus de se distinguer par son talent, mais par son potentiel de femme-sandwich, en entrant dans le moule d'une certaine vision de la féminité. « Le cinéma est-il victime de la mode ? », s'interrogeait *Première* lors du raz-de-marée Chanel [9]. Le magazine constatait que la relation à cet univers des jeunes comédiennes n'avait plus rien à voir avec la complicité relativement discrète unissant une Catherine Deneuve à certains couturiers : « Éperdues de mode, courtisées par les marques, elles participent de plus en plus à des campagnes publicitaires. » En 2006, dans *Le Diable s'habille en Prada*, Meryl Streep incarnait une directrice de magazine inspirée d'Anna Wintour,

---

9 *Première*, avril 2009.

la redoutée rédactrice en chef du *Vogue* américain. À l'occasion de la sortie du film, elle observait elle aussi cette évolution : « C'est dommage parce que l'on parle moins des actrices que de ce qu'elles portent [10]. » Et, en effet, qui en a jamais eu quoi que ce soit à faire de ce que Meryl Streep pouvait bien avoir sur le dos ?

En 1999, le tollé qui avait suivi l'annonce du palmarès du festival de Cannes avait constitué un quasi-aveu des critères implicites régissant la profession. Le jury, présidé par le cinéaste David Cronenberg, avait distingué *Rosetta*, de Luc et Jean-Pierre Dardenne, et *L'Humanité*, de Bruno Dumont : deux films âpres, situés respectivement en Belgique et dans le nord de la France, et ancrés dans une réalité très dure. Un prix d'interprétation féminine *ex aequo* était allé à Émilie Dequenne pour *Rosetta* et à Séverine Caneele pour *L'Humanité*, tandis que le prix d'interprétation masculine récompensait Emmanuel Schotté, également pour *L'Humanité*. Ce choix avait suscité des commentaires d'une rare violence, qui suintaient le racisme social : « Autant récompenser Babe le cochon [11] », avait-on entendu. Les critiques contestaient ce choix en arguant qu'il ne s'agissait pas d'« acteurs professionnels » – manière de dire que ces gens-là n'avaient rien à faire dans leur monde. Par la suite, Séverine Caneele a encore tourné dans trois autres films, puis elle est retournée à sa vie d'ouvrière. Émilie Dequenne, en revanche, a fait carrière. Elle était tout aussi débutante et inconnue, mais elle était mignonne, potelée, très loin de la puissance dégagée par sa colauréate ; et être mignonne, n'est-ce pas, chez une actrice, le début du « professionnalisme » ? Elle s'est en outre très vite prêtée au jeu des secrets de beauté et des bonnes adresses dans les magazines.

---

10 Cité par *Première*, avril 2009.

11 « Couronnée à Cannes, Séverine a repris sa vie d'ouvrière », *L'Hebdo*, 24 août 2000.

Retraçant, dans le portrait qu'il lui consacrait, l'expérience cannoise de Séverine Caneele, *Libération* soulignait ses manquements aux codes du glamour local : « La robe bleue, modèle de Lanvin choisi en désespoir de cause après dix essayages au Majestic, est trop juste. Elle entrave sa marche vers la scène. » Et de rappeler la malveillance de la presse : « *VSD* a zoomé sur l'ourlet défait de la robe bleue, "et pourtant elle a un BEP de couture" [12]. » La jeune femme n'avait aucune légitimité à être couronnée dans un festival dont l'envahissant sponsor est, depuis 1997, L'Oréal Paris. Le géant des cosmétiques n'a pas manqué d'imprimer sa marque sur l'événement : ses « égéries », actrices et mannequins, montent les marches bras dessus bras dessous, contribuant à accroître la confusion entre talent et conformité plastique ; et si Virginie Ledoyen, par exemple, fut à deux reprises, en 2000 et en 2002, la maîtresse de cérémonie du festival, on peut présumer que c'est davantage en vertu de son contrat avec la marque, signé en 1999, que de sa position dans le monde du cinéma.

Actrices ou communicantes ?

Le magistère de l'industrie de la mode et de la beauté, on s'en doute, laisse peu de place à la spontanéité. On a de moins en moins l'impression d'avoir affaire à des êtres de chair et de sang, à des comédiennes désireuses d'exprimer la gamme des émotions humaines ou d'évoluer dans leur art, et de plus en plus à des communicantes soucieuses de peaufiner une image lisse pour mieux se vendre sur papier glacé. Gwyneth Paltrow, Oscar de la meilleure actrice en 1999, a ouvert un blog « art de vivre » (mode, beauté, sorties, voyages, cuisine) et publié un livre de recettes illustré jusqu'à l'écœurement de

12 « Piques et cœur », *Libération*, 9 août 1999.

clichés de son bonheur familial. Même soin de la mise en scène chez Marion Cotillard, qui, en 2011, figurait en tête du palmarès des acteurs français les mieux payés établi par *Le Figaro*. S'interrogeant sur les raisons de ce succès, le site Slate.fr notait : « Marion Cotillard est bonne en com'. Pour être à la hauteur, elle est coachée. "Je travaille avec des gens pour construire mon image : ce n'est pas ce qui m'intéresse le plus, mais je veux que ce soit bien fait", dit-elle [13]. »

L'agent de Cotillard a même réussi la prouesse de faire oublier ses conjectures hasardeuses sur le rôle de George W. Bush dans la planification des attentats du 11 septembre 2001 ou sur la réalité de l'expédition spatiale américaine sur la Lune. Cela vaut mieux pour elle, car une « égérie » a intérêt à ne pas faire de vagues. On se souvient qu'en 1996 Dior avait rompu son contrat avec Emmanuelle Béart lorsque l'actrice s'était affichée aux côtés des sans-papiers qui occupaient l'église Saint-Bernard à Paris. Portia de Rossi, engagée par L'Oréal, raconte sa panique en découvrant que son contrat comporte une « clause de moralité » : si elle est prise en train de faire quelque chose qui cause du tort à l'image de la société, elle devra rembourser toutes les sommes perçues. Or, à l'époque, elle vit dans la hantise que la révélation de son homosexualité ne vienne ruiner sa carrière naissante, au point de s'interdire toute aventure amoureuse. « La clause citait des exemples comme l'ivresse sur la voie publique, ou le fait d'être arrêtée par la police, etc., mais je savais que cela inclurait l'homosexualité [14]. » Inès de la Fressange raconte que son contrat avec Chanel, signé en 1983, « pouvait être annulé en cas de "turpitudes". Nous avions beaucoup ri de cette formule, je répétais à chaque interview que je

---

13 « Pourquoi Marion Cotillard cartonne autant à Hollywood », Slate.fr, 1er février 2011.

14 Portia DE ROSSI, *Unbearable Lightness*, *op. cit.*

n'avais pas le droit de faire de turpitudes [15] ». En 2010, Karl Lagerfeld devait résilier sèchement le contrat de Lily Allen parce que la chanteuse anglaise l'avait « humilié » en se soûlant lors d'une fête donnée chez lui.

Les bonnes élèves doivent non seulement rester consensuelles, mais aussi se montrer convaincantes dans leur hommage aux marques qu'elles représentent. Broder sur les sentiments que leur inspire leur dernier partenariat publicitaire est devenu un exercice obligé dans les interviews, au même titre que les récits de tournage, l'admiration qu'elles portent à leur metteur en scène, les questions sur leur vie privée qu'elles éludent plus ou moins fermement, les considérations sur leur bonheur/leur rêve d'être maman ou leur rapport à l'âge et au temps qui passe. Certaines manifestent leur reconnaissance avec enthousiasme : « Chanel m'a donné la liberté », clamait Anna Mouglalis – déclaration reprise en titre d'un entretien à *Paris Match* [16]. Audrey Tautou, à l'inverse, s'est attiré les foudres du directeur artistique de la maison pour son manque de zèle : « Quand j'ai vu dans un journal qu'Audrey Tautou dit que, de Chanel, elle aime les bottes pour la pluie, je me dis que celle-là, elle voulait le chèque », pestait Karl Lagerfeld sur un plateau de télévision [17]. L'otarie se doit de passer à travers le cerceau avec une certaine grâce. Entre ces deux cas de figure, on a droit à un banal festival de langue de bois : « C'est un grand honneur pour moi de représenter le luxe français », « C'est une très belle marque », « C'est un rêve devenu réalité », « J'ai toujours été une grande fan », « John/Karl/Albert est un véritable génie et en plus il est si simple et gentil et cultivé », etc.

---

15 Inès DE LA FRESSANGE, *Profession mannequin. Conversations avec Marianne Mairesse*, Hachette Littératures, Paris, 2002.

16 *Paris Match*, 30 avril 2009.

17 « L'Hebdo Cinéma », Canal +, 13 juin 2009.

Le compte en banque des élues et le chiffre d'affaires du complexe mode-beauté s'y retrouvent sans doute très bien. Pour ce qui est de la vitalité du cinéma, de son audace, c'est une autre histoire. Sans parler de la réduction drastique des modèles identificatoires offerts aux femmes, et de l'indigence de ceux qui subsistent. Car faire passer des films publicitaires pour des œuvres, c'est confondre sciemment deux démarches aux antipodes l'une de l'autre : l'art creuse sous les apparences, interroge les évidences, va déterrer des vérités ignorées, balaie les représentations toutes faites, poursuit un but libérateur ; il peut éventuellement déstabiliser, bousculer, quand la publicité, à l'inverse, avec son esthétique artificielle et léchée, mise sur le confort intellectuel du spectateur et sur ses réflexes pavloviens, use de recettes éculées mais efficaces, veille à ne fâcher personne et reproduit les pires stéréotypes.

« Dans un univers [le marketing] où l'efficacité de chaque discours est – et c'est de plus en plus le cas – systématiquement testée, le niveau de complexité du message se trouve naturellement indexé sur le niveau d'entendement du destinataire le moins réceptif – ce qui donne, évidemment, un processus de nivellement par le bas [18] », constate Bruno Remaury. L'anthropologue observe que la publicité emprunte aux « grands récits » mythologiques ou littéraires, voire les confisque, en les appauvrissant systématiquement : elle réduit par exemple la thématique du « vol merveilleux » au « confort d'un fauteuil d'avion », ou celle du philtre d'amour à une « bouchée chocolatée ». Il pointe sa dimension simplificatrice, mensongère, infantilisante, qui inhibe l'individu et le rassure à bon compte là où les grands récits visent à le jeter hors de lui-même, à le transformer, à l'émanciper. Il estime toutefois que « le récit de marque est moins la cause d'un appauvrissement de

18 Bruno Remaury, *Marques et récits. La marque face à l'imaginaire culturel contemporain*, Institut français de la mode/Regard, Paris, 2004.

l'imaginaire contemporain qu'il n'en est un des signes, un témoin majeur ».

Consacrant, sous le titre « En voiture avec Jean-Pierre Jeunet pour le N° 5 », quatre pages au spot du cinéaste pour Chanel, *L'Express Styles*, l'un de ces suppléments dont la raison d'être est d'offrir un écrin rédactionnel aux annonceurs, y voyait « deux minutes trente de jubilation poétique et de perfection technique [19] ». Il s'agissait en réalité d'une prévisible et néanmoins accablante enfilade de clichés : l'Orient-Express, un éphèbe brushé, des oiseaux qui s'envolent, une Istanbul de carte postale aseptisée. Cet orientalisme à deux francs cinquante est l'occasion de constater que ce genre de publicité inscrit souvent ses femmes fatales dans un décor inspiré d'univers culturels jugés inférieurs, mais pittoresques, femme et peuples subalternes étant réduits, comme on l'a vu, à la même sensualité insignifiante et muette. On retrouvait par exemple cet alliage dans la publicité mettant en scène l'actrice (un peu) et mannequin (beaucoup) Elisa Sednaoui, drapée dans une tunique vaporeuse et coiffée d'un turban, pour une collection de Giorgio Armani baptisée « La Femme bleue », au printemps 2011. Sur son site, la section mode du *Daily Telegraph* en proposait le *making of* [20]. « Il y a une vraie recherche créative derrière, nous cherchons vraiment à trouver le personnage de cette femme », y affirmait Sednaoui, qui énumérait les thèmes de la campagne : « Désert, exploration, safari, Touaregs, Bédouins, nomades… » Le genre de « recherche » qui, on l'imagine, doit donner sacrément mal aux cheveux. Tarkovski peut aller se rhabiller.

En quête d'investissements sûrs, les grandes marques du luxe misent d'ailleurs en priorité sur les actrices qui ont acquis

---

19 *L'Express Styles*, 9 avril 2009.

20 « Giorgio Armani's Femme Bleue shoot », Fashion.telegraph.co.uk, 11 mars 2011.

une notoriété internationale grâce aux clichés liés à une autre culture exotique, archaïque et dominée – du moins d'un point de vue américain : la culture française. Ce sont leurs incarnations respectives d'Amélie Poulain et d'Édith Piaf qui ont lancé les carrières d'Audrey Tautou et de Marion Cotillard, faisant d'elles de petites « Frenchies » aisément exportables. Les représentations les plus ineptes font les meilleures campagnes publicitaires.

Le paradigme Gossip Girl

Un produit culturel synthétise à la perfection cet arraisonnement de la création par l'industrie de la mode : la série *Gossip Girl*, dont on a déjà entrevu, au chapitre précédent, l'idéologie follement progressiste. Lancée à la rentrée 2007 aux États-Unis par CW, la chaîne pour adolescents détenue par CBS et la Warner Bros., elle met en scène une poignée d'élèves richissimes et arrogants d'une école privée de New York. Regardée tant par son public cible que par de jeunes adultes – essentiellement des femmes –, elle est diffusée dans près d'une cinquantaine de pays. Jeunes et beaux, ses héros vivent à l'année dans des palaces. Leurs affaires de cœur et leurs rivalités, brassant des enjeux d'une portée métaphysique vertigineuse (« Comment devenir la reine de l'école ? », « Comment me faire bien voir du doyen de Yale ? », « Comment me venger de cette communiste de prof qui m'a mis un B ? »), se déroulent sur fond de bals de fin d'année féeriques, de tournois de polo ou de ventes aux enchères chez Sotheby's.

À l'origine, une agence de communication spécialisée dans la fiction pour jeunes filles, 17th Street Productions, avait élaboré le concept : la vie de riches adolescents relatée par une mystérieuse blogueuse, Gossip Girl (l'« amatrice de potins »). L'éditeur Little, Brown and Co. l'a acheté et en a tiré une série de romans. Ceux-ci, écrits par Cecily von Ziegesar – qui, au départ, avait simplement rédigé le synopsis chez 17th Street –, se sont vendus à des millions d'exemplaires, transformant leur auteure en reine incontestée de la « littérature pour jeunes adultes » ou, plus précisément, de la « littérature pour jeunes poulettes » (*young adult chick lit*). Apparu il y a une quinzaine d'années, le genre de la *chick lit* dans son ensemble a constitué un cheval de Troie de la mode et des marques dans la sphère culturelle. Son héroïne type est, selon Wikipédia, « minée par un besoin compulsif (celui d'acheter des vêtements par exemple) visant à calmer ses anxiétés ». Elle est « obsédée par l'apparence et faire les magasins est une passion chez elle ». Les productions les plus notables de la *chick lit* ont toutes été d'abord des succès de librairie avant d'être transposées à l'écran – le petit ou le grand : *Sex and the City*, *Le Journal de Bridget Jones*, *Le Diable s'habille en Prada*... Sans même parler du très explicite *L'Accro du shopping*, la série de l'auteure anglaise Sophie Kinsella : après *Confessions d'une accro du shopping*, en 2002, ont suivi *L'Accro du shopping à Manhattan*, *L'accro du shopping dit oui*, *L'accro du shopping a une sœur*, *L'accro du shopping attend un bébé* et *Mini-accro du shopping*...

L'adaptation télévisée offre une version très sage du *Gossip Girl* de Cecily von Ziegesar, qui était assez trash. Disparus, les problèmes de drogue et de boulimie, l'ambiguïté sexuelle ; la punk au crâne rasé est devenue une ravissante métisse ; le poète nihiliste, un boy-scout. Dans les premiers épisodes, certains éléments laissent poindre un soupçon de mauvais esprit dans le regard porté sur ce milieu : un jeune homme aux prises avec un père cocaïnomane et accusé de malversations, une mère qui exerce une surveillance impitoyable sur le poids et l'apparence de sa fille... Très vite, cependant, ces velléités critiques cèdent la place à un message unique et nettement moins intellectualisant : *il fait bon être riche.*

Les héros de *Gossip Girl* ont donc d'excellents résultats scolaires tout en passant leur temps à faire la fête et à courir les boutiques ; ils ont des parents aimants, des domestiques bienveillants et attentionnés ; leur vie sexuelle, à peine entamée, est aussi trépidante qu'épanouie, et les jeunes filles ont des corps parfaits sans souffrir de désordres alimentaires. Leur figure de proue, la blonde Serena Van der Woodsen, réalise l'un après l'autre tous les rêves que sont censées nourrir les adolescentes : jouer les mannequins, trôner au premier rang d'un défilé de mode, s'envoler en jet privé pour un week-end en Espagne, se faire pourchasser par les paparazzi..., tandis que son chevalier servant, Dan, réalise ceux des garçons : séduire la star du lycée et, plus tard, une vedette de Hollywood.

En dehors de cet épuisement des fantasmes majoritaires, la série présente, côté narration, un encéphalogramme résolument plat, et cela en dépit des ambitions affichées : Cecily von Ziegesar avait calqué son intrigue de départ sur le roman d'Edith Wharton *Le Temps de l'innocence*, auquel les références abondent. Les intrigues sont poussives, les rebondissements improbables. Les acteurs sont sélectionnés pour leur physique avantageux plus que pour leur jeu, qui va du médiocre au calamiteux (« Quoi, mon fils caché est mort dans un accident avant que j'aie pu faire sa connaissance ? Comme c'est triste ! Bon, si on mangeait chinois pour le dîner ? »). Les minauderies des filles, leurs moues boudeuses, leur diction geignarde, les plissements d'yeux et les susurrements rauques du tombeur de service deviennent vite insupportables, et on se demande avec une curiosité grandissante – quoique toute relative – ce que feront les scénaristes quand chacun des héros aura couché successivement avec tous les héros du sexe opposé. Tout semble mis en œuvre pour que le téléspectateur puisse ne prêter qu'une oreille distraite aux dialogues et se concentrer sur les décors, sur les tenues des personnages et sur chaque détail de l'univers luxueux où ils évoluent : oh, la robe ! Oh, la chambre d'hôtel ! Oh, le collier !, etc.

Et ça tombe bien : non seulement la série constitue un écrin sur mesure, et surexploité, pour le placement de produits, mais on trouve, sur le site de la chaîne CW, une boutique où l'on peut acheter en ligne les vêtements et les bijoux portés par les actrices, qui se changent tous les trois plans ; les ventes explosent après chaque diffusion. Les magazines féminins s'arrachent les conseils vestimentaires de son styliste, qui a fait ses classes sur le plateau de *Sex and the City* et a développé au printemps 2010 une collection « Gossip Girl » pour une enseigne anglaise de prêt-à-porter. La consommatrice est invitée à choisir parmi différents styles, chacun correspondant à un personnage : rock, BCBG, ethnique-bohémien... Aucun besoin ici, comme c'est le cas pour *Mad Men*, de trahir la complexité des protagonistes pour les réduire à ces panoplies commerciales sommaires : ils n'existaient dès le départ que pour cela.

Dans la fonction de série relais de l'industrie de la mode, *Gossip Girl* a remplacé *Sex and the City*. Sauf que *Sex and the City*, par son humour, pouvait encore prétendre à une certaine valeur propre, alors que *Gossip Girl* n'est qu'une coquille vide. Elle est un prétexte pour brasser des références consuméristes, pour les habiller d'un suspense factice (« cela va-t-il durer entre Blair et Chuck ? »), pour alimenter en sujets la télévision, la presse féminine, les sites mode et people. Elle sert à mettre sur orbite des actrices qui, ensuite, décrocheront des contrats publicitaires. Début 2011, c'était fait : Blake Lively, l'interprète de Serena Van der Woodsen, signait avec Chanel, qui donnait un grand dîner en son honneur. Représenter la marque française avait toujours été son rêve, assurait-elle : « J'ai eu d'autres opportunités, mais je refusais : "Non merci, je me réserve pour Chanel." Les gens me disaient : "Ce n'est pas réaliste, ils ne prennent que des Européennes", et je répondais : "Oh, super, je serai la première, alors[21]." » Brave petite otarie. La jeune femme, l'une des rares dans le milieu à s'habiller elle-même pour ses apparitions publiques, avait entamé son ascension médiatique et s'était fait repérer par *Vogue* grâce à une robe arborée en 2009 au bal du Costume Institute à New York. « La mode a toujours fait partie de sa vie, car nous sommes une famille d'accros au shopping[22] », confie sa mère.

Dédiée à la mode, la série la nourrit donc en retour. Ce fonctionnement en circuit fermé est nouveau dans la logique publicitaire : on vend une marque en l'associant à un univers fictif qui, au lieu d'être indépendant de la sphère consumériste, en est un simple dérivé. La mode devient ainsi l'alpha et l'oméga de la culture de masse. Le phénomène de la *it girl* relève du même enfermement : on n'achète pas les produits qu'elle promeut parce qu'on admire son talent artistique, sa personnalité ou sa beauté, mais parce qu'on envie son style, c'est-à-dire son talent... pour acheter. Même si elle peut intégrer à sa garde-robe, par souci d'originalité, quelques pièces trouvées dans les friperies, elle est très courtisée par les marques, qui lui envoient vêtements et accessoires dans l'espoir qu'elle les arborera lors de ses apparitions publiques ; certaines négocient chèrement leur pouvoir prescripteur. Une photo prise lors d'un défilé, au printemps 2011, et postée sur le blog de Sophie Fontanel, journaliste à *Elle*, illustre l'efficacité du dispositif. On y distingue, dans l'assistance, la *it girl* britannique Alexa Chung. Au premier plan, un petit écran brille dans la pénombre : celui de l'iPhone d'une collègue de Fontanel qui, assise non loin de Chung, cherche fébrilement sur Internet où elle pourrait trouver les mêmes chaussures qu'elle. « Ouais, bon, on est dingues[23] », soupire la blogueuse.

---

21 « Golden girl », *The New York Times*, 4 mars 2011.

22 *Idem.*

23 « Peut-on en avoir ras-le-bol des tailles basses ? », La vraie vie de Fonelle, http://blog.elle.fr/la-vraie-vie-de-fonelle/, 3 mars 2011.

On peut, en regardant *Gossip Girl*, éprouver un certain malaise devant ces adolescentes attifées et maquillées comme des bourgeoises de trente-cinq ans, et parfois engoncées dans des tenues à la limite du ridicule. Non seulement la série produit de la docilité sociale en substituant l'envie et la fascination à l'hostilité légitime que pourraient susciter ses héros imbéciles et odieux, mais elle popularise, comme on l'a vu à propos des *it bags*, des standards de consommation exorbitants. À l'étranger, elle répand une image pour le moins biaisée de la vie des adolescents américains. En Chine, où l'on estime que chaque nouvel épisode est suivi par 3 à 5 millions de personnes, un étudiant commentait sur un forum en ligne : « Aux États-Unis, les lycéens peuvent se maquiller, porter des bottes, boire du champagne et jouer avec des téléphones portables hypersophistiqués. Ils vivent aussi des histoires d'amour mouvementées. Cela nous renvoie à notre quotidien à nous, fait d'uniformes démodés, d'examens sans fin, de lunettes en cul de bouteille et de béguins secrets [24]. »

L'aristocratie du showbiz

La clique de l'Upper East Side où se déroule la série ne tolère, on l'a dit, que ceux qui sont nés en son sein. On note toutefois une exception. L'intrigue de départ propulse dans ce milieu très fermé deux intrus pleins d'ambition : un frère et une sœur, Dan et Jenny, des manants qui vivent dans un loft à Brooklyn et dont le père, propriétaire d'une galerie d'art, se saigne aux quatre veines pour leur payer un lycée coté. Jenny rêve de devenir styliste ; Dan veut être écrivain. Dans sa jeunesse, leur père – qui a l'air d'être leur grand frère – a été le chanteur d'un groupe de rock à succès. Le prestige de cette gloire

24 « Why China loves "Gossip Girl" », Forbes.com, 24 avril 2010.

éphémère semble justifier l'intégration progressive de ses enfants à la haute société : les seuls roturiers dignes d'accéder à l'Olympe sont les membres du showbiz et leur progéniture. *Gossip Girl* rejoint ainsi la presse anglaise ou américaine, qui parle couramment de l'« aristocratie du rock » ou des « royautés du rock », relayant le monde du spectacle dans son népotisme débridé et son culte de la lignée.

On a assisté dans la période récente à une véritable invasion des « fils et filles de ». S'inquiétant il y a quelques années de l'ampleur prise par le phénomène dans le cinéma français, *Libération*, qui parlait d'un « emballement sinistre », y voyait un avatar direct de la déférence pour la royauté : « On peut situer au début des années 80 le début d'une tendance médiatique à survaloriser les enfants de stars, qui remplace alors dans les magazines celle qui favorisait jusque-là les rejetons des familles couronnées. D'ailleurs, ça tombait bien : en ce temps-là, Stéphanie de Monaco sortait avec Anthony Delon, qui l'avait chipée à Paul Belmondo... et ce vaudeville sur jet ski faisait même la couv' de *Paris Match*. Cet été 1985 est sans doute une date clef : le passage de relais symbolique entre les familles royales et les familles people. Puisque les premiers se refilent trône, argent et gloire par simple reproduction, pourquoi les divinités modernes que sont les acteurs n'auraient-elles pas le droit de renaître incessamment à travers leurs propres enfants ? » Tout cela finissant par donner « ce sentiment détestable d'un cercle fermé, où l'on reste entre soi, et que des éléments exogènes auront de plus en plus de difficulté à pénétrer[25] ». Et tant pis pour tous les comédiens talentueux, mais dépourvus de généalogie prestigieuse, que cette logique tient écartés des plateaux. Le respect fasciné voué aux « enfants de », dont on suit désormais l'existence pas à pas dès la gestation, dénote un monde résigné, qui a fait son deuil des espoirs

25 « Gènes de stars », *Libération*, 7 mai 2003.

de progrès social. Un monde qui se perd dans la contemplation rêveuse des bien-nés, n'ambitionnant plus rien d'autre que de parvenir à imiter leur mode de vie en reproduisant leurs habitudes de consommation.

La transmission de la célébrité par le lignage contribue fortement à la mainmise de l'industrie de la mode sur la culture. Les enfants d'acteurs ou de musiciens s'emploient en effet à rentabiliser l'aura artistique de leur ascendance et le sentiment de familiarité qu'inspire leur physique en multipliant les contrats juteux. Ayant grandi dans un milieu à la fois nanti et cultivé, ils ont été initiés par leurs parents aux pratiques d'achat les plus raffinées et traînent leurs guêtres depuis toujours dans les clubs, les boutiques et les restaurants branchés ; ils sont donc des prescripteurs hors pair, adorés des annonceurs et des magazines. C'est notamment le cas des enfants de Mick Jagger, qui semblent surgir de tous les coins depuis quelques années (pour notre malheur, l'homme est un chaud lapin), ou encore de deux des filles de Jane Birkin, Lou Doillon et Charlotte Gainsbourg, icônes du style français – la première fit en 2010 une apparition dans l'un des épisodes parisiens de *Gossip Girl*.

Mais l'icône de ce nouvel ordre est sans conteste Sofia Coppola. Qualifiée par *Les Inrockuptibles* de « *princesse* du cool[26] », la fille du cinéaste américain Francis Ford Coppola a travaillé dans la mode avant même de devenir cinéaste : après un stage à Paris auprès de Karl Lagerfeld, elle a lancé une ligne de vêtements au Japon. Son activité y reste bien plus intense que dans le cinéma : elle a été l'image du parfum d'un couturier ami, elle a réalisé en 2008 une publicité pour un parfum Dior, elle a posé avec son père pour la campagne d'un maroquinier de

---

26 « Rencontre avec Sofia Coppola, princesse du cool », Les Inrocks.com, 11 janvier 2011.

luxe[27] puis dessiné une ligne de sacs et de chaussures pour ce même maroquinier... Quant à ses films non directement commerciaux, deux d'entre eux, *Lost in Translation* (2003) et *Somewhere* (2010), se déroulent dans des palaces (respectivement à Tokyo et à Los Angeles), et un autre, *Marie-Antoinette* (2006), à Versailles : à travers la société de cour d'avant la Révolution, la jeune femme propose une peinture transparente et vaine, émaillée de quelques anachronismes assumés, de la jet-set hédoniste à laquelle elle-même appartient. Le film a eu pour effet le plus notable de multiplier par vingt le chiffre d'affaires d'une célèbre pâtisserie de Saint-Germain-des-Prés[28] : la réalisatrice y avait commandé des cargaisons de macarons et de religieuses destinées à la fois à l'équipe de tournage et aux personnages ; elle s'était aussi inspirée des tons pastel associés à la marque. Elle a recyclé le tout dans son clip pour Dior, qui voit son héroïne picorer des gâteaux dans un décor *girly* et vaporeux, tout de rose pâle, bleu ciel et vert amande. Cette esthétique a largement contribué au succès de *Marie-Antoinette* auprès des Japonaises, friandes de *kawai* (« mignon ») et de chic parisien. « Pour capter les jeunes femmes, nous avons joué sur la mode, les petits-fours et les bonbons, la coquetterie et la frivolité[29] », expliquait la porte-parole de la firme de marketing ayant conçu la campagne publicitaire du film.

Feutré, ouaté, luxueux, hyperféminin, l'univers de la fille est aux antipodes de celui du père. Dans les films qui ont fait sa gloire, Coppola a pris à bras-le-corps le monde et sa violence, en

27 Un collègue, dans sa bienheureuse ignorance, vint brandir la publicité sous mon nez : « Tu ne trouves pas ça honteux, toi, cette petite jeunette alanguie aux pieds de ce vieux barbu ventripotent qui pourrait être son père ? »

28 « Ladurée se mondialise à sa façon, exquise », *Challenges*, 13 décembre 2007.

29 « Vendre Marie-Antoinette au Japon ? Du gâteau ! », Aujourd'hui le Japon, http://japon.aujourdhuilemonde.com, 5 février 2007.

plongeant dans des milieux très virils dont on voit mal ce qu'ils auraient bien pu faire vendre : la mafia dans *Le Parrain*, les soldats du Vietnam dans *Apocalypse Now*. La reconnaissance artistique et financière qu'il en a retirée a valu à sa fille une jeunesse dorée dans laquelle elle se contente de puiser pour ses propres réalisations, en tablant sur la fascination exercée auprès du commun des mortels par les cercles où elle évolue depuis sa naissance. En dépit d'un indéniable savoir-faire et d'un certain humour, son cinéma, facile, paresseux, nombriliste, superficiel, est celui d'une gosse de riches blasée qui n'a rien à dire, mais qui est trop orgueilleuse pour se l'avouer. Dans un entretien, lors de la sortie en France de *Somewhere* (Lion d'or à la Mostra de Venise en 2010 [30]), elle racontait : « Mon père se moque toujours de mon obstination à tourner sur film, lui qui est à fond dans la technologie numérique. Mon fétichisme de la pellicule l'attendrit [31]. » L'anecdote est révélatrice : du cinéma, l'héritière n'a conservé que les attributs prestigieux, le décorum – le « fétichisme ». Mais le contenu, l'œuvre, s'est volatilisé.

Même si ses films, contrairement à *Gossip Girl*, bénéficient, Coppola oblige, d'une certaine crédibilité cinéphilique, ils ont en commun avec la série de maquiller leur vacuité par leur entregent mondain et leur bande-son pointue. Sofia Coppola, mariée au musicien français Thomas Mars, du groupe Phoenix, a plusieurs fois eu recours au groupe Air pour ses films ; elle a confié le rôle de la mère de Marie-Antoinette à Marianne Faithfull. *Gossip Girl*, pour sa part, fait parler d'elle en s'offrant des vedettes pour ses intermèdes musicaux, l'apparition la plus prestigieuse étant celle de Lady Gaga dans la troisième saison. Il y a d'ailleurs des ponts entre les deux univers : en 2008, la première diffusion de la pub Dior tournée par Sofia Coppola a été

---

30 Ce prix a suscité la polémique en raison des liens de la réalisatrice avec le président du jury, Quentin Tarantino, qui a été son compagnon.

31 « Rencontre avec Sofia Coppola, princesse du cool », art. cit.

programmée avec celle d'un épisode de *Gossip Girl* ; et, au début de la saison 4, à l'automne 2010, l'une des héroïnes de la série, l'atroce Blair Waldorf, séjournant à Paris, courait acheter des macarons chez Ladurée, « telle une moderne Marie-Antoinette » (tout en rêvant de séduire un rejeton de la famille princière de Monaco). Voilà donc la planète entière persuadée que Marie-Antoinette se fournissait chez Ladurée, maison fondée en *1862*. Dans cet épisode, on voyait aussi une grappe de ballons colorés dans le ciel de Paris : la même image que dans la pub Dior de Coppola. Ainsi s'est formé un halo de références, d'atmosphères, qui voyage indifféremment d'une production à l'autre et achève de brouiller les repères entre fiction et publicité.

Il faut noter au passage l'inclination du monde de la mode et du showbiz pour Versailles : elle confirme qu'il se vit bien comme la nouvelle aristocratie, transmettant ses privilèges à sa progéniture et offrant à la plèbe le spectacle de ses fastes. La politique mise en place par Christine Albanel lorsqu'elle était présidente de l'établissement public de Versailles a facilité ces amours. La future ministre de la Culture a ainsi fait du Petit Trianon « un très profitable "domaine de Marie-Antoinette" [32] ». Après avoir loué le château à la production du film de Sofia Coppola pour 15 000 euros par jour, soit 300 000 euros en tout [33], elle a autorisé dans le parc des concerts des groupes Air et Phoenix – encore les amis de Sofia. Et elle se félicitait par exemple d'avoir permis à un horloger de luxe de « lancer une montre avec le bois du chêne de Marie-Antoinette », car il avait ensuite joué les mécènes pour la rénovation du Petit Trianon [34]. En juillet 2010, la chanteuse Vanessa Paradis donnait à son tour deux concerts à Versailles, sous le parrainage de Chanel, dont

32 « Les folies de Versailles », *Le Point*, 5 avril 2007.

33 « Versailles déploie ses fastes pour Sofia Coppola », *Le Monde*, 23 mars 2005.

34 « Les folies de Versailles », art. cit.

elle est une autre « égérie » (l'écurie est pléthorique). Le supplément mode de *Libération* racontait : « Assis à la place du roi, forcément, entre Diane Kruger et Jean-Jacques Aillagon, président du musée et du domaine de Versailles, Lagerfeld fut photographié comme une pop star par le public, qui avait quasiment plus d'yeux pour lui que pour Paradis, pourtant délicieuse en jeans gris et top argenté, cheveux de jeune lionne et lèvres rouge sang [35]. » Enfin, à l'été 2011, avait lieu l'inauguration de l'exposition « Le XVIIIe au goût du jour – Couturiers et créateurs de mode au Grand Trianon », dont *Madame Figaro* rendait compte sous le titre : « Les princes de la mode à Versailles [36] ».

Les marques en terrain conquis

Il résulte de tout cela un rétrécissement spectaculaire de l'horizon culturel. *DS*, dans son numéro de mai-juin 2009, constatait la prolifération de films, disques ou livres ayant trait à la mode. Un album d'Alain Chamfort intitulé *Une vie Saint Laurent*, hommage au couturier disparu, était annoncé pour l'automne, de même que *The September Issue*, un portrait cinématographique d'Anna Wintour, la rédactrice en chef du *Vogue* américain (qui a déjà inspiré *Le Diable s'habille en Prada*), primé au festival de Sundance. « Adieu Dalaï Lama et Gandhi ! Place à saint Yves, sainte Coco et saint Christian, en passe de canonisation pour leur avant-gardisme qui a révolutionné rien de moins que… la société. Tout cela est-il bien raisonnable ? », persiflait le magazine.

Il proposait cette explication : « En ces temps d'incertitude économique, les marques font plus que jamais appel à leurs fondamentaux et puisent dans leur ADN, valorisant leur

---

35 « La Paradis Royale », *Next*, 13 juillet 2010.

36 *Madame Figaro*, 29 juillet 2011.

héritage, soulignant la dimension éternelle de leurs créations. Traduction : achetez-nous, vous ne vous tromperez pas dans vos investissements, nous sommes un placement refuge indémodable. » On peut ajouter une autre hypothèse : la société de consommation commence à être assez ancienne pour pouvoir prétendre appartenir à la mémoire collective, voire à l'histoire avec un grand « H ». Peu importent les moyens mis en œuvre par les marques pour s'imposer dans la vie des consommateurs [37] : elles font maintenant partie intégrante de leur héritage culturel et familial, elles sont intimement mêlées à leurs souvenirs d'enfance. Et elles comptent bien en tirer parti.

En témoignent les sujets dont la sortie de *Coco avant Chanel* a été le prétexte dans la presse magazine. Sous le titre « Nous sommes toutes des filles Chanel ! », *Marie Claire* [38] a photographié sur huit pages des femmes, célèbres ou anonymes, qui posaient avec les vêtements ou accessoires en leur possession. « Ce sac était à maman, qui me l'a donné, dit l'une d'elles. Si j'ai une fille un jour, je sais que je le lui donnerai à mon tour. » Partout, c'est un festival de souvenirs d'enfance. Audrey Tautou, qui doit se dédouaner de ne pas porter elle-même le parfum qu'elle promeut : « J'ai une image de moi, petite fille, dans la bibliothèque de ma tante qui était une jeune femme de mon âge à l'époque. Elle avait posé sur une étagère son flacon de Chanel N° 5, qui me paraissait énorme. Il symbolisait déjà le luxe, le raffinement, le mystère... D'autant que nous avions interdiction formelle d'y toucher [39]. » Dans *Elle*, sous le titre « Ma saga N° 5 », Sophie Fontanel, qui, « depuis toujours, porte le parfum mythique », évoque elle aussi, autour de ses dix ans,

---

37 Lire à ce sujet Edward BERNAYS, *Propaganda. Comment manipuler l'opinion en démocratie* [1928], Zones, Paris, 2007.

38 *Marie Claire*, mai 2009.

39 *Paris Match*, 2 avril 2009.

un flacon « posé sur la commode de [sa] tante, à New York [40] ». Suggérant lourdement le rôle de sésame érotique que serait susceptible de jouer le N° 5, elle insiste sur la « relation organique » qui s'établirait avec lui, de même que les femmes photographiées par *Marie Claire* soulignent leur appropriation physique des produits : l'actrice Sylvie Testud qualifie son agenda de « doudou » ; Virginie Ledoyen, qui « adore » le « molleton tout doux » de sa pochette, dit à propos d'une veste : « J'ai perdu des boutons, des agrafes, elle est toute déglinguée, mais je l'aime comme ça. » Anna Mouglalis juge son jean « d'une volupté inouïe », et précise qu'il a été « baptisé par [sa] fille d'un coup de feutre violet qui ne partira jamais ». Pour les marques, il y a là un effet d'aubaine, un cercle vertueux : ce sont les effets des publicités passées qui alimentent la publicité présente... sans coûter un centime.

L'efficacité, en outre, en est décuplée. On n'est plus incité à acheter un banal produit, mais une histoire, un relais symbolique, un objet initiatique, un secret : un « mythe ». Le sac que Marion Cotillard érige au rang de « partenaire », le parfum promu par Audrey Tautou sont systématiquement qualifiés dans la presse de « mythiques » ou « cultes », adjectifs aussi omniprésents que le terme « égérie ». « J'achète N° 5 comme on achète un mythe, écrit Sophie Fontanel, se souvenant de ses quinze ans. Il n'y a pas beaucoup de mythes achetables. » Certes ; et le marketing l'a bien compris... Car, s'il y a une part d'imprévisible dans les ingrédients d'un succès commercial, les mythes, pour peu qu'on y mette les moyens, peuvent aussi se fabriquer sans trop de mal. C'est la fameuse formule de Lewis Carroll dans *La Chasse au Snark* : « Ce que je te dis par trois fois est vrai. » Au risque d'abuser de la recette : un danger qu'indique bien l'ambiguïté déjà signalée de la traduction française de *it bag*, entre « sac de la saison » et « sac mythique ».

---

40 *Elle*, 9 mai 2009.

Les femmes qui, dans *Marie Claire*, clament leur amour pour Chanel ne sont pas toutes des actrices ou des « égéries ». On trouve aussi parmi elles « Nathalie, secrétaire intérimaire », qui, dit-elle, aurait l'« impression d'être nue » sans son N° 5 : « Un flacon me dure trois semaines. J'en mets partout : sur mon corps, sur mes draps pour dormir [comme Marilyn Monroe...], sur du coton dans ma voiture, sur mon linge quand je le repasse. C'est un budget : 70 ou 80 euros. Quand je ne peux plus me l'offrir, je vais chez Marionnaud ou Sephora – toujours bien habillée –, et je demande des échantillons. » Ce discours confirme la thèse selon laquelle les grands noms du luxe doivent, en temps de crise, s'imposer dans l'esprit du consommateur comme des produits de première nécessité ou comme des valeurs sûres. À la même époque, *Newsweek*, sous le titre « Plaidoyer pour le luxe », prétendait enseigner à ses lecteurs l'art délicat d'« économiser par le shopping haut de gamme » : « Commencez petit : une cravate Hermès, des chaussures Church. Quoi que vous choisissiez, évitez les fluctuations du style et optez pour un vrai classique qui vieillira bien [41]. » Il s'agit de présenter un achat dispendieux non comme une folie, mais comme un *investissement*. Or, dans un système où des moyens colossaux sont mis au service de la persuasion clandestine et où une sollicitation chasse l'autre, l'hypothèse selon laquelle le consommateur pourrait effectuer un choix indépendant et durable paraît hautement improbable.

Patauger dans son aliénation

Entourer une marque d'affect, d'histoires, susciter son appropriation, lui donner la dimension et le prestige d'une institution culturelle : dans cette entreprise, Internet joue un

41 « A few good shirts », *Newsweek*, 6 avril 2009.

grand rôle. Il est d'abord un terrain d'épanouissement sans précédent pour le « contenu éditorial de marque » : ici, nul besoin d'en passer par de coûteux « achats d'espace », comme dans les médias traditionnels. Outre les films de Dior avec Marion Cotillard, on peut voir sur le site de Chanel des courts-métrages involontairement burlesques, suintant l'argent et le snobisme, réalisés par Karl Lagerfeld. Le premier, en 2010, s'intitulait *Remember Now* : filmés à Saint-Tropez, une brochette de mannequins, emmenés par Elisa Sednaoui et le comédien Pascal Greggory, y présentaient la collection de la saison. La créatrice française Vanessa Bruno diffuse de petits films mettant en scène Lou Doillon. « La vraie réussite ? Quand le film de pub passe dans la catégorie "arty" et devient une vidéo virale dont le lien est envoyé d'internaute à internaute », écrit *Elle* au printemps 2011. Le magazine mentionne, pour la saison en cours, une campagne réalisée par Zoe Cassavetes, autre « fille de » et grande amie de Sofia Coppola. « Autant de divertissements qui capteront l'attention et donneront envie d'acquérir une pièce de la marque. Les e-boutiques doivent injecter de la sensualité et du fun dans l'acte d'achat. » Aux États-Unis, un site de vente de vêtements a lancé sa propre chaîne de télévision en ligne permettant d'acheter directement ce que l'on voit à l'écran : « De là à imaginer que les longs-métrages deviennent des séances d'e-shopping, il n'y a qu'un clic », salive l'hebdomadaire [42]. Pourquoi, en effet, se battre pour s'attirer les faveurs des médias existants, ou pourquoi s'en contenter, quand on peut créer son propre média ?

Mais l'innovation la plus décisive réside dans ce que *Elle* appelle la « *fashion* démocratisation » et que l'on qualifiera plutôt d'*aliénation participative*. Donner son avis sur une collection, numériser sa garde-robe grâce à un logiciel spécialisé, soumettre son style au jugement des internautes et commenter

---

42 « Plus Net, la mode ! », *Elle*, 11 mars 2011.

celui des autres, bricoler son propre *concept store* en ligne à partir de produits repérés ici ou là, créer son blog consacré au shopping ou à la mode : aidée par les innombrables outils aimablement mis à sa disposition, la consommatrice se voit offrir l'occasion de prouver à quel point elle a bien assimilé les messages publicitaires et les obsessions qu'on lui a inculquées. Sur son blog, avec un zèle touchant, elle photographie et décrit ses achats du jour ou les flacons artistement disposés dans sa salle de bains ; elle récite la biographie d'un couturier, d'un mannequin ou du fondateur d'une marque, qu'elle illustre de photos récupérées en ligne. La reproduction compulsive des genres rédactionnels de la presse féminine montre qu'ils se sont imprimés profondément dans l'esprit des lectrices : partout, ce ne sont que listes de produits préférés, rituels beauté, bonnes adresses et « journées idéales ». Nous sommes toutes des otaries : ce doit être cela, la « démocratisation ».

Dans ce domaine comme dans d'autres, Internet produit quelques réussites spectaculaires. Scott Schuman (The Sartorialist) et Garance Doré en sont les meilleurs exemples : après s'être fait connaître par leurs blogs photographiques, ils réalisent des campagnes publicitaires pour les marques les plus en vue et des séries de mode pour les plus grands magazines. Autant que son regard aiguisé et son goût exquis, la Française, qui s'est installée à New York à l'automne 2010, « vend » désormais sa *success story*, son quotidien de rêve et son idylle avec Schuman : les forums de son blog ne sont qu'un long soupir collectif d'envie et d'admiration. On voit également apparaître des blogueurs très jeunes, dont la chef de file est l'Américaine Tavi Gevinson : née en 1997, la gamine excentrique, qui a lancé son blog, Style Rookie [43], en 2008, puis créé en 2011 un magazine en ligne pour adolescents, Rookie [44],

43 www.thestylerookie.com.
44 http://rookiemag.com.

trône au premier rang des défilés aux côtés d'Anna Wintour et dessine des collections pour des marques prestigieuses. Pour quelques élus qui se font une place au soleil par leur talent et leur personnalité, cependant, des milliers d'anonymes, dans l'ombre, se contentent de mouliner docilement du communiqué de presse, éclusant sans fin une triste monomanie consumériste.

La Toile a la propriété de rendre visibles les effets de l'extraordinaire gavage culturel pratiqué par le complexe mode-beauté, le trop-plein de tentations qu'il met en circulation. Témoin de cette intoxication sans remède : le blog What did you not buy today ? (« Qu'est-ce que vous n'avez pas acheté aujourd'hui ? »), dont l'auteure dessine au fil des jours sur des feuillets de cahier d'écolier, à partir des listes qu'on lui envoie, les vêtements, bijoux et accessoires à l'attrait desquels ses lectrices ont héroïquement résisté. La marque et le prix sont indiqués, et un lien mène à la fiche de chaque article sur des sites de vente en ligne[45]. Ce procédé éminemment pervers indique assez qu'il n'y a pas d'issue, et que l'horizon mental reste obstrué par les quantités phénoménales d'objets jetés en pâture aux consommatrices. Autre dispositif de digestion ludique de ce fatras, le blog de Sophie Fontanel – journaliste à *Elle*, auteure à succès, amie d'Inès de la Fressange – aligne les billets poético-fantasques brodés autour d'un produit mis en vedette et photographié en gros plan : foulard, chemisier, tee-shirt, soutien-gorge, chaussures... Extrait : « Est-ce que vous aussi vous êtes capables de passer une heure, le soir, à regarder sur Internet, par exemple sur le site de Topshop, des fringues sur fond blanc, et à essayer de vous imaginer dedans ? En plus, j'achète même pas, je suis juste là à me balader de Topshop à

45 http://notbuytoday.tumblr.com.

J. Crew, de J. Crew à Madwell, et ainsi de suite, à flâner dans ces pages si froides mais où je me réchauffe à quelque chose, je sais pas quoi. Alors que je lis Somerset Maugham en ce moment, j'ai autre chose à faire ! Là, ce pantalon en jean, ce maillot rayé dans ce que je préfère au monde (ciel et blanc), je vous les ai éclaircis pour vous les montrer tels que je les vois quand c'est ma gentillesse qui les regarde et qui les désire. Ils quittent le moche du site pour entrer dans le chouette de mon iris. Y en a qui sont drogués à leurs amis du Facebook, moi c'est à ces images mystérieuses (enfin, que mon amour rend mystérieuses). Le désir, y en a à tant d'endroits [46]. » En effet. Il faut dire que toute une industrie y travaille... On pense à ces lignes de l'aventurière et écrivaine Isabelle Eberhardt : « J'ai toujours été très étonnée de constater qu'un chapeau à la mode, un corsage correct, une paire de bottines bien tendues, un petit mobilier de petits meubles encombrants, quelque argenterie et de la porcelaine suffisaient à calmer chez beaucoup de personnes la soif du bonheur. Toute jeune j'ai senti que la Terre existait et j'ai voulu en connaître les lointains. Je n'étais pas faite pour tourner dans un manège avec des œillères de soie [47]. »

Avec l'apparition des blogs mode, les « vieux » médias se sont d'abord offusqués de ce qu'ils percevaient comme une concurrence déloyale. Des magazines féminins ont même dénoncé la vénalité de certaines blogueuses, ce qui est franchement désopilant de la part d'une presse aussi notoirement corrompue [48] : il faut oser venir pleurer parce que l'élève a surpassé

---

46 « Le rêve a-t-il des recoins ? », La vraie vie de Fonelle, http://blog.elle.fr/la-vraie-vie-de-fonelle/, 11 février 2011.

47 Isabelle Eberhardt, « Réflexions dans une cour », *Dans l'ombre chaude de l'islam*, Actes Sud, « Babel », Arles, 1999.

48 Voir par exemple « "Je n'ai pas intérêt à faire du mal aux marques qui font vivre mon magazine" », Arrêt sur images, www.arretsurimages.net, 2 mai 2008, ou Véronique Maurin, « De la puissance de la presse féminine », Acrimed.org, 16 août 2002.

le maître... Puis ils se sont découvert une vocation d'arbitres des gloires numériques. Ainsi, le classement des « meilleurs blogs beauté », par exemple, mettra en vedettes celles qui manifestent une connaissance encyclopédique des marques de cosmétiques et consacrent une bonne partie de leur temps et de leur énergie à guetter les dernières sorties, à les tester, à les commenter. *Transformer l'aliénation en compétence*, disions-nous...

Qu'on se comprenne bien : si certaines ont la chance d'y être complètement insensibles, de nombreuses femmes se débattent avec la myopie consumériste induite par la publicité et les magazines. Leur attitude oscille entre la part de frivolité assumée, la névrose dévorante, la contrariété d'avoir été arnaquée, l'exaspération de se savoir manipulée, d'y perdre du temps et de l'argent. Mais c'est une chose d'avoir la tête encombrée d'informations et de désirs déposés là par l'industrie de la mode ou de la beauté. C'en est une tout autre de faire de ce conditionnement sa raison sociale, de se mettre de bonne grâce au service d'intérêts commerciaux, d'accepter de laisser son pouvoir d'achat résumer sa personnalité, de contribuer avec enthousiasme à son propre enfermement ; enfermement dans une idée pitoyable de soi-même et dans un éventail de préoccupations aussi étroit qu'abrutissant.

Relevons par ailleurs l'énormité du mensonge que raconte la « *fashion* démocratisation » à celles qui se laissent séduire. Le « contenu éditorial de marque », plus évasif qu'un message publicitaire traditionnel, fait croire à un complet désintéressement, comme s'il ne s'agissait que de partager un sympathique quart d'heure de beauté et d'élégance en regardant des grandes gigues se la raconter avec un accent snob devant la caméra de Karl. S'y ajoute l'illusion de former une communauté unie par une même passion pour la mode. Les blogs – celui de Garance Doré, notamment – multiplient les apostrophes familières, les « bisous », les « et vous, qu'est-ce que vous en pensez ? »

complices. Sophie Fontanel a baptisé les habitués du sien « la horde » et conclut chacun de ses billets par la formule rituelle « À demain, les adorés » ; il arrive qu'Inès de la Fressange en personne intervienne sur son forum. Les lecteurs en retirent l'impression d'une proximité trompeuse. Ce décalage et cette inconscience apparaissent de manière flagrante un jour où Fontanel exhibe le sac hors de prix qu'elle vient de s'offrir. Dans son billet, toute une petite stratégie rhétorique vient relativiser le marqueur social que représente une telle dépense. On a d'abord droit au poncif du banquier qui va se trouver mal : « Je savais que si j'entrais chez Prada, ça allait être l'apocalypse, avec psoriasis du banquier et migraine au marteau au moment de payer la douloureuse. » Puis elle suggère que cette folie n'entretient pas de rapport direct avec son aisance financière : « Même jadis fauchée j'avais de tels pétages de plombs. » Et, enfin, elle rappelle qu'il y a plus privilégiées qu'elle : « Les *it girls* ne sauront jamais ce que c'est que l'exultation de payer l'objet qu'on désire. Et d'en savoir le prix à vie [49]. » Mais ces efforts pour convaincre ses lecteurs qu'elle reste une fille toute simple et que rien de sérieux ne les sépare sont ruinés par un commentaire ingénu posté sur le forum. Une dénommée Mélisande commence par joindre sa voix au chœur approbateur qui salue invariablement chaque billet : « Il est super mimi, ce sac, un bon achat en plus c'est intemporel ! » Mais elle ajoute : « Ce qui est triste, c'est quand on adopte un objet et qu'on doit après l'abandonner, moi j'ai dû ramener la petite robe Mango que j'ai achetée le mois dernier pour cause de fin de mois difficile, j'ai presque pleuré... Je maudissais la fille qui va la récupérer... » Faire croire à celle qui doit rendre une robe chez Mango qu'elle appartient au même monde que celle qui dévalise Prada : magie

49 « Un objet peut-il m'aimer au premier regard ? », La vraie vie de Fonelle, http://blog.elle.fr/la-vraie-vie-de-fonelle/, 9 mars 2011.

de la blogosphère. Un autre jour, à l'occasion d'un billet printanier, c'est une certaine Géraldine qui s'impatiente : « Moi j'aimerais bien que les fleurs aient le pouvoir de faire fleurir mon compte en banque [50] !!!!! » La taulière lui répond le lendemain : « Géraldine, quand le compte en banque n'est pas fleuri, je vais chez Guerrisol, et je fais fleurir mon imagination pour me trouver des trucs à 5 euros. » Eh bien voyons.

Il faudrait s'interroger sur ce que cela implique de promouvoir un ensemble de codes, de références, de normes, de désirs, d'affects, d'histoires, de figures tutélaires, en escamotant le fait que tout cela exige des moyens financiers considérables. Tôt ou tard, le public découvre pourtant que, sans viatique sonnant et trébuchant, on n'est rien dans ce monde ; car il ne s'agit pas de culture, mais, bien plus banalement, de consommation ostentatoire. (Quelques jours après l'épisode du sac Prada, Fontanel dédie une ode au foulard Hermès, tout en précisant : « Moi, les signes extérieurs de richesse, je m'en fous, j'enlève toutes les étiquettes, mais les signes extérieurs de discrétion, j'adore [51]. ») Cet écart de plus en plus intenable entre les revenus de la majorité de la population et le mode de vie luxueux qu'on lui fait miroiter, en une sorte de supplice de Tantale permanent, garantit de beaux jours aux crédits à la consommation. Elle fait aussi resurgir la figure de la secrétaire de chez Disney tentée par une carrière criminelle pour pouvoir s'offrir le sac de ses rêves (voir chapitre 2).

---

50 « Y a-t-il un pouvoir des fleurs ? », La vraie vie de Fonelle, http://blog.elle.fr/la-vraie-vie-de-fonelle/, 25 mars 2011.

51 « Un foulard peut-il tout sauver ? », La vraie vie de Fonelle, http://blog.elle.fr/la-vraie-vie-de-fonelle/, 28 mars 2011.

Les femmes et la culture de masse

Même si Internet permet des configurations inédites, la logique que l'on vient de décrire n'est évidemment pas nouvelle. Cinéma et publicité, par exemple, ont toujours eu partie liée. Dès ses débuts, le cinéma a représenté une formidable occasion de vendre des produits, en communiquant à ces derniers l'aura des grands acteurs – et surtout des grandes actrices – et en en faisant, pour le public, une interface avec un monde de rêve. L'industrie cosmétique, en particulier, est née à l'ombre des studios hollywoodiens [52]. Cette consanguinité est régulièrement invoquée par ceux qui veulent nous dissuader de prêter la moindre attention à ce qui se passe dans ces univers : à quoi nous attendions-nous ?, s'interrogent-ils. De toute façon, l'ensemble de la culture de masse n'est qu'une gigantesque machine à laver les cerveaux et à vider les porte-monnaie : il serait bien naïf d'en attendre des représentations progressistes – d'en attendre quoi que ce soit, en fait. Ce verdict méprisant et définitif est pourtant irrecevable. La culture de masse n'est pas d'un seul bloc : elle a toujours été le lieu d'une tension entre logique créatrice et logique mercantile. La dérive actuelle en est la preuve, en quelque sorte : si on peut le moins bien, c'est qu'on a pu le mieux…

L'édition 1999 du festival de Cannes, évoquée plus haut, reste l'une des manifestations les plus extrêmes qu'on ait pu observer de ce rapport de forces. Ceux qui récusaient le choix radical du jury de David Cronenberg lui reprochaient d'avoir lésé les nombreux cinéastes de renom en compétition cette année-là ; or ce palmarès n'était pas dirigé contre les autres réalisateurs en lice, mais contre la grosse machine Cannes-Canal +-L'Oréal,

---

52 Voir Margaret ALLEN, *Selling Dreams. Inside the Beauty Business*, Simon & Schuster, New York, 1981.

et contre ce qu'elle tendait à faire du festival : une succession de talk-shows débiles, un défilé de bimbos au décolleté avantageux. Quoi qu'on pense du cinéma qu'il avait choisi de mettre à l'honneur, le jury avait eu le mérite d'opérer un recentrage brutal sur les enjeux artistiques qu'un festival se doit de brasser. Il fallait entendre, juste après l'annonce du palmarès, la rage froide et mal contenue d'Isabelle Giordano, à l'époque « madame cinéma » de la chaîne cryptée, et de Jean-Pierre Lavoignat, de *Studio Magazine*, arrachés d'un seul coup à leur routine glamour et doucereusement lobotomisée, et obligés de rompre avec le ronron de leurs commentaires souriants et convenus.

Ces luttes d'influence valent la peine qu'on s'y intéresse, en particulier lorsqu'on se soucie des modèles identificatoires offerts aux femmes : de leurs embardées dépend la possibilité de voir émerger des représentations stimulantes, valorisantes, audacieuses. Et il n'est pas absurde d'attendre de telles représentations qu'elles nous soient fournies par la culture de masse. Au contraire : celle-ci est capable du meilleur comme du pire et, lorsqu'elle parvient à tenir en respect la logique mercantile, elle peut même se révéler bien plus amicale pour les femmes que la culture « noble » et savante. Ordre patriarcal et élitisme culturel marchent main dans la main ; à l'inverse, une complicité peut parfois se nouer entre les femmes et des genres condamnés comme elles à l'illégitimité. C'est ce qu'ont montré les travaux de Noël Burch et Geneviève Sellier consacrés aux rapports de sexe dans le cinéma. Dans un petit recueil paru en 2009, Geneviève Sellier analyse par exemple le courrier des lecteurs du magazine *Cinémonde*, où pouvait s'élaborer une expertise cinéphile féminine, avec ses critères propres, quand les revues « sérieuses » étaient, et sont toujours, monopolisées par des hommes [53]. Elle a aussi mis en évidence, dans une étude sur

53 Geneviève Sellier, « Le courrier des lecteurs de *Cinémonde* dans les années 50 : la naissance d'une cinéphilie au féminin », *in* Noël Burch et

la Nouvelle Vague, la vision pour le moins ambiguë, mélange de fascination et de crainte archaïque, qu'ont donnée des femmes les grandes figures – toutes masculines – du cinéma d'auteur naissant [54]. Et elle souligne que les réalisatrices françaises ayant marqué les années 1990 ont souvent récusé le clivage traditionnel entre cinéma d'auteur et cinéma commercial : leurs films étaient le résultat d'une « hybridation avec des genres populaires, en particulier la comédie de boulevard [55] ». Que l'on pense à Agnès Jaoui et Tonie Marshall, mais aussi Danièle Thompson, Catherine Corsini, Josiane Balasko... Le mépris culturel était d'ailleurs le sujet même du film d'Agnès Jaoui *Le Goût des autres*, en 2000. Dans le même ordre d'idées, Anne Larue, professeure de littérature comparée, défend la thèse selon laquelle les œuvres de fiction grand public, et en particulier la *fantasy*, peuvent être le refuge de valeurs féministes éradiquées ailleurs : pour peu qu'elles sachent où chercher, les lectrices, affirme-t-elle, y puiseront des forces et une inspiration précieuses [56].

Arrêtons-nous encore sur le cas de la presse féminine. Il serait regrettable de confondre la critique à laquelle on se livre ici avec une condamnation du genre en lui-même. Certes, celles qui se battent dans les rédactions pour que l'information y surnage face au promotionnel ont connu de sérieux revers ces dernières années ; pour autant, cette part d'information continue d'exister, et elle répond à un besoin réel. La presse

---

Geneviève Sellier, *Le Cinéma au prisme des rapports de sexe*, Vrin, « Philosophie et cinéma », Paris, 2009. Voir aussi Geneviève Sellier et Éliane Viennot (dir.), *Culture d'élite, culture de masse et différence des sexes*, L'Harmattan, Paris, 2004.

54 Geneviève Sellier, *La Nouvelle Vague. Un cinéma au masculin singulier*, Éditions du CNRS, « Cinéma & Audiovisuel », Paris, 2005.

55 Geneviève Sellier, « Les années 90 des cinéastes françaises », *in* Noël Burch et Geneviève Sellier, *Le Cinéma au prisme des rapports de sexe*, *op. cit.*

56 Anne Larue, *Fiction, féminisme et postmodernité. Les voies subversives du roman contemporain à grand succès*, Classiques Garnier, Paris, 2010.

féminine en tant que telle n'est pas un genre bon à jeter à la poubelle ; du moins, elle ne le sera pas aussi longtemps que la presse dite généraliste restera une presse largement masculine, tant dans sa hiérarchie que dans son fonctionnement, ses réflexes et ses sujets de prédilection. Une enquête réalisée en 1999 par l'Association des femmes journalistes (AFJ) avait établi que, dans les médias, pour une moyenne de cinq ou six hommes cités, on ne recensait qu'une seule femme ; une femme sur trois y était évoquée de façon anonyme, contre un homme sur sept [57]. On comprend donc que les lectrices se tournent vers la presse féminine, où, au moins, les femmes existent, même si on donne d'elles une image problématique. Elles y trouvent un écho à ce qu'elles vivent, à leurs préoccupations, que la presse généraliste méprise. « Les femmes, mine de rien, vivent des situations extrêmes, disait Sylvie Debras, l'une des auteures de l'enquête, au moment de sa parution. Qui a fait l'expérience d'une grossesse et d'un accouchement sait que ce n'est pas rien ! On se retrouve à la sortie de la maternité totalement vide, triste sans savoir pourquoi. Avant, il y avait un relais : la mère, la tante, la cousine... Là, on se retrouve soudain entre quatre murs avec un enfant qui pleure, papa qui rentre à 19 heures et n'a pas forcément conscience que le désarroi de sa femme est normal. Cette situation n'existe pas dans la presse quotidienne : on n'a rien à en dire. Il faut lire *Parents* pour se rassurer ! Il faudrait que la presse généraliste arrête avec ses "sujets nobles" et qu'elle accepte le fait que la vie de tous les jours, c'est noble aussi d'en parler. Pourquoi ne pas faire intervenir des scientifiques qui travaillent sur le post-partum, par exemple ? Après tout, on fait bien des unes sur le Viagra [58] ! »

---

57 Virginie Barré, Sylvie Debras, Natacha Henry et Monique Trancart, *Dites-le avec des femmes. Le sexisme ordinaire dans les médias*, CFD/AFJ, Paris, 1999.

58 Entretien à *Politis*, 18 novembre 1999.

Naomi Wolf, dans *The Beauty Myth*, pose le même constat : « Le Super Bowl fait la une, tandis qu'un changement dans la législation sur l'aide à l'enfance sera expédié en un paragraphe en pages intérieures. » Il en découle un lien particulièrement fort entre la presse féminine et ses lectrices : « Les femmes sont profondément affectées par ce que leur disent leurs magazines, parce qu'ils représentent la seule fenêtre dont elles disposent sur leur propre sensibilité de masse. » Elle estime qu'ils ont une double nature : leurs journalistes traitent d'enjeux féministes, mais, si elles vont trop loin, elles sont rappelées à l'ordre par les annonceurs. Et comme les marques exigent des articles complaisants dans les pages beauté en contrepartie de leurs investissements publicitaires, une lectrice qui achète un produit sur le conseil de cette presse « paie pour le privilège de se faire rouler par deux sources différentes [59] ».

Par ailleurs, remarquait encore Sylvie Debras, la presse féminine use d'un autre ton que la presse généraliste : moins distancié, avec « des termes d'adresse, des phrases impliquantes [60] ». Ces dernières années, les critiques adressées aux réseaux sociaux comme Facebook et Twitter, qui ne seraient que bavardage futile et inutile, ont confirmé l'illégitimité, pour la culture dominante, de ce besoin de communication. On peut donc voir la presse féminine comme un lieu où s'expriment une autre vision du monde, une autre manière de concevoir l'information. À ce titre, elle mérite que l'on s'intéresse, pour mieux les dénoncer, à ses travers et à ses dérives.

---

59 Naomi Wolf, *The Beauty Myth*, *op. cit.*

60 Entretien à *Politis*, 18 novembre 1999.

Une « fin de l'histoire » au féminin ?

La confusion des genres entre mode et culture, information et publicité est d'autant plus digne d'attention qu'elle se double d'une offensive idéologique majeure. Déguisant l'agressivité commerciale en philanthropie, ou plus exactement en philogynie, elle véhicule le présupposé selon lequel les femmes occidentales, aujourd'hui, ont tout gagné : elles ont obtenu l'égalité, vaincu le machisme, tout va bien dans le meilleur des mondes, et, pour fêter ce remarquable succès, elles ont bien mérité une nouvelle paire d'escarpins. Une sorte de « fin de l'Histoire[61] » au féminin, en somme. Cela explique sans doute pourquoi on peut parfois, chose inouïe, trouver le qualificatif « postféministe », voire « féministe » tout court, accolé au genre décérébré de la *chick lit*. La publicitaire Élisabeth Badinter a beaucoup fait pour populariser cette thèse, qui a permis de taxer de « complaisance victimaire » toutes les archéo-féministes à l'obstination douteuse. Sur un mode moins austère, et puisqu'on parle de *chick lit*, le phénomène *Sex and the City* a lui aussi contribué à cette mystification. Diffusée entre 1998 et 2004, la série adaptée du livre de Candace Bushnell met en scène quatre amies new-yorkaises trentenaires, célibataires et insouciantes, financièrement indépendantes et sexuellement affranchies, papillonnant entre leurs aventures amoureuses et leurs séances de shopping. La presse féminine du monde entier a fait de ses héroïnes à la fois des figures de proue et des modèles à suivre.

---

61 Thèse développée au début des années 1990 par le philosophe et économiste américain Francis Fukuyama, qui estimait que, avec la chute des dernières dictatures européennes et la désintégration de l'Union soviétique, les guerres allaient disparaître, et la démocratie libérale devenir l'horizon indépassable de l'humanité.

C'est pourtant peu dire que Carrie, Charlotte, Miranda et Samantha, évoluant dans le microcosme de Manhattan et exerçant respectivement les professions de journaliste, galeriste, avocate et attachée de presse, ne sont pas représentatives. Elles sont l'arbre qui cache la forêt, la petite élite privilégiée dissimulant la masse de toutes celles pour qui, compte tenu de leur situation financière, l'indépendance conquise par leurs aînées reste lettre morte [62]. Non seulement les femmes, dans leur grande majorité, pâtissent comme les hommes de l'accroissement des inégalités sociales – constaté en France dans la période récente, et de longue date aux États-Unis –, mais elles sont aussi plus touchées par la pauvreté et le travail précaire (oui, c'est ma minute rabat-joie). En France, rappelons-le, elles gagnent en moyenne 27 % de moins que leurs collègues masculins [63]. Parmi les salariés, 9 % des femmes sont en situation de temps partiel subi, contre 2,5 % des hommes [64] ; les femmes occupent 80 % des emplois à temps partiel [65]. Par ailleurs, le fléau des violences conjugales persiste, et tout reste à faire du côté de la parité en politique : 13,5 % d'élues aux élections cantonales de mars 2011 en France, 18,5 % de femmes à l'Assemblée nationale, 16 % au Congrès américain…

En outre, la liberté sexuelle affichée par le quatuor new-yorkais, sa revendication de la crudité de langage autrefois réservée aux hommes ne devraient pas faire oublier que l'information sexuelle, le droit à la contraception et à l'IVG sont en recul partout. Aux États-Unis, l'instauration d'une couverture maladie universelle, voulue par le président Barack Obama et votée en mars 2010, a été obtenue au prix d'une concession sur

62 Voir Marianne Debouzy, *Le Monde du travail aux États-Unis. Les temps difficiles (1980-2005)*, L'Harmattan, Paris, 2009.

63 « Les inégalités de salaires hommes-femmes : du temps de travail aux discriminations », Inegalites.fr, 6 janvier 2009.

64 « Le temps partiel subi en France », Inegalites.fr, 29 novembre 2010.

65 Margaret Maruani, *Travail et emploi des femmes*, *op. cit.*

l'avortement, exclu des remboursements. Et, après les élections de mi-mandat, à l'automne 2010, les élus républicains ont mis en chantier des législations locales – notamment au Texas, dans l'Ohio et dans le Dakota du Sud – visant à rendre l'interruption de grossesse à peu près impossible [66]. Bristol Palin, la fille de l'ancienne gouverneure républicaine de l'Alaska Sarah Palin, qui, en 2008, avait défrayé la chronique en devenant mère à l'âge de dix-huit ans, a publié un livre et fait la tournée des lycées pour prôner la chasteté avant le mariage. En France, le droit à l'IVG est hypothéqué par la pénurie de médecins qui la pratiquent et par des délais d'attente de plus en plus longs, tandis que la sape du service public de santé compromet l'accès des patientes aux soins et à l'information.

Plus généralement, les femmes sont loin d'entretenir, comme les héroïnes de *Sex and the City*, un rapport hédoniste et insouciant à leur corps et à l'industrie qui les invite à l'embellir : le système, plutôt que de les combler de gratifications qu'elles n'auraient qu'à cueillir, telle Ève dans un moderne jardin d'Éden, attise leur frustration, leurs complexes, leur anxiété, leur autodévalorisation ; il prospère sur les tourments physiques et moraux que leur inflige le souci névrotique de leur apparence. Et il le fait, comme on le verra, indépendamment de leur adéquation aux canons en vigueur : celles qui sont perçues comme les plus jolies peuvent très bien être aussi les plus flippées.

Enfin, non seulement l'idéal promu par *Sex and the City*, la *chick lit* et les magazines féminins n'est une réalité que pour une toute petite minorité, mais, surtout, il n'a rien de désirable. Même si les femmes occidentales avaient réellement conquis l'égalité, une victoire aussi considérable devrait se traduire par autre chose que par ce modèle lisse et mensonger où toutes

66 « Aux États-Unis, la bataille de l'avortement est relancée », Great America, http://washington.blogs.liberation.fr/great_america, 16 mars 2011.

leurs relations – aux hommes ou à leur propre corps – se nouent sur le mode de la consommation, dans une sorte d'apesanteur existentielle débarrassée de toute singularité, de toute angoisse, de toute épaisseur humaine et charnelle. Et où l'expression de leur vitalité passe par un prurit permanent de la carte de crédit.

À l'aune de leur situation réelle, la frivolité débilitante et la convoitise démente que l'on entretient chez elles apparaissent pour ce qu'elles sont : une oppression de plus. Dans une société où l'égalité serait effective, elles auraient droit à un autre rôle que celui de vaches à lait ou de perroquets – ou d'otaries – du complexe mode-beauté. Au lieu de ressasser jusqu'à l'hébétude les préoccupations auxquelles on les assigne, elles relèveraient les yeux sur le monde ; elles s'empareraient de tous les sujets dignes d'attention qui s'offriraient à leur intelligence ; elles se battraient pour avoir le droit de développer toutes les facettes d'elles-mêmes et d'enfreindre tous les codes de bonne conduite ; elles imposeraient leur participation à la définition des valeurs dominantes ; elles imagineraient un moyen de faire profiter l'ensemble de la société des raffinements esthétiques qu'elles cultivent aujourd'hui dans leur ghetto. Elles forceraient les hommes à les prendre au sérieux, et inventeraient avec eux des relations entre les sexes plus riches, plus satisfaisantes, en abattant la prison des rôles appris. Et quand l'industrie de la mode et de la beauté prétendrait leur faire gober que leur bien-être coïncide avec le niveau de son chiffre d'affaires, elles lui riraient au nez.

4

Une femme disparaît. L'obsession de la minceur, un « désordre culturel »

Née et élevée en Australie, où elle a été mannequin dès l'âge de douze ans, Portia de Rossi décroche en 1998 un rôle dans la série américaine *Ally McBeal.* Elle a alors ving-cinq ans. Depuis l'adolescence, elle alterne les phases de boulimie – après lesquelles elle se fait vomir et avale des laxatifs – et les périodes de régime draconien – au cours desquelles elle s'affame, parfois en prenant des coupe-faim. Avec le degré d'exposition auquel elle est soumise à partir du moment où elle apparaît dans un feuilleton très populaire, son désordre alimentaire prend un tour encore plus dramatique. Elle ne s'autorise plus que de minuscules portions de nourriture, méticuleusement calculées, pesées et conditionnées à l'avance dans des récipients en plastique : essentiellement du yaourt et du thon, qu'elle mange avec des baguettes afin de mieux contrôler la quantité qu'elle ingère. Il finit par ne plus y avoir dans sa vie, en tout et pour tout, que sept aliments : dinde, laitue, thon, flocons d'avoine, myrtilles, blanc d'œuf et yaourt.

Parallèlement, elle devient obsédée par l'exercice physique, au point de ne plus supporter les positions assise et couchée. Elle installe une télévision devant son tapis de course pour ne pas devoir rester immobile en regardant un film. Être allongée dans son lit la nuit devient une torture : elle est hantée par la vision du gras en train de s'installer. Au petit matin, à peine consciente, elle compte les calories assimilées et dépensées la veille, et remue ses pieds pour recommencer à en brûler avant même d'être levée. Un jour où elle sanglote de désespoir après s'être laissée aller à consommer six portions de yaourt d'un coup, elle se surprend à se demander combien de calories elle brûle en sanglotant. Conduire jusqu'aux studios ou même pour se rendre à son cours de Pilates [1] est une épreuve qui l'amène au bord de la suffocation : elle arrête régulièrement sa voiture pour faire le tour du pâté de maisons en courant. Au cours d'un repas de fête, alors qu'elle est rentrée en Australie pour Noël – un événement auquel elle s'est préparée en réduisant une fois de plus son apport journalier en calories, afin que sa réussite à Hollywood soit encore plus éclatante aux yeux de son entourage –, elle accepte, sur l'insistance de sa famille que sa maigreur inquiète, d'avaler quelques pommes de terre : un peu plus tard, devant ses proches médusés, elle se met à agiter frénétiquement bras et jambes, terrifiée par ce qu'elle a fait. Quand elle n'est pas trop affamée pour réussir à s'endormir, elle rêve d'aliments dont elle se prive. Une nuit, elle rêve qu'elle boit un Coca-Cola normal, et « le choc d'avoir avalé accidentellement du vrai sucre » la réveille en sursaut. Elle doit se rendre à l'évidence : « J'avais peur de la nourriture [2]. »

En 2001, elle part au Canada tourner un film dans lequel elle a décroché le premier rôle principal de sa carrière. Dans une valise spéciale, elle emporte sa balance de cuisine, sa balance de salle de bains, dix sprays d'un produit appelé « I Can't Believe It's Not Butter » (« Je ne peux pas croire que ce n'est pas du beurre »), un carton de sachets d'édulcorant, vingt boîtes de

---

1 Méthode de gymnastique développée au XXe siècle par Joseph Pilates et très prisée des célébrités.

2 Portia DE ROSSI, *Unbearable Lightness*, *op. cit.* De même pour les citations suivantes de cette auteure.

thon, quarante paquets de flacons d'avoine, un mélange d'herbes et d'épices sans sel, du chewing-gum et une cartouche de cigarettes. À ce moment, elle pèse 37 kilos ; elle n'a plus de règles depuis plus d'un an. Elle est dans un état si grave que, au moindre mouvement, elle ressent d'horribles douleurs dans les articulations. La nuit, elle ne trouve pas le sommeil, car toutes les positions la font souffrir. Tourner un film d'action dans ces conditions relève du martyre ; elle finit par s'évanouir sur le plateau. Les examens médicaux réalisés après ce malaise sont sans appel : si elle veut rester en vie, elle doit se remettre à manger d'urgence. Elle entreprend alors de se soigner. En 2010, elle publie son autobiographie, dont le titre, *Unbearable Lightness* (« Une insupportable légèreté »), fait écho à celui du livre majeur de Susan Bordo sur les désordres alimentaires, *Unbearable Weight* (« Un poids insupportable »). Son récit est particulièrement riche, car il retrace un parcours semblable à celui de millions de femmes anonymes, tout en se déroulant en même temps dans cette grande matrice des normes culturelles que constitue Hollywood.

Le discours dominant invite à ne voir dans l'anorexie qu'une pathologie individuelle et à n'en rechercher les causes que dans le parcours personnel de celles qui en souffrent. S'agissant de Portia de Rossi, par exemple, il serait facile d'invoquer, outre une simple névrose d'actrice, la mort précoce de son père ou encore son incapacité à assumer son homosexualité. De fait, toute interprétation qui ose établir un lien avec la condition féminine contemporaine est même frappée d'interdit. D'abord parce qu'elle implique une généralisation ; or notre époque est allergique à la généralisation – et, partant, à la critique sociale, puisqu'il ne peut y avoir de critique sociale sans un minimum de généralisation. Cette réprobation, comme celle qu'il est de bon ton de manifester à l'égard de ce qu'on qualifie de « victimisation », empêche l'identification d'une situation d'oppression, identification qui constitue pourtant un préalable indispensable à toute démarche de libération. Elle nous projette, comme l'observe Susan Bordo, dans un univers « entièrement peuplé de contre-exemples [3] ». Tout propos féministe se voit ainsi disqualifié au motif qu'« il y a aussi des hommes » qui sont battus, prostitués, violés, etc. Dans le cas qui nous occupe, également, on compte environ 10 % d'hommes parmi les malades souffrant d'anorexie (ce qui fait tout de même 90 % de femmes !). Cet argument est cependant inepte : les inégalités de genre sont, comme leur nom l'indique, une construction sociale, culturelle ; elles ne recoupent pas strictement une différence biologique. Il n'est donc pas étonnant qu'il y ait une marge de flottement. La honte supplémentaire qui frappe les hommes battus ou violés dit assez, d'ailleurs, qu'ils se sont retrouvés dans une position « féminine ».

Lier l'anorexie à la condition des femmes en général est aussi perçu comme une insulte à celles qui en souffrent : on est accusé de ramener une maladie « sérieuse » à un phénomène frivole, superficiel. Le titre d'un témoignage en forme de protestation paru sur le site Rue89 l'exprime bien : « Je ne veux pas être comme Kate Moss, je suis anorexique [4] ! » Sa jeune auteure insiste sur la gravité de son état : « Les troubles des conduites alimentaires sont des psychopathologies qui nécessitent un lourd suivi médical, pas une fantaisie d'ado assujettie aux diktats de la mode. » Incontestablement, il est problématique de les résumer à cela. Naomi Wolf, dans *The Beauty Myth*, opère une transposition saisissante : elle imagine ce qui se passerait si l'anorexie touchait non pas les jeunes filles, mais les jeunes hommes, dont certains parmi les plus brillants et les plus prometteurs d'Amérique. Elle parie qu'une affection frappant entre 5 % et 10 % d'entre eux, et ayant le taux de mortalité le

---

3 Susan Bordo, « Postmodern bodies », *Unbearable Weight*, *op. cit.*

4 Daphnée Malleval, Rue89.com, 22 mai 2011.

plus élevé parmi les maladies psychiques, « ferait la couverture de *Time*, au lieu d'être reléguée dans les pages mode [5] ».

Le problème, toutefois, n'est pas tant de relier l'anorexie à la mode que de le faire dans l'intention de la minorer. C'est Bordo qui le note : on prétend que les désordres alimentaires seraient une affaire « entre les images médiatiques et les femmes » ou une affaire de femmes entre elles [6], et que le reste de la société n'y serait pas impliqué, ce qui dénote une double erreur. D'abord, la mode, la publicité, le showbiz ne représentent pas une sphère à part, peuplée de gens extravagants et capricieux porteurs de valeurs qui n'engageraient qu'eux-mêmes. Il faut plutôt les voir comme une caisse de résonance : ils captent la vision que la société se fait des femmes et l'amplifient en retour. Mais, surtout, l'anorexie découle d'une conception du corps héritée de la philosophie grecque, puis chrétienne ; une conception dont la société tout entière est imprégnée. Seul un préjugé misogyne et condescendant empêche d'admettre qu'une jeune femme puisse partager la vision et l'idéal de vénérables penseurs barbus.

Exister sans corps

Le dualisme occidental a fait du corps un objet de répulsion, étranger au vrai soi, une prison, un ennemi dont il faut se méfier, le siège de pulsions et de besoins susceptibles de mettre en échec la volonté de son « propriétaire ». Il s'agit donc de le transcender, de faire taire ses instincts, d'avoir le dessus sur lui – de « montrer qui est le patron [7] », dit Bordo. Et, en effet,

---

5 Naomi Wolf, *The Beauty Myth*, *op. cit.* De même pour les citations suivantes de cette auteure.

6 Susan Bordo, « Whose body is this ? », *Unbearable Weight*, *op. cit.*

7 Susan Bordo, « Anorexia nervosa », *Unbearable Weight*, *op. cit.*

Portia de Rossi, au cours d'une phase où elle n'arrive pas à descendre en dessous des 59 kilos, déplore que son corps « ait toujours le dernier mot » ; elle pense qu'il « la hait », formule révélatrice de cette dissociation que l'anorexie pousse à son comble. Lorsqu'elle parvient tout de même à atteindre un poids inférieur, elle se réjouit à l'idée de donner à sa mère, lorsqu'elle rentrera en Australie, l'image d'une fille « déterminée, en contrôle de sa vie », et de lui montrer qu'elle a « vaincu le démon ». La déclaration fameuse de Kate Moss, « Rien n'est aussi bon que la minceur » (« Nothing tastes as good as skinny feels [8] »), désormais brodée sur des tee-shirts que l'on peut acheter en ligne, laisse deviner la même ivresse du contrôle. Le top model anglais exprimait par là un idéal plus spirituel qu'esthétique : ce que l'on convoite lorsqu'on veut « ressembler à Kate Moss », ce n'est pas tant son aspect physique que la force de caractère supérieure qu'on y voit inscrite. De même, Karl Lagerfeld résumait le débat sur les mensurations dans la mode à « de grosses bonnes femmes assises avec leur paquet de chips devant la télévision qui disent que les mannequins minces sont hideux [9] ». Portia de Rossi s'aperçoit qu'elle associe la minceur à des valeurs morales : rendant visite à sa nutritionniste, qui est évidemment d'une sveltesse exemplaire, elle est surprise de trouver un intérieur en désordre. Et elle se souvient de ce qu'elle avait répondu, en cours d'histoire de l'art, au professeur qui lui demandait d'expliquer pourquoi elle n'aimait pas Kandinsky : « Il peint comme quelqu'un de gros. » Elle préférait Mondrian...

Elle est soulagée de voir disparaître les rappels d'une animalité qui lui fait horreur : plus de règles, plus de sueur, plus d'odeurs corporelles. En somme, elle ne fait que poursuivre, au

---

8 « Kate Moss : the waif that roared », entretien au site WWD.com, 13 novembre 2009.

9 Entretien à *Focus*, 11 octobre 2009.

péril de sa vie, un fantasme absurde, mais aussi vieux que notre civilisation : celui d'exister sans corps. Ce prestige de l'ascèse est si profondément ancré que, même si l'on s'efforce de repérer ses manifestations, il peut nous arriver de succomber à son attrait sans même nous en apercevoir. Pour ma part, je ne l'aurais jamais décelé chez un écrivain que je vénère, le Suisse Nicolas Bouvier (1929-1998), auteur de *L'Usage du monde* et d'autres inoubliables récits de voyage, si un article de revue n'avait pas attiré mon attention sur cette dimension de son œuvre. Mathilde Jégou l'y montre aux prises avec les effets de son éducation, dont il était très conscient et qu'il combattait de son mieux. Il disait avoir trouvé dans son berceau « une pudibonderie pas tant calvinienne que victorienne [10] », car il était issu d'une vieille famille genevoise très anglophile. Toute sa vitalité, sa sensualité et son intelligence n'auront pas suffi à venir à bout de cette répudiation du corps – sans doute parce que c'était impossible. Jégou relève son goût pour les images de vol, d'élévation, d'évanescence : les ascensions, les escalades, les flocons de neige, la fumée tourbillonnant dans le ciel, les spectres. On entend autrement, après l'avoir lue, les termes qui reviennent sous sa plume pour décrire les vertus du voyage : il se délecte d'en ressortir élimé, poli, rompu, rincé, étrillé, essoré… Elle observe ce qu'il semble attendre de l'expérience : « Quelque chose, le corps du voyageur ou celui du monde, disparaît et le plaisir réside dans cette soustraction. » Bouvier se rêve, dans l'un de ses poèmes, « plus léger que boule de charbon » ; or, remarque-t-elle, « ce désir d'un corps éthéré est difficilement réalisable [11] ». Jusqu'alors, je n'avais vu dans tout cela qu'un très beau répertoire d'images, et non l'expression

---

10 Nicolas Bouvier, *Routes et déroutes*, entretiens avec Irène Lichtenstein-Fall, Métropolis, Genève, 1992.

11 Mathilde Jégou, « De l'ombre à la chair. Quelques aspects du corps dans les récits de Nicolas Bouvier », *Europe*, n° 974-975, juin-juillet 2010.

d'un conditionnement culturel particulier ; de quoi mesurer le travail qu'il faudrait accomplir pour donner forme à un idéal qui n'implique pas de s'affranchir de l'incarnation. Que l'on compare seulement le traitement réservé au corps chez Bouvier et chez Annie Leclerc, dans son *Éloge de la nage* :

> L'eau est contente de moi. Elle promet l'autre façon d'être en vie, plus immédiate et mieux accordée...
> En elle je me sens bien ; large et longue, musclée, efficace, vivante.
> J'entre en fœtale souveraineté d'être par elle aimée.
> Et mieux qu'aimée : approuvée.
> Organique louange de celle qui m'accueille. J'y tète l'orgueil simple de vivre [12].

Les désordres alimentaires ne peuvent évidemment apparaître que dans des contextes où la pénurie ne menace pas : il faut qu'il soit possible d'abuser de la nourriture comme de la dédaigner. L'anorexie a explosé au cours des années 1980 et 1990 au sein des classes moyennes américaines, et, depuis, elle n'a cessé de s'étendre, dit Naomi Wolf, « à la fois vers l'est et sur toute l'échelle sociale ». Elle reflète, après le mépris de la chair, un autre trait de l'Occident moderne : la collision entre les rôles de producteur et de consommateur que chacun est sommé de jouer tour à tour, et qui exigent des dispositions mentales antagonistes. L'anorexie, avance Susan Bordo, est du côté de l'éthique du travail et de ses valeurs de mortification, d'effort, de sacrifice, de dureté envers soi-même, d'exigence sans limites, tandis que la boulimie représenterait un abandon sans frein à la condition de consommateur : indulgence, gratification, réconfort, satisfaction immédiate de tous les désirs [13]. Un épisode de l'autobiographie de Portia de Rossi la montre se

---

12 Annie Leclerc, *Éloge de la nage*, Actes Sud, Arles, 2002.
13 Susan Bordo, « Reading the slender body », *Unbearable Weight, op. cit.*

débattant précisément dans cette contradiction. Un matin, alors qu'elle doit se rendre à une séance de photos pour une publicité L'Oréal, elle fait une crise de panique (cette collaboration est en train de tourner au fiasco). Elle lance à voix haute devant sa glace, puis répète tout au long de ses préparatifs, en imitant le ton dont les mannequins le prononcent à la télévision : « *Because you're not worth it* » (Parce que tu n'en vaux pas la peine), inversion du slogan de la marque « Parce que je le vaux bien », devenu célèbre pour avoir exprimé la quintessence de la philosophie consumériste. Elle finit par sortir de chez elle sans s'être autorisée à prendre un petit déjeuner, « parce que je n'en valais pas la peine ».

Femmes et nourriture, un rendez-vous toujours manqué

« Difficilement réalisable », le « désir d'un corps éthéré » l'est encore plus pour les femmes, dont on a vu que la culture dominante les identifie et les assigne à la corporéité. « Si le corps c'est le mal, et si la femme c'est le corps, alors la femme c'est le mal », résume Susan Bordo. L'anorexique est ainsi prise, dit-elle, « entre transcendance mâle et déchéance femelle [14] ». Portia de Rossi décrit l'irruption dans sa tête, alors qu'elle n'est encore qu'une gamine et qu'elle entame sa carrière de mannequin, d'une voix d'homme qui ne cessera plus, à partir de ce moment, de lui aboyer des ordres et des insultes, à la manière d'un instructeur militaire, dès qu'elle se « laissera aller » : un principe masculin, et pas sous sa forme la plus sympathique, a pris les commandes de son être. L'anorexique ne refuse pas seulement le corps : elle refuse le corps féminin. Elle ne veut à

14 Susan BORDO, « Introduction », *Unbearable Weight, op. cit.*

aucun prix devenir une « grosse vache » ou une « grosse truie ». Sa haine se porte plus particulièrement sur les parties de son anatomie liées à la féminité : ventre, seins, hanches. Ce qui est rejeté à travers ces attributs, c'est la figure maternelle, perçue comme à la fois trop puissante – quand il s'agit de sa propre mère – et trop faible, trop vulnérable – quand il s'agit des mères en général et de leur statut social, puisqu'elles sont autant méprisées qu'hypocritement glorifiées. Une jeune fille dit ainsi vouloir rester une enfant, « comme Peter Pan » ; c'est-à-dire être un garçon [15].

À cette vieille malédiction du corps féminin s'ajoute le poids d'une histoire particulière : celle de la relation des femmes à la nourriture. Naomi Wolf rappelle que dans les situations de famine, sous toutes les latitudes, elles sont les plus exposées aux privations. Susan Bordo fait remonter les conceptions actuelles à l'ère victorienne, qui bannissait toute représentation d'une femme en train de manger. Elle souligne d'ailleurs que les hommes boulimiques mangent en public ; les femmes, jamais : elles s'arrangent pour se retrouver seules avec la nourriture. L'appétit féminin suscite la peur et la répulsion, car cette aspiration goulue en évoque d'autres, de nature sexuelle (la « mangeuse d'hommes »), affective, politique, toutes perçues comme excessives. Une femme est censée picorer, remplir modérément son assiette, éviter de se resservir. Il est inconcevable qu'elle se laisse aller sans retenue aux plaisirs de la chère. De surcroît, son rôle traditionnel est d'être celle qui prépare avec amour de bons plats pour les autres, mari et enfants, et qui y trouve son compte ; on n'imagine pas qu'elle puisse être la *destinataire* de telles attentions.

Bordo illustre la vitalité actuelle de tous ces principes à travers l'analyse de publicités reproduites dans son livre. Ainsi,

---

15 Cherry Boone O'Neill, *Starving for Attention*, Compcare Publications, Minneapolis, 1992, cité par Susan Bordo, *Unbearable Weight*, *op. cit.*

on mettra en scène un homme pour vanter les sensations offertes par un grand pot de crème glacée, et une femme pour vendre de ridicules petites bouchées de chocolat emballées individuellement, genre Mon Chéri : on pense à la dînette de Portia de Rossi dosant les minuscules portions de ses repas à venir. Les seuls annonceurs qui invitent la consommatrice à savourer sans arrière-pensée un plat ou un dessert sont les marques de produits allégés. Ou alors la gourmandise féminine est montrée sous un aspect pathétique, comme la compensation d'un manque affectif et sexuel : on se jette sur une tablette de chocolat pour oublier qu'« il n'a jamais rappelé » [16]... Éventuellement, la métaphore sexe-nourriture pourra être présentée sous un jour aguicheur, et non menaçant – les gros plans sur des lèvres féminines maculées de crème glacée, ô subtilité ; mais, avec ce déplacement, les femmes se voient encore dénier les plaisirs de la table *pour eux-mêmes*. Sans compter que le plaisir sexuel promis n'est pas forcément le leur...

Cet état de frustration permanente fait au moins l'affaire de l'industrie cosmétique. Naomi Wolf dresse la liste de tous les aliments dont celle-ci vante la présence dans ses crèmes ou ses shampooings : œufs, miel, bananes, huile d'olive... On y ajoutera le chocolat, ingrédient de base de masques de beauté ou d'enveloppements pour le corps dont les magazines féminins s'émerveillent qu'on puisse les « savourer » « sans prendre un gramme ». Le pâtissier Ladurée a lancé en 2007 une ligne de produits de beauté : savon à l'amande, gel douche au bonbon, poudre de bain à la rose ou à la violette... Le succès a été immédiat. Ces cosmétiques coûtent en général dix fois le prix d'un macaron ou d'une plaque de chocolat, de sorte que la consommatrice paie au prix fort la possibilité de *ne pas* satisfaire ses envies.

---

16 Susan Bordo, « Hunger as ideology », *Unbearable Weight, op. cit.*

Il est frappant de constater autour de soi le nombre de femmes qui se sont résignées à une sorte de frigidité gustative, tirant un trait sur cette source de plaisir, de connaissance et d'expérience du monde pourtant non négligeable que représente la nourriture. Elles n'envisagent plus cette dernière, quand elles n'y voient pas une menace, que sous l'angle de ses propriétés diététiques. Le parallèle avec le sexe n'est pas absurde : la peur de grossir évoque la peur de tomber enceinte qui hantait les femmes avant la diffusion de la contraception ; une peur qui perturbe le plaisir ou conduit à l'abstinence pure et simple. Naomi Wolf décrit d'ailleurs l'obsession de la minceur comme un nouveau genre de culte religieux puritain, impliquant le « renoncement au monde », et dans lequel l'examen impitoyable du corps a remplacé l'examen de conscience d'autrefois.

L'anorexique : anormale ou trop normale ?

Bordo et d'autres théoriciennes féministes ne manquent donc pas d'arguments pour soutenir, à rebours du discours médical, que l'anorexie ne constitue pas une rupture, mais se situe au contraire dans la continuité de ce que vivent l'ensemble des femmes. Comme l'hystérie au XIXe siècle, elle exprime ce qu'il y a d'intenable dans la condition féminine de notre époque ; elle est un « désordre culturel [17] ». Lorsqu'elle voit sa nutritionniste s'alarmer de ce qu'elle lui raconte, Portia de Rossi se rend compte que jamais, auparavant, elle ne s'était sentie différente des autres. Elle a toujours été entourée de filles comme elle, et pas seulement dans le milieu du mannequinat : « L'école en était pleine. » Elle s'irrite de cette réaction : « L'air

---

17 Susan BORDO, « Whose body is this ? », *Unbearable Weight, op. cit.*

choqué de Suzanne m'a fait penser qu'elle vivait dans un autre monde, un monde irréel où les adolescentes aiment leur corps tel que Dieu l'a fait, et le nourrissent de bons petits plats que leur mère leur a préparés pour qu'elles puissent grandir et embrasser une carrière en sachant que ce qu'une fille est capable d'accomplir est bien plus important que son apparence. Et peut-être que ce monde existait, mais, pour ma part, je ne l'avais jamais visité, et j'y avais encore moins vécu. » Plus tard, elle raconte que, pour l'aider à guérir, son médecin lui donne à lire *The Beauty Myth* de Naomi Wolf.

Être obsédée par son poids, enchaîner les régimes, se voir plus grosse que l'on n'est, s'interdire certains aliments, révérer la minceur est un comportement féminin banal. On peut donc présumer que les accidents individuels, les dysfonctionnements psychiques ou familiaux ne sont pas les causes premières de l'anorexie, mais des éléments déclencheurs qui privent certaines femmes de leurs défenses face à des représentations et des attentes sociales subies *par toutes*, les faisant basculer dans la pathologie. Dans ses pires moments de détresse, lorsqu'elle est prise d'une envie dévorante de fuir, de sauter dans l'avion pour rentrer chez elle, Portia de Rossi fantasme une Australie où son père serait toujours en vie car, ainsi, elle n'aurait pas besoin de fournir tous ces efforts pour être unique et précieuse : elle serait déjà unique et précieuse dans son regard. Et peut-être bien, en effet, que c'est cette protection-là qui lui a manqué.

Les anorexiques ne sont pas anormales : elles sont *trop normales*. Un verbe revient sans cesse sous la plume de Portia de Rossi : *to fit in*. Elle veut s'intégrer dans l'équipe d'*Ally McBeal*, elle veut rentrer dans les vêtements que l'habilleuse lui présente ; elle veut donner satisfaction, elle veut s'adapter, ne pas faire de vagues, elle veut *convenir*. Quand ses proches commencent à se faire du souci pour elle et essaient de lui dire qu'elle est trop maigre, elle est tout simplement incapable d'y entendre autre chose qu'un compliment. « J'avais remporté la bataille que la terre entière livrait », écrit-elle ; ce qui est la stricte vérité.

Son histoire confirme également une autre hypothèse de Bordo. La philosophe pointe l'aveuglement du corps médical au fait que, derrière les « dysfonctionnements familiaux » conduisant à l'anorexie, peut aussi se dissimuler le relais, par les parents, de certaines injonctions culturelles [18]. Dans le cas de la petite Portia – qui s'appelle encore Amanda Rogers, nom banal qu'elle déteste –, c'est flagrant. À douze ans, elle se présente dans une agence de mannequins parce que la fille des voisins pose pour des catalogues et qu'elle voit sa mère la pointer du doigt avec admiration sur les photos : elle aussi, elle veut être celle que sa mère pointe du doigt (l'aînée de la même famille est avocate, mais, visiblement, cela n'impressionne pas autant sa génitrice). Sa mère, qui est elle-même toujours au régime, lui a déjà fait suivre une école de maintien : « Elle pensait qu'acquérir des manières féminines et apprendre à se maquiller faisait partie d'une éducation digne de ce nom. » Lorsque, des années plus tard, elle la voit fondre en larmes devant sa maigreur squelettique, les premiers mots qui lui viennent sont : « Je suppose que je peux avoir ma Swatch, maintenant », parce que c'était la récompense promise, durant son adolescence, si elle parvenait à descendre jusqu'à un certain poids. Plus largement, dans son entourage, les femmes particulièrement sensibles, de par leur profession, au « mythe de la beauté » se font les complices de son autodestruction. L'hôtesse de l'air qui la voit effectuer un vol long-courrier en refusant tous les plateaux-repas se penche pour lui dire, les yeux brillants d'admiration : « Comme vous êtes brave ! » Et la costumière d'*Ally McBeal* soupire : « Si seulement j'avais un dixième de ta discipline ! »

Mais elle témoigne aussi et surtout de la façon dont le monde du showbiz et de la publicité encourage les actrices à

---

18 Susan Bordo, « In the empire of images », *Unbearable Weight*, *op. cit.*

s'affamer, et les sanctionne dans le cas contraire. Lorsque, avant la signature de son contrat avec L'Oréal, elle rencontre les cadres de la firme au bar d'un grand hôtel de Los Angeles, l'un d'eux commande une bière et lui lance en désignant la bouteille : « Plus de ça pour vous à partir de maintenant, Portia ! » Cela la met d'autant plus en rage qu'il boit justement sa bière préférée. Plus tard, sa première séance d'essayage pour la marque, dans une suite du même hôtel, tourne à la débâcle : parce qu'il y a eu un malentendu sur sa taille, elle passe des heures à essayer des costumes sans réussir à rentrer (*fit in*) dedans. Autour d'elle, l'atmosphère se charge d'exaspération. En sortant, elle s'effondre en pleurs dans les bras de son agente, qui, pour la consoler, ne trouve rien de mieux à dire que : « Il faut regarder les choses en face, ma chérie : tu as de grosses jambes ! » Quelques jours plus tard, on la convoque pour un nouvel essayage, mais, cette fois, au fond d'une banlieue : le grand jeu, c'est fini... « Voilà ce qui arrive quand on boit de la bière », pense-t-elle avec amertume. De même, l'actrice Rosario Dawson se plaint de se sentir « grosse et vieille » depuis son installation à Hollywood : « J'ai trente et un ans, je commence à vieillir. Je ne suis pas squelettique. Le nombre de fois où on m'a demandé de perdre du poids est incalculable. [...] Mon agent me dit : "Rosario, tu es allée à une audition avec un pull large aujourd'hui. Si tu veux porter ça, fais attention à ce qu'il soit serré." Parce que le directeur de casting l'a appelé et lui a dit : "Elle est géniale, mais le réalisateur a besoin de savoir si elle est mince [19]." » Dans le livre de Sylvie Barbier sur la presse féminine, on relève cette phrase odieuse, saisie au vol lors d'un casting : « Elle est enceinte ou elle a bu un Perrier [20] ? »

---

19 « Rosario Dawson se sent "grosse et vieille" à Hollywood : "On n'arrête pas de me demander de perdre du poids !" », http://people.premiere.fr, 1er octobre 2010.

20 Sylvie Barbier, *La bimbo est l'avenir de la femme*, *op. cit.*

Un modèle impossible

Le modèle culturel de la minceur a toujours prospéré dans des périodes historiques où les femmes conquéraient de nouvelles positions dans le monde social et politique. Elles-mêmes, souligne Bordo, désiraient s'affranchir du corps maternel et nourricier lié à l'univers du foyer [21], et exhiber une morphologie évoquant davantage l'efficacité, la rationalité ; échanger, en somme, le corps reproductif contre le corps productif. Sauf que, évidemment, ce lien entre minceur et efficacité ou rationalité est... irrationnel. Il découle de très vieux préjugés. Il s'explique aussi par le fait que les hommes, ayant longtemps régné sans partage sur la pensée comme sur la sphère économique, en ont modelé les normes à leur image.

Dès lors, dans une démarche à peine plus sensée que celle de la jeune anorexique qui se voulait « comme Peter Pan », le but ultime pourrait bien n'être pas tant de mincir que de gommer autant que possible toute caractéristique féminine. L'idéal de beauté actuel pour les femmes, dit Gérard Apfeldorfer, psychiatre spécialisé dans les troubles du comportement alimentaire, c'est, paradoxalement, « un garçon avec des seins [22] » : une liane aux hanches étroites, aux fesses fermes et rebondies mais peu opulentes (les seins, en effet, sont tolérés et même appréciés, à condition qu'ils soient ronds et fermes). Ce qui ne va pas sans poser quelques problèmes. Dans le dossier de presse de *Picture Me*, son film sur le mannequinat, Sara Ziff raconte : « J'ai connu une fille qui a développé des hanches et des seins à la sortie de l'adolescence. Son agence lui a dit de "faire attention" car elle était "en train de devenir une femme". Comme si devenir une femme était quelque chose à éviter ! » La justification apportée à ces exigences est peu convaincante,

---

21 Susan Bordo, « Reading the slender body », *Unbearable Weight*, *op. cit.*

22 Entretien avec l'auteure, septembre 2005.

relève-t-elle : « Les vêtements semblent mieux coupés sur une fille mince, et si tous les mannequins ont la même carrure, la collection paraît plus homogène. Ce qui revient à dire que les vêtements ne sont pas faits pour être portés sur des corps ! »

Que les normes de beauté féminine commandent de *ne pas être une femme*, qu'elles contestent l'être même de celles qu'elles tyrannisent, explique le degré de violence qu'elles obligent à s'infliger : régimes draconiens, médicaments – avec les risques parfois mortels que cela comporte, comme l'a montré le scandale du Mediator –, passage sur le billard en l'absence de toute pathologie... Après enquête, Naomi Wolf établit que c'est un article de *Vogue* qui, en 1973, a importé aux États-Unis la cellulite, en la présentant comme malsaine. En France, elle avait été « découverte » par le médecin Louis Alquier en 1924. « La cellulite naît d'un effet de regard, commente l'historien Georges Vigarello : une manière de porter les yeux et la main, une culture d'examen aussi, confrontant plus qu'auparavant dénudement et enlaidissement [23]. » Auparavant, elle n'était qu'un aspect normal du corps féminin. Wolf se prend à rêver : si les femmes se laissaient moins facilement persuader de leur indignité physique, le marché de la chirurgie esthétique, aujourd'hui en croissance exponentielle, s'effondrerait, et les médecins retourneraient soigner « les oreillons et les hémorroïdes, maladies que la publicité est impuissante à exacerber ».

Les spécificités du corps féminin sont mieux tolérées dans les périodes où la division des rôles sexués est plus nette : les femmes à la maison, les hommes dans la sphère publique. Les années 1950, très conservatrices, aimaient les créatures pulpeuses. À l'inverse, lorsque les femmes s'aventurent sur des terrains jusque-là masculins et occupent une plus grande place dans la vie sociale, elles semblent devoir compenser le

23 Georges VIGARELLO, *Histoire de la beauté. Le corps et l'art d'embellir de la Renaissance à nos jours*, Seuil, « L'univers historique », Paris, 2004.

déséquilibre ainsi créé en restreignant la place que leur corps occupe dans l'espace. Dans sa frénésie d'exercice, Portia de Rossi s'inquiète à l'idée de gagner en volume : elle déteste l'aspect des femmes « saines et musclées » ; ce qu'elle recherche, c'est l'esthétique de l'« enfant abandonnée » (*waif*) incarnée au début des années 1990 par une Kate Moss adolescente. On notera au passage que, jusque dans la brièveté de son nom, l'icône Kate Moss occupe remarquablement peu de place…

« Une fixation culturelle sur la minceur féminine, écrit Naomi Wolf, n'est pas l'expression d'une obsession de la beauté féminine, mais de l'obéissance féminine. » Ce que confirme Sara Ziff : « Quelqu'un de jeune et maigre est influençable, malléable, pas complètement formé. » La mode de l'épilation intégrale du pubis, si elle s'inscrit dans un fanatisme de l'aseptisation qui n'épargne pas les hommes, renvoie elle aussi à cette image de jeunesse inoffensive et d'inexpérience. Sournoisement relayée en 2010 par un article du magazine *Elle* qui invitait à devenir une « vraie foufounista [24] » – dans un numéro qui, ironiquement, annonçait par ailleurs le lancement des « États généraux de la femme » organisés par l'hebdomadaire –, cette nouvelle norme a d'ailleurs suscité une résistance intéressante. Le livre de Stéphane Rose *Défense du poil*, a rencontré un certain écho et, en 2011, la marque de produits dépilatoires Veet a dû retirer au bout de quelques jours un dessin animé publicitaire qui faisait l'éloge du « minou tout doux », censé être le seul à trouver grâce aux yeux des matous : il avait déclenché une tempête de protestations sur les blogs et les forums [25].

---

24 *Elle*, 14 janvier 2010.

25 Stéphane Rose, *Défense du poil. Contre la dictature de l'épilation intime*, La Musardine, Paris, 2010 ; « Épilation intégrale : critiqué, Veet coupe son “minou tout doux” », Rue89.com, 6 mai 2011.

Le corps est le dernier lieu où peuvent s'exprimer la phobie et la négation de la puissance des femmes, le refus de leur accession au statut de sujets à part entière ; ce qui explique peut-être l'acharnement sans bornes dont il fait l'objet. Quels que soient ses efforts pour se faire toute petite, une femme prend toujours trop de place. « Dans ce métier, dit un mannequin dans *Picture Me*, les gens parlent toujours de vous comme si vous n'étiez pas là, et on les entend dire des choses comme : "Dommage qu'elle ait de si grosses fesses, sinon elle aurait pu porter cette robe." On est toutes extrêmement minces, et pourtant ils n'arrêtent pas de nous donner des claques sur les cuisses ou les fesses en disant qu'on est grosses. » Là aussi, c'est l'anorexique qui, en frôlant la mort ou en se laissant mourir, en *tendant à disparaître*, apporte la réponse la plus adéquate à l'injonction qui lui est faite. En août 2006, au terme d'un défilé à Montevideo, Luisel Ramos, modèle uruguayen de vingt-deux ans, s'écroulait morte dans les coulisses. D'après son père, depuis des mois, elle ne se nourrissait plus que de salade et de Coca Light, et elle avait cessé de manger deux semaines avant la présentation des collections. Sa mort fut suivie de celle, en novembre de la même année, de sa consœur brésilienne Ana Carolina Reston, vingt-deux ans elle aussi. En février 2007, la petite sœur de Luisel Ramos, Eliana, dix-huit ans, également mannequin, mourait à son tour d'une attaque cardiaque causée par la malnutrition.

La presse féminine promet à ses lectrices le nirvana, pour peu qu'elles parviennent à conquérir le corps qu'elle leur fait miroiter. Ce nirvana, les créatures qui peuplent ses pages mode, photographiées au bord de l'orgasme dans des paysages de rêve, sont censées l'avoir atteint, et en montrer le chemin. Sauf qu'il relève de l'illusion. L'absence de tout bourrelet ne signifie pas, loin de là, l'absence de tout problème, comme on veut le croire. Le métier de modèle semble bien n'apporter que la haine de soi. Une scène de *Picture Me* montre Sara Ziff, engoncée dans un anorak, écumant les kiosques à New York et feuilletant d'une main vengeresse les magazines où elle apparaît : « Là je suis affreuse, là j'ai l'air conne… » « Je ne connais pas un seul mannequin qui dise : "J'ai un corps formidable, je l'adore." Pas un seul », insiste sa colocataire russe.

Hypocrisie et perversité

Le public féminin doit envier les stars pour les atouts dont la nature les a dotées et pour la bonne étoile qui leur a permis de connaître le succès, mais il doit aussi pouvoir entretenir l'espoir de leur ressembler en imitant leur hygiène de vie et leurs rituels de beauté. Tout ce que leur quotidien comporte de névroses, de souffrances et d'autodestruction doit cependant être censuré : le yoga fait rêver ; les laxatifs, moins. De celles qui ont pour mission d'incarner l'idéal féminin contemporain, on exige donc qu'elles se soumettent à toutes sortes de pratiques délirantes tout en donnant l'illusion du naturel. Il leur faut apparaître comme de grandes filles simples, insouciantes, épanouies, qui ne doivent leur allure qu'à leur hérédité, à leur mode de vie sain et sensuel ainsi qu'à leur usage avisé des produits de beauté. Portia de Rossi raconte qu'elle n'en peut plus de voir, dans les scénarios qu'elle reçoit, l'héroïne décrite comme « naturellement mince » ou « belle sans le savoir ».

Chaque interview d'actrice produit son lot de propos hypocrites et convenus, infiniment ressassés. On peut diviser les célébrités, *grosso modo*, en deux groupes : les éthérées, qu'une salade et un thé vert suffisent à combler, et qui doivent leur éclat physique à leur haut niveau de spiritualité, et les bonnes vivantes, qui multiplient les déclarations provocatrices. « J'adore manger », peut-on ainsi lire ou entendre ; « Je ne me prive de rien », « J'ai un bon métabolisme/de bons gènes, j'ai la chance de pouvoir manger tout ce que je veux sans grossir » – voire le plaintif : « J'aimerais bien prendre quelques kilos mais je n'y arrive pas. » Monica Bellucci, exploitant à fond le cliché de l'Italienne voluptueuse, clame son amour des pâtes ; Nicole Kidman dit raffoler des Snickers, quand elle-même, tout habillée, doit peser à peine plus qu'un Snickers. Certaines se posent carrément en rebelles : « Moi, je ne suis pas comme tous ces mannequins anorexiques, j'ai des hanches et des fesses », se vantait le top model Heidi Klum, pourtant aussi longiligne que ses consœurs. Ces impostures sont dévastatrices, car elles repoussent encore les frontières de la normalité (si Heidi Klum est pulpeuse, alors moi, que suis-je ?). Elles augmentent les complexes des femmes ordinaires (pourquoi le résultat est-il aussi différent selon que c'est Monica Bellucci ou moi qui mange des pâtes ?) et les privent, en la singeant, de leur seule défense face à ce bombardement d'images : la fierté d'assumer leur quant-à-soi.

Depuis quelques années, la presse féminine et le monde de la mode sont obligés de prendre un minimum en compte les critiques soulevées par les normes qu'ils promeuvent. Internet, en permettant l'expression publique d'une contestation qui restait autrefois cantonnée aux discussions privées, lui a donné une visibilité et une force inédites [26]. En mars 2011, Scott Schuman publie sur The Sartorialist les photos qu'il a prises d'une blogueuse mode, Angelica Ardasheva, croisée en marge d'un défilé. Il précise dans son billet qu'elle a « plus de courbes » que la plupart des femmes dans ce milieu et dit son admiration pour son habileté à « créer une silhouette

---

26 Voir Stéphanie MACKAY et Christine DALLAIRE, « La contestation des discours sur l'obésité : YouTube et la femme "grosse" parrhésiaste », *Recherches féministes*, vol. 23, n° 2, 2010, et Rhiannon BURY, *Cyberspaces of Their Own : Female Fandoms Online*, Morehouse Publishing, New York, 2005.

harmonieuse » malgré ses jambes un peu fortes [27]. L'emploi des adjectifs *curvy* (gironde) et *sturdy* (robuste), alors qu'il n'a pas pour habitude de commenter le physique des gens qu'il photographie, lui vaut en quelques heures un raz-de-marée de réactions acerbes ou indignées sur le forum. Certains en profitent pour lui reprocher de ne jamais photographier que des passants grands et minces ; une lectrice objecte qu'elle ne se rappelle pas l'avoir vu rendre hommage « au super travail que fait une petite chose maigrichonne pour dissimuler ses clavicules saillantes ». Quelques semaines plus tard, un livre intitulé *Osez... l'amour des rondes*, censé décomplexer les femmes bien en chair dans leurs rapports amoureux, mais accusé de relayer les stéréotypes les plus insultants, se fait étriller dans la blogosphère française [28], tandis que le « minou tout doux » de Veet subit le sort cruel que l'on sait.

Parallèlement, les magazines féminins ont enfin cessé de déceler l'annonce d'un bouleversement imminent des paradigmes culturels dans le fait que Kate Moss a pris 500 grammes. Désormais, *Elle* peut mettre à sa une le mannequin Tara Lynn, qui s'habille en 48 [29]. La jeune femme est « belle, tout simplement », dit le portrait qui lui est consacré ; sauf qu'elle figure en ouverture d'un dossier « Spécial rondes », ce qui ne fait que réaffirmer la norme à laquelle elle déroge. En Allemagne, le magazine *Brigitte* est allé plus loin en bannissant de ses pages, à partir de janvier 2010, les mannequins professionnels [30]. Dans le monde de la mode, à notre connaissance, seul Karl Lagerfeld, sorte de village gaulois à lui tout seul, persiste à vouer à la minceur un culte tapageur. Le styliste, qui a lui-même perdu une

---

27 « On the street... Angelika, Milan », Thesartorialist.com, 28 mars 2011.

28 Voir « *Osez... l'amour des rondes* de Marlène Schiappa (Ed. La Musardine) : retour sur la polémique », Fauteusesdetrouble.fr, 29 avril 2011.

29 *Elle*, 26 mars 2010.

30 « Un an sans mannequin, *Brigitte* garde la ligne », LesNouvellesNews.fr, 18 janvier 2011.

quarantaine de kilos en 2000 et qui en a tiré un best-seller, s'est dit très désappointé par sa collaboration avec H&M, en 2004 : non seulement il regrettait que le géant suédois de l'habillement n'ait pas diffusé les modèles qu'il avait créés en quantités suffisantes, mais, à sa vive contrariété, il les avait déclinés dans toutes les tailles. « J'ai dessiné cette collection pour des gens minces et sveltes. C'était l'idée initiale [31] », protestait-il. Ce qui a au moins le mérite de l'honnêteté.

Les médias féminins et people jouent sur l'ambivalence du public : ils exploitent à la fois son besoin de rêver, en le persuadant que les stars nagent dans une félicité parfaite, et son besoin de déchirer cette illusion, en étalant les détails sordides des addictions, des divorces, des adultères, des tabassages conjugaux. De la même manière, ils vendent tour à tour le mythe de la « minceur sans effort » et le scandale de l'anorexie. Ainsi, au printemps 2011, ils s'extasiaient devant les premières photos du mannequin Miranda Kerr et de Marion Cotillard, revenues à leurs obligations professionnelles respectivement trois mois et quinze jours après leur accouchement, tout en s'alarmant de la maigreur de Claudia Schiffer, soupçonnée d'avoir suivi un régime trop brutal après la naissance de son troisième enfant.

Car l'obligation d'illustrer à la fois l'idéal de la minceur et l'idéal maternel complique encore les acrobaties exigées des célébrités. Elles ont intérêt à remplir le contrat, mais surtout, qu'elles ne nous obligent pas à savoir comment. Éliette Abécassis, dans *Un heureux événement*, confiait avec candeur sa déconvenue scandalisée devant les réalités de la grossesse et de la maternité, très éloignées de ce que lui avaient fait miroiter les magazines : le processus se révélait dans l'ensemble beaucoup moins glamour et beaucoup moins maîtrisable que ce qu'on lui avait promis. Atterrée par sa prise de poids, elle

31 *Stern*, 17 novembre 2004.

enviait la silhouette du mannequin Audrey Marnay, qui s'affichait enceinte en couverture de *Elle* : « Il n'y avait que le ventre qui dépassait, tout le reste était mince [32]. » Il s'agit en effet d'accéder à la condition sacrée de mère tout en montrant que l'on garde un contrôle absolu sur son corps. En 2011, c'était devenu une « tendance » à part entière : celle des *mommyrexics*. Les riches New-Yorkaises s'inspirent notamment de Victoria Beckham, la femme qui ne sourit jamais, la sainte patronne des *control freaks*, qui a mené sa quatrième grossesse à terme sans avoir pris un gramme. Elles se soumettent à des régimes draconiens et s'épuisent à la gym, avant comme juste après l'accouchement. Leur entourage se répand en compliments [33]. « Un comportement modèle ! », applaudit lui aussi le *Daily Mail* britannique, en titre d'un long article consacré à un mannequin – jusque-là inconnu – qui a repris les défilés neuf jours après la naissance de son fils. La jeune femme, qui pose avec ses deux enfants, revendique une démarche féministe, affirmant que « les femmes ne devraient pas avoir à choisir entre la maternité et leur carrière » et que, de toute façon, elle n'a jamais été le « genre de personne à ne rien faire [34] ».

Quant aux vedettes qui ne sont *pas* enceintes, elles doivent d'autant plus veiller à garder un ventre plat que le moindre renflement suffira à lancer la rumeur d'une grossesse dans les tabloïds : une méprise déjà gênante quand on n'est pas célèbre, mais encore plus quand on doit publier un communiqué de démenti. À l'été 2011, c'est ce qui est arrivé à l'héritière et vedette de la télé-réalité Paris Hilton [35]. En résumé : quelques

---

32 Éliette Abécassis, *Un heureux événement*, Albin Michel, Paris, 2005.

33 « Mommyrexia takes Manhattan », *The New York Post*, 14 juin 2011.

34 « Model behaviour ! Mother returns to the catwalk just NINE days after giving birth », Dailymail.co.uk, 30 août 2011.

35 « Paris Hilton believes tabloid rumors about herself », Jezebel.com, 30 juin 2011.

grammes en moins et on est anorexique ; quelques grammes en plus et on est enceinte. C'est dur, d'incarner l'épanouissement...

La pression permanente sur celles qui ont pour mission de propager les modèles culturels passe aussi par une mise en concurrence cynique. L'actrice Felicity Huffman, la moins fluette et la moins botoxée [36] du quatuor de *Desperate Housewives*, où elle interprète le personnage de Lynette Scavo, racontait : « Le jour où l'on a choisi les vêtements de nos personnages, quand j'ai constaté que j'étais la seule à faire du 38 – Marcia Cross (Bree) fait du 36, Teri Hatcher (Susan) et Eva Longoria (Gabrielle) du 34 –, je me suis accrochée aux portants pour ne pas tomber tellement je me suis sentie grosse et moche [37]. » Et lors de l'essayage raté de Portia de Rossi pour L'Oréal, on lui glisse que, parmi les autres actrices appartenant alors à l'écurie de la marque, « Heather Locklear fait une taille 0, et Andie MacDowell une taille 2 », ce qui ajoute encore à son humiliation.

Couper les ponts

Mais c'est à ce que la jeune femme passe sous silence dans son livre que l'on mesure le mieux son isolement et son impuissance. À l'époque où elle figurait au générique d'*Ally McBeal*, le feuilleton défrayait justement la chronique en raison de la maigreur de ses actrices, et en particulier de l'interprète du rôle-titre, Calista Flockhart. Une autre comédienne de la distribution, Courtney Thorne-Smith, a démissionné parce qu'elle ne supportait plus la pression sur son apparence et qu'elle commençait à craindre pour sa santé. Elle a décidé de jeter

36 Elle aussi a souffert d'anorexie-boulimie. Voir l'impressionnant abécédaire disponible ici : « Celebrities with eating disorders », Caringonline.com.

37 *Elle*, 24 avril 2006.

l'éponge après n'avoir mangé que des fruits pendant une semaine en prévision d'une scène où elle devait apparaître nue ; une expérience par laquelle Portia de Rossi est passée elle aussi. Pourtant, elle ne dit pas un mot de cette situation, sauf, brièvement, pour mentionner sa fierté d'apparaître en couverture d'un magazine titrant sur l'anorexie supposée des actrices de la série ! Elle se contente de déplorer que l'ambiance au sein de l'équipe ne soit pas très chaleureuse. À son arrivée, elle demande à Courtney Thorne-Smith où tout le monde va déjeuner à midi ; sa collègue lui répond d'un air gêné qu'ici « on n'est pas tellement du genre à manger ensemble ». Comprendre : à manger tout court. Naomi Wolf n'a sans doute pas tort de voir dans l'inhibition d'un nombre croissant de jeunes femmes envers la nourriture l'une des causes du déclin du féminisme : comment apprendre à se connaître, comparer ses expériences – et pas seulement ses mensurations –, tisser des liens de solidarité, lorsqu'on ne peut même pas s'asseoir une heure à la même table ?

« Il n'y avait que moi dans ma vie », dit Portia de Rossi à propos de sa période anorexique, en reconnaissant que cela faisait partie du problème. L'obsession de la minceur a pour effet de retrancher du monde celle qui en est la proie. De tous les moyens mis en œuvre pour faire des femmes de petites choses chétives, juvéniles et inoffensives, elle est la plus envahissante, la plus efficace : non seulement elle vise directement la place qu'elles occupent, au propre comme au figuré, mais elle implique une discipline quotidienne, permanente – alors qu'il y a toujours un délai entre deux opérations de chirurgie esthétique, comme entre deux séances de Botox ou d'épilation. Un article paru il y a quelques années dans *Elle* s'intitulait « Trente conseils pour mincir sans y penser [38] ». À la lecture, on s'apercevait rapidement que le propos était d'y penser *tout le temps*, au

---

38 *Elle*, 25 septembre 2006.

contraire ; et même d'organiser sa vie en fonction de cet objectif. Il s'agissait de « se dresser sur la pointe des pieds en se brossant les dents », de « contracter les abdominaux au volant », de « serrer le ventre et les fesses dès qu'on y pense », de passer son dimanche à alterner bouillon de légumes et jus de pamplemousse (« lundi, vous aurez déjà perdu un kilo ») et même... d'acheter un chien : « Bien sûr, c'est un engagement de longue durée. Mais vous serez obligée de le promener plusieurs fois par jour. » Quelques mois auparavant, le magazine avait proposé des « astuces » pour mincir et se muscler en faisant l'amour, suscitant quelques protestations dans le courrier des lectrices. En résumé : les femmes sont censées ne vivre que pour être minces, et n'appréhender le monde et ses divers habitants, bipèdes ou quadrupèdes, que sous l'angle des calories qu'ils offrent l'opportunité de brûler.

Après avoir joué pendant six ans *Les Monologues du vagin*, la pièce qui l'a rendue mondialement célèbre, l'artiste et féministe new-yorkaise Eve Ensler pensait qu'elle vivrait désormais en bonne harmonie avec son corps. C'est alors qu'elle a commencé à être obsédée par son ventre. Jusqu'à ses quarante ans, il avait toujours été plat, mais il ne l'était plus, et elle cherchait désespérément à faire en sorte qu'il le redevienne. Dès lors, le monde autour d'elle s'évanouit. Au cours de ses voyages, au lieu de visiter les pays où elle séjourne, elle se rue dans les salles de sport (« Je ne peux pas le croire : je suis en Inde, et je suis à la gym »). En Italie, alors qu'elle prépare une conférence sur la guerre en Irak, l'image de la nourriture dont elle se prive l'empêche de se concentrer : « J'essaie d'écrire sur le paradigme patriarcal de l'invasion, de l'occupation et de la domination, mais la seule chose à laquelle je sois capable de penser, c'est un plat de pâtes [39]. » Elle finit par prendre les choses en main ; non

39 Eve Ensler, *The Good Body*, Villard, New York, 2005. De même pour les citations suivantes de cette auteure.

pas en se programmant une abdominoplastie, mais en partant à la rencontre de femmes du monde entier : africaines, portoricaines, italiennes, américaines, afghanes..., pour les interroger sur leur propre rapport à leur corps. Intercalant leurs paroles avec sa propre histoire, elle en tire une nouvelle pièce : *The Good Body*.

Au plus fort de son obsession, son compagnon, excédé, lui fait des scènes : « La seule vraie relation dans cette maison, c'est entre toi et ton ventre ! » Lui, ce ventre, il l'aime. Mais elle n'en tire aucun réconfort ; au contraire, même : « Quand il me dit "J'adore ton petit bidon", ça a des résonances obscènes. Récemment, au lit, il m'exposait sa théorie sur mon ventre : c'est la colline qui dissimule la vallée des mystères et qui rend plus excitant le parcours pour s'y rendre. Il disait que mon ventre rebondi était ma part sexy, féminine. Quand il est doux, il sait que je suis prête. Il disait que, sans ce ventre, je serais un stupide paquet d'os. Pendant qu'il disait tout ça, vous savez ce que je pensais ? "Mais pourquoi je n'ai pas choisi un type avec des idéaux plus élevés ?" » On souligne souvent, à raison, que beaucoup d'hommes jugent absurdes les critères de beauté de l'industrie culturelle ; ceux-ci sont toutefois d'une telle puissance qu'ils parviennent même à s'interposer entre les femmes et celui qu'elles aiment. Ils y sont aidés par le fait qu'ils s'appuient sur une vision erronée, mais très répandue, de ce qu'est un corps, comme de ce qu'est une relation – une vision que nous examinerons en détail au prochain chapitre.

Une question de santé ?

Dans le régime mental qui est le nôtre, suggérer que l'on pourrait consacrer sa vie à autre chose qu'à fliquer son corps paraît aussitôt suspect. C'est, typiquement, le positionnement de la grosse feignasse qui essaie de changer de sujet dans l'espoir d'éviter de se prendre en main. « Tu ne peux tout de même pas contester qu'être gros, mal manger, ne pas faire d'exercice, c'est mauvais pour la santé ! », m'objecte une amie qui, par ailleurs, m'écoute avec intérêt lui résumer tout cela. Il faut d'abord se rappeler que la possibilité de manger sainement et de faire de l'exercice, avant d'être une question de choix personnel, dépend de la condition socioéconomique des individus, et d'un mode de vie qu'ils subissent bien plus qu'ils ne le choisissent. Et la santé a bon dos : le plus souvent, l'obsession de la minceur pousse à la ruiner, et non à la préserver ou à l'améliorer. De nombreuses femmes, par exemple, s'abstiennent d'arrêter de fumer de peur de grossir. Cette quête est motivée, quoi qu'on (se) raconte, par le seul souci de l'apparence : elle ne se préoccupe ni de bien-être, ni de plaisir – même si les magazines osent parfois intituler leur dossier de printemps « Mincir de plaisir ». Il faut atteindre un poids considérable pour que les dangers et les effets néfastes sur la santé parviennent à égaler ceux des régimes déséquilibrés et des coupe-faim, de l'anxiété et de l'insatisfaction permanentes causées par la volonté de maigrir, sans parler de dispositifs potentiellement mortels, tel l'anneau gastrique, ou barbares, comme la ligature des mâchoires pratiquée par certains médecins américains, israéliens et sud-africains [40].

Quant à l'exercice physique, tout dépend de l'esprit dans lequel on le pratique. C'est une chose d'en faire pour rester en bonne santé, pour les sensations qu'il offre et le bien-être qu'il procure, pour augmenter sa force et sa souplesse, pour sentir son corps vivre, pour améliorer la connaissance et la conscience qu'on en a ; c'en est une autre d'en faire pour l'effacer, pour l'empêcher d'exister, ou pour corriger un défaut dont on est obsédé. Dans ce dernier cas, le sport devient un moyen supplémentaire de se barricader en soi. Portia de Rossi écrit que,

40 « La chasse impitoyable aux kilos », *Le Figaro*, 12 mai 2006.

depuis sa guérison, elle ne supporte plus les salles de gym : elle préfère les balades à cheval, qui offrent non seulement le contact et la complicité avec l'animal – plutôt qu'avec une machine –, mais aussi un paysage, des sons, des odeurs, des sensations, l'immersion dans le monde.

Ce qui montre le mieux qu'il ne s'agit pas de santé, cependant, c'est la place démesurée, absurde, que les femmes acceptent d'accorder à leur poids dans leur estime d'elles-mêmes. Qu'est-ce qu'une société où une femme peut se sentir détruite par le chiffre figurant sur l'étiquette de ses vêtements ? On comparera la réaction de Felicity Huffman sur le plateau de *Desperate Housewives* à celle de l'intellectuelle marocaine Fatema Mernissi, qui, se rendant dans un grand magasin new-yorkais pour y acheter une jupe, s'entend répondre qu'il n'y a rien à sa taille. Elle est d'abord stupéfaite : « Dans ce magasin tout entier, qui fait cent fois le bazar d'Istanbul, vous n'avez pas de jupes pour moi ? Vous plaisantez ! » La vendeuse lui répond que les tailles « hors normes » ne se trouvent que dans les « magasins spécialisés ». Elle se rend alors compte qu'elle ne sait même pas exactement quelle taille elle fait : « Je viens d'un pays où les vêtements n'ont pas de taille précise. J'achète le tissu et la couturière ou l'artisan d'à côté me fait la jupe ou la djellaba que je veux. Ni elle ni moi ne savons quelle est ma taille. Au Maroc, personne ne s'occupe de ça, du moment que je paie mes impôts[41]. » Le contraire, en somme, de la *sample size* (taille standard) inhumaine imposée par les stylistes aux mannequins et aux actrices. Adapter les habits aux femmes, et non les femmes aux habits : il faut admettre que ce n'est pas idiot.

Pour ma part, comme j'avais récemment pris beaucoup de poids en raison d'un problème de santé, on m'a envoyée consulter une nutritionniste. À la question : « Combien

---

41 Fatema Mernissi, *Le Harem et l'Occident*, traduit de l'arabe par Marie-France Girod, Albin Michel, Paris, 2001.

pesez-vous en ce moment ? Quel est votre poids de forme ? », j'ai répondu que je ne savais pas. N'ayant pas de balance à la maison, je ne me pesais que chez le médecin, et je m'empressais d'oublier le chiffre qu'il lisait à voix haute sur le cadran – moi et les chiffres... Quant à la notion de « poids de forme », elle m'a paru hautement exotique. Je me suis donc retrouvée au régime pour la première fois de ma vie. Ma perte de poids m'a valu de la part des femmes de mon entourage autant de chaleureux compliments que si je venais de décrocher le Nobel de physique. Au plaisir de me sentir plus légère, d'avoir moins de complexes, se mêlaient un curieux sentiment d'inconsistance, d'élan brisé, de désabusement, l'impression d'un contact plus heurté avec mon environnement, et surtout une pointe de nostalgie. Je regrettais l'innocence qui m'avait permis, trente-sept ans durant, de manger sans arrière-pensée tout ce que je voulais, quand je le voulais, autant que je le voulais, en le savourant avec un plaisir quasi religieux. Désormais, devant tout aliment qui se présente, une question se forme dans mon esprit : « Est-ce que... ? », alors qu'auparavant la nourriture disponible à la surface de la Terre se classait à mes yeux en deux catégories : appétissant/pas appétissant. J'ai acheté une balance et, en découvrant les alternances de satisfaction et de contrariété apportées par une pesée régulière, j'ai regretté la mégalomanie primesautière qui, jusque-là, m'avait toujours permis de conserver une relativement bonne opinion de moi-même en dehors de tout critère de poids – qui m'avait permis de ne même pas imaginer qu'il puisse y avoir un lien.

Quand, quelques mois après la fin du régime qu'elle m'avait prescrit, elle s'est rendu compte que j'avais repris un kilo, ma nutritionniste, devenue soudain glaciale, m'a traitée comme une criminelle de guerre à déférer d'urgence à La Haye. Je n'étais plus la bonne élève, la patiente malléable et docile : j'étais une loque sans volonté qui, si elle avait repris un kilo, pouvait tout aussi bien en reprendre neuf. J'ai trouvé cette réaction un brin excessive, et même ridicule ; ce qui tendrait à indiquer que je ne me défends pas trop mal. À mes yeux, les enjeux essentiels ne sont pas là. Cette mégalomanie, j'espère la conserver, et je la souhaite à tout le monde. Tout simplement parce qu'elle n'est *pas* de la mégalomanie.

5

La fiancée de Frankenstein. Culte du corps ou haine du corps ?

Mannequin vedette des années 1990, Cindy Crawford expliquait en ces termes comment elle gérait sa carrière : « Je me considère comme le P-DG d'une petite entreprise qui commercialise un produit, Cindy Crawford, que tout le monde veut acheter. Je ne suis pas sans ressource, puisque je possède le produit [1]. » Et l'actrice Cécile de France confie : « Je suis bien dans mon corps. Il est sympa avec moi, alors je le laisse vieillir. Qu'il mène sa vie tranquillou [2] ! »

On pourrait multiplier les exemples. La dissociation, la mise à distance du corps qui imprègne toute la culture occidentale n'est pas l'apanage des anorexiques : nous la partageons tous, quoique à des degrés divers. Bien sûr, cette vision d'extériorité est aberrante : elle postule l'existence d'un esprit indépendant, rattaché au corps de façon lointaine, comme un ballon d'hélium qui le surplomberait. Si nous nous y accrochons, malgré son irrationalité, c'est sans doute parce qu'elle nous rassure : elle nous permet d'imaginer que notre vrai moi réside dans un poste de contrôle externe d'où il peut diriger notre

1 Michael Gross, *Top model. Les secrets d'un sale business*, A Contrario, Paris, 1995.

2 *Marie Claire*, octobre 2011.

corps tout en se protégeant de sa terrifiante fragilité. Or, si nous pouvons effectivement mettre notre corps à distance – nous en avons conscience, nous pouvons le regarder, en parler, le juger, le modifier –, ce n'est que dans une certaine mesure. Pour le reste, nous *sommes* notre corps. Nous pensons et ressentons grâce à ses cellules, qui sont bien matérielles ; les processus et les incidents dont il est le lieu, blessures, maladies, altérations hormonales, affectent nos jugements, nos perceptions, nos désirs, notre vision de la vie. Et si nous avons sur lui un pouvoir non négligeable, ce pouvoir, lui aussi, se heurte toujours à une limite, la limite ultime étant la mort.

L'être humain moderne est décidé à partir en guerre contre cette limite. On pourrait penser qu'il a mieux à faire, mais non : son orgueil ne peut apparemment pas la tolérer. Les fantasmes d'immortalité entretenus par certains scientifiques en témoignent, de même que les opérations qui considèrent le corps comme un morceau de pâte à modeler, ou la vogue des techniques dites de « rajeunissement », lifting et injections diverses. Dans les magazines féminins, le dossier « Spécial rajeunir » est devenu un marronnier, au même titre que le « Spécial mincir » du printemps. Cette évolution marque une rupture importante : sans se prononcer sur ce que ces deux objectifs ont de désirable, on notera que, si mincir est difficile, rajeunir est impossible. Il est d'ailleurs étonnant que nous ne soyons pas davantage frappés par l'absurdité de ce terme – qui est aussi le titre d'un bimestriel, *Rajeunir Magazine* – comme par celle de l'adjectif « anti-âge ».

Jean Baudrillard, dans une formule devenue célèbre, a qualifié le corps de « plus bel objet de consommation [3] ». La rationalité d'essence marchande qui s'est imposée comme la rationalité tout court (voir chapitre 2) a en effet permis l'épanouissement de la logique consumériste ; et celle-ci, en retour,

---

3 Jean BAUDRILLARD, *La Société de consommation*, Denoël, Paris, 1970.

en s'étendant à tous les domaines de la vie, a beaucoup fait pour encourager cette conception du corps comme une propriété parmi d'autres : une chose qui nous appartient, mais avec laquelle nous ne coïncidons en aucun cas. Dans les milieux où le recours à la chirurgie esthétique est entré dans les mœurs, les jeunes filles se font « offrir des seins » pour fêter leur anniversaire ou la fin du lycée. « Quand vous voyez une belle paire de chaussures, vous l'achetez. Alors pourquoi pas une opération pour être belle ? », interroge une cliente française [4]. Laurie Essig, se baladant parmi les visiteurs d'un salon de la chirurgie esthétique aux États-Unis, constate elle aussi qu'ils font leurs courses « comme s'ils achetaient une nouvelle paire de chaussures [5] ». Et lorsque *Elle*, il y a quelques années, proposait un dossier « Aimer ses seins », on comprenait vite qu'il ne saurait être question d'un amour inconditionnel. Après une couche de blabla mielleux (« si on veut plaire et se plaire, il faut savoir jouer de sa féminité et se regarder avec bienveillance », etc.), on passait aux choses sérieuses : « Chirurgie esthétique : les bonnes raisons d'oser [6]. » Le vocabulaire était révélateur : « Envie de seins, comme on rêve d'un bijou ou d'un accessoire de mode ? » Ce même été, une publicité pour du vernis à ongles clamait : « Moi, je ne sors jamais sans mes pieds. » Et Éliette Abécassis, dans *Un heureux événement*, estimait que l'actrice Demi Moore, en posant nue et très enceinte en couverture de *Vanity Fair*, en 1991, avait fait autant pour la cause des femmes que Simone de Beauvoir, car elle avait transformé leur gros ventre, autrefois caché, « en accessoire de mode [7] » : une analyse qui, personnellement, me donne envie de m'asseoir par terre et de pleurer.

---

4 « Deux jours dans une consultation de chirurgie esthétique », *Marie Claire*, avril 2011.

5 Laurie Essig, *American Plastic*, *op. cit.*

6 *Elle*, 7 juillet 2003.

7 Éliette Abécassis, *Un heureux événement*, *op. cit.*

Nier la douleur

S'agissant de la chirurgie esthétique, cette mise à distance relève au moins en partie d'une stratégie commerciale : assimiler une liposuccion à un achat impulsif, léger, frivole, gratifiant, « parce que je le vaux bien », vise à déréaliser la procédure, à escamoter l'altération de l'identité qu'elle représente, la violence et les souffrances de l'anesthésie générale, de l'intrusion dans la chair de la patiente, des suites opératoires – sans même parler des risques et des effets secondaires. Ainsi, dans un numéro de *Elle* (ce journal est une mine) consacré à la chirurgie esthétique, l'éditorial rendait hommage à une prétendue « nouvelle génération de candidates au bistouri » et énumérait avec attendrissement les adorables caprices de ces « amazones des salles d'op » : « "un petit coup de frais", un mini-lift, une micro-intervention, une lipo ciblée [8] »... « Vous prendrez bien un coup de jeune ? », aguichait de son côté *Paris Match* [9]. Pour beaucoup, le réveil est brutal : « Angoissant de constater qu'un visage opéré reste insensible pendant plusieurs semaines, que les seins neufs sont douloureux et empêchent souvent de dormir, qu'ils pèsent des tonnes [10]. »

En outre, la nature même de l'activité, qui, tout en étant une spécialité médicale, n'entretient aucun lien avec la santé [11] et prospère sur les complexes d'une clientèle massivement féminine [12], rend les abus inévitables, surtout au vu des sommes

---

8 *Elle*, 30 septembre 2002.

9 *Paris Match*, 28 juillet 2005.

10 « La tyrannie du corps idéal », *Le Nouvel Observateur*, 15 janvier 2004.

11 On parle bien ici de chirurgie esthétique, et non de chirurgie réparatrice ou reconstructrice.

12 D'après l'International Society of Aesthetic Surgery (ISAPS), en 2009, les femmes représentaient 84,7 % des patients de chirurgie esthétique ; 85,7 % pour les actes de médecine esthétique. Les pays qui totalisaient le plus grand nombre de procédures étaient, dans l'ordre, les États-Unis, la Chine et le Brésil (la France arrivant 14e).

en jeu [13]. On pourrait presque dire qu'elle *est* un abus en elle-même. Les interventions déraisonnables, voire criminelles, pratiquées sur des patientes trop jeunes, déprimées, sous le coup d'une rupture amoureuse, etc., comme les négligences dans le matériel ou la procédure, ne peuvent être considérées comme des exceptions malheureuses. La chirurgie esthétique a tout du biotope idéal pour les requins cyniques et méprisants, comme le confirment divers incidents. Dans le New Jersey, une femme poursuit son praticien parce que, après une opération des paupières, elle ne peut plus fermer les yeux complètement : elle vit dans la terreur de se blesser, par exemple en se grattant la nuit, et a dû renoncer à toutes les activités qu'elle aimait, comme l'équitation ou le jardinage. Le médecin rétorque qu'elle était « avertie des risques [14] ». À Lyon, un chirurgien a oublié une pince dans l'abdomen d'une patiente qui s'était fait retendre le ventre après deux grossesses. Pendant des mois, la jeune femme a souffert de douleurs que le praticien refusait d'entendre ; puis, à l'occasion d'une quinte de toux, l'objet lui a percé le nombril. Son chirurgien, averti, n'a pas daigné la rappeler. Il a fallu qu'elle prenne un avocat et alerte les médias pour qu'il se manifeste et accepte enfin de la réopérer, après un calvaire de trois jours. Il lui annonce alors, magnanime, qu'il « va lui faire un cadeau de Saint-Valentin, parce qu'il ne lui facturera pas cette nouvelle opération [15] ». À la longue histoire de haine, de condescendance et d'intimidation du corps médical envers les femmes – le Savoir masculin contre la Nature féminine – s'ajoutent ici la cupidité à l'état pur, mais aussi un sentiment malsain

13 Entre 2000 et 2010, les Américains ont dépensé chaque année près de 12,5 milliards de dollars en actes esthétiques (chiffre cité par Laurie Essig, *American Plastic*, *op. cit.*).

14 « Woman unable to close eyes now suing N.J. plastic surgeon », CBS New York, 29 mars 2011.

15 « Le chirurgien oublie une pince dans son ventre », Parismatch.com, 15 février 2011.

de toute-puissance à l'idée d'être le Pygmalion [16] qui modèlera l'opérée selon les normes en vigueur.

On ne peut même pas parler de cas isolés : en mars 2010, on a découvert que la marque Poly Implants Prothèses (PIP), basée à La Seyne-sur-Mer, avait vendu pendant dix ans des prothèses mammaires au silicone frelaté. Le gel s'épanchait dans le corps, causant des ganglions et des inflammations. « Je connais des médecins qui ont continué à poser des PIP tant qu'il n'y avait pas d'interdiction officielle », assure le chirurgien qui a le premier eu des soupçons et qui a alerté ses confrères. En France, 30 000 à 40 000 femmes portent des prothèses de cette marque, et 200 000 à l'étranger, rapporte *Elle*, qui, après avoir complaisamment flatté l'« envie de seins » de ses lectrices, mène l'enquête. « Mon cancer, à côté, c'était rien », témoigne une femme qui a eu le sein reconstruit après une masectomie et dont le corps a rejeté deux fois la prothèse. Une autre a subi quatre ruptures d'implants et a été atteinte d'une leucémie peut-être causée par la fuite du silicone dans son organisme [17]. En novembre 2011, une ancienne porteuse d'implants PIP est morte d'un cancer du système lymphatique contracté à leur contact. La ministre de la Santé Roselyne Bachelot a annoncé que tous les frais médicaux et chirurgicaux des femmes concernées seraient pris en charge par la Sécurité sociale. Les patientes de chirurgie reconstructrice et celles de chirurgie esthétique font front commun. Les premières doivent renouer avec l'hôpital alors qu'elles pensaient « en avoir fini avec la

16 Dans la mythologie grecque, Pygmalion est un sculpteur chypriote qui tombe amoureux de sa propre statue d'ivoire. La déesse Aphrodite a pitié de lui et donne vie à la statue.

17 Aux États-Unis, les implants en silicone ont été interdits entre 1992 et 2006 en raison de doutes sur leur innocuité. De nombreuses femmes continuent de s'en plaindre.

maladie » ; les secondes « s'entendent dire qu'elles n'ont que ce qu'elles méritent [18] ».

Naomi Wolf, dans *The Beauty Myth*, pointe le peu de bruit que font les souffrances ou les décès de clientes de la chirurgie esthétique. On peut voir dans cette minimisation la même désinvolture misogyne qui amène à traiter de l'anorexie dans les pages mode. Celles qui répondent trop bien aux stimuli culturels, parfois jusqu'à se détruire, subissent une double peine : quand les choses tournent mal, la société décline toute responsabilité et attribue leur malheur à une lubie féminine, à leur cervelle de linotte – de même que l'on tournait en dérision un Michael Jackson pour son désir désespéré de blancheur, perçu comme une simple folie personnelle, une dégénérescence de superstar mégalomane. Qui plus est, les mortes de la chirurgie esthétique sont souvent des femmes que leur volonté de conformation aux stéréotypes féminins avait déjà dépouillées aux yeux de tous de leur humanité, de leur individualité, de leur réalité. « Le bonnet G risque de lui être fatal [19] », titre un quotidien gratuit en ligne lorsque l'actrice allemande de films X Caroline Berger, qui avait pris le pseudonyme de Sexy Cora, tombe dans le coma au cours de sa sixième opération d'augmentation mammaire, à l'âge de vingt-trois ans. Le site livre au passage un généreux portfolio de la plastique de la jeune femme, qui devait succomber un peu plus tard. Ce n'est pas une personne qui meurt : c'est une bête de foire. En Chine, une ancienne vedette de téléréalité, Wang Bei, vingt-quatre ans, est également décédée en novembre 2010 de complications relatives à l'anesthésie, comme, un an plus tôt, l'ancienne Miss Argentine Solange Magnano, au cours d'une opération des fesses.

---

18 « Prothèses mammaires trafiquées : au sein du scandale », *Elle*, 24 décembre 2010.

19 20min.ch, 13 janvier 2011.

Que ce soit pour accoucher ou pour être belle, avance Naomi Wolf, c'est-à-dire pour réaliser ses deux vocations essentielles, une femme est censée supporter bravement n'importe quoi, ne pas faire sa douillette. Peut-être est-elle aussi toujours soupçonnée de faire des histoires pour rien. En outre, peut-on ajouter, un corps féminin est considéré comme un objet public – la « propriété de la société », écrit Wolf. À ce titre, il est soumis aux jugements esthétiques, à la convoitise, offert au bistouri inspiré du chirurgien ; il serait donc malvenu qu'une femme éprouve trop fortement sa souveraineté sur les limites de son enveloppe corporelle et se formalise lorsqu'elles sont franchies.

Mais on peut aussi voir, dans le déni du choc et de la douleur qu'implique une opération de chirurgie esthétique, une illustration de cette attitude détachée à laquelle nous enjoint notre culture. Si le corps, ce n'est pas vraiment soi, alors se faire retendre la peau du visage revient plus ou moins à faire repeindre son salon : il y aura des bâches en plastique partout pendant quelque temps, on en subira une gêne passagère, on se prendra les pieds dedans, mais ensuite on sera si fier de montrer le résultat à ses amis. Autre comparaison, sans doute la plus courante : « Le corps, c'est comme une voiture. Si vous lui fournissez du mauvais carburant et si vous ne lui offrez jamais la révision des 20 000, ne vous étonnez pas de vous retrouver en panne », nous admoneste l'actrice américaine Cameron Diaz [20]. Une *voiture* : autrement dit, un véhicule que l'on choisit arbitrairement, dont on peut monter et descendre comme on veut, dont on peut faire changer une pièce de temps à autre, et que l'on peut remplacer lorsqu'il montre des signes d'obsolescence – la rumeur veut qu'en 2002, pour ses quarante ans, Demi Moore se soit « offert un nouveau corps », à un prix dont les estimations varient. Mieux vaut toutefois éviter d'oublier où on l'a garé : cela peut avoir des conséquences pénibles.

20 *Elle*, 17 juin 2011.

Un couteau sans lame...

« Elle était consciente d'être un produit et, comme tout produit, de devoir se perfectionner et se vendre [21] », se souvient un photographe qui a connu Cindy Crawford à ses débuts. Il est assez logique que l'idéal d'extériorité, encouragé par le discours managérial invitant à se calibrer soi-même pour se valoriser sur le marché, amène à se rêver comme un produit parmi d'autres. En 2004, un professeur de psychologie du Nebraska avait épluché les prénoms donnés par les Américains à leurs enfants et découvert, parmi ceux attribués au cours de l'année 2000, quatre-vingts noms de marque. Les filles étaient trois fois plus nombreuses que les garçons à en avoir reçu. On dénombrait notamment 298 filles et 273 garçons appelés Armani, 12 petites Dior, 24 Porsche, 269 petites Chanel... Mais impossible d'attaquer les parents pour contrefaçon, expliquait la directrice générale des relations extérieures de la maison de couture : « Il ne s'agit pas d'un usage de marque, c'est un prénom, on ne peut rien faire [22]. » Espérons, pour l'image du luxe français, que ces gosses ne sont pas trop moches.

L'être humain, cependant, est un produit très imparfait, appelé à s'effacer devant les *véritables* marchandises, à l'aura sublime. Avec la « grande transformation » décrite par l'économiste Karl Polanyi, lorsque, au début du XIXe siècle, le marché devient une force autonome et se soumet tous les autres secteurs de la société, « ce qui était auparavant un moyen devient une fin en soi ; ce qui était une fin devient un simple moyen [23] ». Ainsi, dans le domaine qui nous intéresse, ce n'est pas l'industrie de la mode et de la beauté qui est au service des consommatrices,

---

21 Cité par Michael GROSS, *Top Model*, *op. cit.*

22 « Et comment vont le petit Armani et la petite Loreal ? », *Libération*, 5 février 2004.

23 Voir l'ouvrage de Michaël LÖWY et Robert SAYRE, *Révolte et mélancolie*, *op. cit.*

comme elle tente de le faire croire, mais l'inverse. La manipulation publicitaire pousse les femmes à acquérir, en s'endettant pour cela s'il le faut, des stocks de vêtements qu'elles ne porteront jamais, des produits qui ne leur serviront à rien, qui les rendront malades ou leur colleront des allergies. Celles que les magazines appellent les *fashionistas* acquiescent avec passion à ce renversement : elles se caractérisent par leur humilité devant les produits qu'elles vénèrent. Une clinique de Beverly Hills propose une procédure chirurgicale dite « de Cendrillon » qui permet d'adapter les pieds aux escarpins [24] ; les actrices gomment toutes les aspérités de leur personnalité pour se transformer en portemanteau idéal. Blake Lively, l'héroïne de *Gossip Girl*, explique que, lorsqu'elle s'habille pour une soirée, elle réduit sa coiffure et son maquillage au minimum : « Je suis le mannequin pour ces belles tenues, alors je ne veux rien faire de trop distrayant [25]. » Surtout, ne pas faire d'ombre à sa robe : ce qui compte, c'est la façon dont la femme met en valeur le vêtement, et non l'inverse.

On peut voir un résumé symbolique de cette situation dans la pratique des joailliers qui, lorsqu'ils prêtent une parure à une célébrité pour une apparition publique, fournissent aussi le garde du corps. Quand cela lui arrive, à l'occasion d'une soirée de gala à Cannes, en marge du festival, Garance Doré raconte qu'avec son agente elles n'ont pas pu s'empêcher « de chanter *Bodyguard* à tue-tête toute la soirée [26] ». Sauf que, dans le thriller romantique du même nom (avec Withney Houston et Kevin Costner, en 1992), le garde du corps protégeait la *personne* de la chanteuse, harcelée par un inconnu ; ici, il ne se soucie que des

---

24 « Toe the line : doctors fight cosmetic foot surgery », *The Wall Street Journal*, 27 juillet 2010.

25 « Ooh la la, Blake Lively talks to Florence Welch about clothes, men and more ! », Glamour.com, juin 2011.

26 « Émeraude », Garancedore.fr, 25 mai 2011.

bijoux... Ce que manifeste sa présence à côté de celle dont il assure la sécurité, ce n'est pas sa valeur *à elle*, mais leur valeur *à eux*.

Avec cette suprématie de l'artefact, la dissociation entre soi et son corps n'est plus tout à fait celle du philosophe grec ou chrétien qui déclare la guerre à la chair pour mieux glorifier l'esprit. L'esprit n'est plus qu'une sorte d'opérateur intégré qui veille à la transformation du corps en produit. Nina Power, dans *La Femme unidimensionnelle*, observe que désormais on n'espère plus, en arborant un corps désirable, attirer l'attention sur l'ensemble de sa personnalité : ce corps est devenu une fin en soi. Il est raboté, artificialisé, mis aux normes, tandis que la subjectivité s'évanouit pour le laisser occuper seul la scène. Ainsi, la phrase paradigmatique de la drague contemporaine, adressée par un homme à une femme, ne serait plus : « Tu es tout à fait ravissante », mais : « Est-ce qu'ils sont vrais ? »

Un esprit absent dans un corps-objet : l'idéal féminin contemporain s'assimile au fameux couteau sans lame dont on aurait ôté le manche. Journaliste pigiste dans la presse pour adolescentes, Stéphane Rose cite la confidence que lui a faite un jour une jeune fille de seize ans : « Moi mon but quand je me looke, c'est de faire du buzz avec mon corps. » Or, fait-il remarquer, « le buzz a remplacé le bouche à oreille en le vidant de sa substance. Ce qui était important, dans le bouche à oreille, c'était le fond du message [...]. Dans le buzz, ce qui compte, c'est le buzz en lui-même indépendamment de ce qui l'a généré : le nombre de pages vues, le nombre de commentaires, le nombre d'amis Facebook, le nombre de votes sur Dailymotion... [27] ».

La quête spirituelle observable chez les ascètes et les anorexiques ne se retrouve donc pas ici. La haine de la chair, en revanche, est bien présente. Elle est même déchaînée. Le corps est le symbole d'une animalité honnie, d'une nature vécue

---

27 Stéphane Rose, *Défense du poil, op. cit.*

comme humiliante qui résiste à la domestication complète et continue de déborder notre volonté. Stéphane Rose nous rappelle que l'hygiénisme est né en même temps que l'industrialisation : ayant depuis longtemps perdu tout lien avec l'hygiène, il participe de ce rationalisme éradicateur, glacial, qui en veut au cœur même de l'identité humaine, assimilée à une indignité. La marchandise impose son modèle à travers les images sophistiquées, en deux dimensions, dont nous sommes bombardés : elle veut des surfaces lisses, unifiées, brillantes, comme plastifiées, exemptes de toute once de graisse et de tout poil. L'image nie l'importance de tout ce qui existe en dehors d'elle : les odeurs, décrétées répugnantes ; les sensations (une prothèse mammaire est faite pour être photogénique, pas pour procurer du plaisir) ; mais aussi, évidemment, la personne avec son individualité, son histoire, sa façon de se comporter, ce qu'elle dégage, le genre de relations qu'elle est capable d'établir avec ses semblables. On peut d'ailleurs penser que, si la douleur des opérations de chirurgie esthétique est systématiquement niée ou minimisée, c'est aussi parce qu'elle est *hors image*.

L'actuelle frénésie épilatoire offre un tableau poignant de ce Sisyphe humain bataillant sans relâche contre les signes de sa propre animalité et y laissant des fortunes qui font prospérer toute une industrie : la guerre que nous menons à notre naturalité est aussi lucrative que désespérée, et ce n'est pas peu dire. Stéphane Rose constate que, parmi les hommes de moins de vingt-cinq ans, beaucoup n'ont jamais vu de poils sur le sexe de leurs partenaires : pour leur génération, la norme de l'épilation intégrale s'est imposée. Il démonte une à une toutes les idées reçues qui la justifient, de « ce n'est pas féminin » à « ce n'est pas propre ».

Il relève lui aussi l'agressivité normative des médias people : le site de *Voici* a recours à une « loupe magique » pour déceler un duvet décoloré, imperceptible à l'œil nu, sur le visage de Madonna lors d'une première, et claironne que la chanteuse y est apparue « plus poilue que jamais [28] ». La sensibilité de chacun(e) à la norme esthétique du corps glabre peut être variable ; mais, ici, on est dans tout autre chose : dans le besoin puéril de nier la vérité élémentaire selon laquelle des poils poussent sur le corps et le visage des femmes comme des hommes. Stéphane Rose souligne d'ailleurs la *honte* exprimée par des femmes ayant dû exposer de façon imprévue des parties de leur corps qui n'étaient pas épilées : non pas une petite contrariété, mais un sentiment tout à fait disproportionné d'ignominie, d'humiliation, l'impression d'être dégoûtante. Adolescente, je me rappelle avoir entendu une amie raconter la bévue d'une de nos camarades qui n'avait pas compris qu'il fallait épiler aussi l'arrière de ses jambes, et pas seulement le devant (on débutait). Mon amie résumait, pliée en deux : « De face : une bombe ! De dos : un singe ! » On riait, mais on se disait qu'on avait intérêt à faire gaffe, nous aussi. Quelque chose d'essentiel était en jeu.

Stéphane Rose cite cette apostrophe exaspérée lue sur un site échangiste : « Ras-le-bol des libertins bourrés de préjugés, de critères genre "sexe épilé" ; si vous n'aimez pas les corps humains, couchez avec des poupées gonflables ! » Le succès des pornostars siliconées, ou de Paris Hilton, qui semble entièrement faite de plastique, donne à penser que la poupée gonflable pourrait bien être devenue l'idéal ultime, en effet. Dans un registre moins vulgaire, les tons pastel, évanescents, et les ballons colorés s'envolant dans le ciel de Paris, relevés à la fois dans la publicité tournée par Sofia Coppola et dans *Gossip Girl* (voir chapitre 3), ou encore les mannequins et les actrices maigrichonnes au teint cireux, attifées de robes blanches par Karl Lagerfeld pour Chanel, à l'été 2011, disent bien ce rêve d'une féminité éthérée, irréelle, désincarnée. Quant au culte de la jeunesse, au désir de fixer l'aspect lisse de la peau, il s'explique

---

28 « Madonna, moustachues de mère en fille », Voici.fr, 14 octobre 2008.

peut-être aussi par le fait que, en vieillissant, celle-ci trahit son humanité : on ne peut plus la confondre avec une matière artificielle, comme c'est le cas des pommettes et des fronts brillants, rebondis, que donne le Botox à certaines actrices.

Un éclairage impitoyable

La négation de l'animalité correspond à une tendance profonde. Toute l'architecture de la modernité en porte la marque. Avec ses bâtiments confinés, ses lumières artificielles, ses matériaux synthétiques, la promiscuité qu'elle implique, elle semble conçue pour prendre en défaut le corps humain, pour le faire luire et transpirer, pour souligner les pores, les cernes et les boutons, pour lui faire honte de ne pas être une chose parfaite, désodorisée, inaltérable, inaccessible à la fatigue, pour inciter à la détestation de soi et des autres – ce qui fait vendre, comme autant de prothèses, des produits destinés à prévenir ou à réparer la déchéance. Pourtant, c'est bien cet environnement qui est fautif, et non ceux qui sont forcés d'y évoluer. Chacun peut en faire l'expérience : dans d'autres contextes, par exemple à la campagne, là où ils ne sont pas le seul élément naturel du décor, les corps, réhabilités, respirent, retrouvent leur aura, leur noblesse, leur sérénité ; les notions de propre et de sale se font plus floues, moins catégoriques, moins dramatiques.

Dans cette stratégie culpabilisatrice, la lumière d'ascenseur faussement neutre qui baigne notre univers joue un grand rôle. La « loupe magique » de *Voici*, c'est celle sous laquelle l'esthétique dominante voudrait nous maintenir en permanence. Notre culture prétend faire régner partout une lumière crue, clinique, à laquelle nul ne peut échapper. Cernés par les couvertures de magazines comme par autant de reproches visuels qui nous montrent comment nous pourrions et devrions être, nous vivons sous un éclairage impitoyable et nous sommes incités à nous montrer aussi impitoyables que lui ; à nous montrer mesquins, malveillants, haineux. « Quand je croise des gens dans la rue, je songe aussitôt aux opérations dont ils auraient besoin », raconte une adepte brésilienne de la chirurgie esthétique [29].

Au-delà de tout ce qu'on en a déjà dit, on est frappé, dans l'autobiographie de Portia de Rossi, par la récurrence de ces flots de lumière qui, dans les moments de malaise de la jeune femme, ajoutent à son angoisse en lui donnant l'impression d'être soumise à une exposition totale, insoutenable. Devant les studios où l'on tourne *Ally McBeal*, par exemple, il n'y a qu'une vaste étendue déserte : « On ne voyait personne devant les Manhattan Beach Studios, seulement des voitures. Il n'y avait pas de restaurant, ni de parc où lire un roman sous un arbre à l'heure du déjeuner. En fait, il n'y avait ni plantes, ni arbres. Les bâtiments étaient énormes, des rectangles monolithiques couleur pêche sans aucune avancée qui offre un peu d'ombre, de sorte que la lumière du soleil rebondissait sur le pavement blanc et sur les structures sans fenêtres, donnant l'impression que chaque recoin de l'ensemble était éclairé par un projecteur. À Kelley Land, il n'y avait pas la moindre ombre où se réfugier. » Plus tard, au pire de sa maladie, elle fait un rêve : elle se retrouve nue dans une sorte de loft « brillamment éclairé, comme un grand magasin ou un supermarché [30] ». Face à elle se tient Tom Cruise. Elle lui parle, livrant son âme comme elle livre son corps, montrant tout d'elle-même – avant de s'apercevoir avec horreur qu'elle est dans *Good Morning America*, que Tom Cruise est en train de l'interviewer et que des millions d'yeux la regardent.

La lumière représente, dans notre monde, un déterminant culturel puissant. Nous manifestons une foi profonde et

29 « Liftées de mère en fille ! », *Elle*, 19 novembre 2010.

30 Portia de Rossi, *Unbearable Lightness*, *op. cit.*

obstinée dans les vertus de l'exposition, au point de nier la violence qu'elle implique. Nous sommes persuadés qu'il est bon d'en montrer le plus possible, que du dévoilement viendra une forme de révélation, de délivrance. Seule la honte paraît pouvoir justifier que l'on veuille garder des choses pour soi. Cette conviction anime les invités de la téléréalité, comme les candidates de *Belle toute nue*, sur M6. L'émission vise à « réconcilier avec leur corps » des femmes qui se trouvent trop grosses, en les faisant poser ou défiler nues ou en sous-vêtements, leur image géante étant projetée sur un mur à Paris et soumise au jugement des passants. La démarche séduit d'autant plus qu'elle se présente comme une déclaration de guerre à des normes tyranniques. Sous le titre « Nues et fières de l'être ! », le magazine *Glamour* constate que, au-delà de cette émission, la pratique consistant à se faire photographier nue séduit les jeunes femmes : « De plus en plus de filles comme nous se déshabillent pour une séance photo. Pour une pub, un blog ou un magazine de mode, elles sont prêtes à poser nues sans rougir [31]. » Dans le porno, remarque Stéphane Rose, l'épilation intégrale, mais aussi les positions acrobatiques des acteurs pour que la caméra puisse filmer la pénétration en gros plan répondent à la volonté de « voir plus, voir mieux [32] ». Devant les émissions mettant en scène des opérations de chirurgie esthétique, un chroniqueur télé note l'« acharnement mis à "dégager le visage", à "donner le goût d'être visible" [33] ». *Elle* publie un article intitulé « Déplanquez-vous ! », afin d'apprendre à la lectrice à s'habiller de manière à montrer son corps [34]. Et une chirurgienne américaine attribue le succès de son activité au fait

---

31 *Glamour*, avril 2011.

32 Stéphane Rose, *Défense du poil*, *op. cit.*

33 Samuel Gontier, « "Dégager le visage, c'est créer de la beauté" », Ma vie au poste, Télérama.fr, 30 juillet 2009.

34 *Elle*, 20 mai 2011.

que les vêtements ont des coupes de plus en plus ajustées, des tailles de plus en plus basses : « Je suis obligée de faire les abdominoplasties de plus en plus bas. Je leur dis d'apporter un bikini ou un jeans, et on travaille à partir de là. Mais ils sont coupés si bas que n'importe qui serait désavantagé en les portant. Et leurs vêtements de sport : ce ne sont pas des tee-shirts, mais carrément des soutiens-gorge, avec des bas très moulants, et cela les amène dans mon cabinet. » Plusieurs de ses confrères confirment cette observation ; ils notent aussi que la mode de l'épilation intégrale a provoqué une hausse directe du nombre de vaginoplasties [35].

Cette obsession de la visibilité tend à donner raison au philosophe Alain Badiou lorsqu'il interprétait en ces termes, dans une tribune, la loi française sur le voile à l'école : « Une fille doit montrer ce qu'elle a à vendre. Elle doit exposer sa marchandise. [...] On croyait avoir compris qu'un droit féminin intangible est de ne se déshabiller que devant celui (ou celle) qu'on a choisi(e) pour ce faire. Mais non. Il est impératif d'esquisser le déshabillage à tout instant. Qui garde à couvert ce qu'il met sur le marché n'est pas un marchand loyal. On soutiendra ceci, qui est assez curieux : la loi sur le foulard est une loi capitaliste pure. Elle ordonne que la féminité soit exposée. Autrement dit, que la circulation sous paradigme marchand du corps féminin soit obligatoire. Elle interdit en la matière – et chez les adolescentes, plaque sensible de l'univers subjectif entier – toute réserve [36]. »

Nous vivons dans un monde surexposé. Et elle vient de loin, cette lumière qui est à la fois, en effet, celle d'un supermarché et celle d'un laboratoire. À la fausse rationalité d'essence marchande et industrielle qui nous gouverne s'ajoute une réminiscence de la posture scientifique conquérante héritée du

35 Laurie Essig, *American Plastic*, *op. cit.*

36 Alain Badiou, « Derrière la loi foulardière, la peur », *Le Monde*, 22 février 2004.

XIXe siècle : l'ambition de parvenir à une objectivité totale, à un éclairage exhaustif du réel, à l'élucidation de tous les mystères de l'univers par le savoir humain, en faisant de la raison froide l'unique instrument de la connaissance. On pense au roman satirique de Charles Dickens, *Temps difficiles*, qui, en 1854, s'en prenait à la fois à l'industrialisation et au scientisme. L'intrigue se déroule sous le ciel chargé de Coketown (la ville du charbon). L'un des personnages, un notable local du nom de Thomas Gradgrind, professe que « tout ce qui ne peut s'évaluer en chiffres ou tout ce qui ne peut pas s'acheter au plus bas et se revendre au plus haut n'existe pas et ne doit jamais exister [37] ». Au lieu d'une salle de jeux, il a aménagé pour ses enfants un petit laboratoire scientifique. Ses principes éducatifs vont dévaster la vie de sa fille aussi sûrement que l'usine de la ville dévaste celle d'une jeune ouvrière. La thèse implicite du roman, c'est que, derrière tout cela, il y a un seul et même système.

Cette foi démesurée dans la science imprègne notre conception de la beauté. Pour en rendre compte, on aligne des chiffres, de sorte qu'on entend parler de « mensurations de rêve » : une expression pour le moins paradoxale. Les campagnes publicitaires promettent, schémas et graphiques à l'appui, des pourcentages de rides ou de tour de cuisse en moins. L'Oréal, en particulier, associe son image à celle d'un progrès scientifique triomphant, irrésistible. Le numéro 1 mondial des cosmétiques attribue chaque année, dans le cadre de son programme « Pour les femmes et la science », en partenariat avec l'Unesco, des bourses à des chercheuses du monde entier. Selon Lindsay Owen-Jones, son ancien P-DG, les lauréates, dont les visages s'étalent sur de pleines pages de publicité dans la presse, incarnent « l'inconnu excitant du futur et ses promesses d'un

37 Charles DICKENS, *Temps difficiles*, traduit de l'anglais par Andhrée Vaillant, Gallimard, « Folio », Paris, 1985.

monde meilleur[38] ». En outre, le groupe insiste sur ses investissements dans la recherche et lance régulièrement des nouveautés censées faire profiter la consommatrice d'une découverte majeure de ses laboratoires. Début 2011, ceux-ci annonçaient une « avancée bouleversante » vers une « jeunesse durable[39] ». Rencontrant l'une des représentantes de la marque L'Oréal Paris, l'actrice Penélope Cruz, pour son rôle dans le film de Pedro Almodóvar *Étreintes brisées*, un journaliste relevait la pauvreté de cette vision : « En sortant du rendez-vous, on tombe sur elle, agrandie par un laboratoire de cosmétiques qu'elle vaut bien. L'image est clinique, le texte réduit le visage des rêveries cinéphiles et amoureuses d'Almodóvar à un amas de cellules à régénérer[40]. »

Cette conception du corps comme un matériau inerte qu'il faut modeler et aseptiser pour le rendre acceptable, ou qu'il faut traiter pour en figer l'aspect jeune et lisse, implique aussi son morcellement. Chaque parcelle de notre anatomie nécessite un entretien névrotique et hors de prix destiné à la briquer, à la rénover, à la décorer. L'éventail vertigineux des produits et des soins cosmétiques disponibles sur le marché, du bar à sourcils au bar à ongles, de l'exfoliant pour les lèvres à la crème pour le contour des yeux, en rend bien compte. Dans *Elle*, le « Spécial rajeunir » de l'hiver 2011 poussait le flicage du physique féminin, la scrutation anxiogène et la prescription délirante à un degré rarement atteint. Un article intitulé « Elles ont tout compris ! » présentait les photos de quatre femmes d'âges différents qui décrivaient leur *beauty routine* (soins cosmétiques quotidiens) et leurs « réflexes esthétiques » (chirurgie, laser, injections) respectifs : le démaquillage du soir et le lifting se

---

38 « Lindsay Owen-Jones, L'Oréal, les femmes, la science et la solidarité », *Le Figaro*, 13 mars 2009.

39 « L'Oréal veut percer les secrets de l'anti-âge », *Le Figaro*, 12 janvier 2011.

40 « Penélope Almodostar », *Télérama*, 13 mai 2009.

trouvaient ainsi mis sur le même plan [41]. Chacune était soumise à l'« avis de la dermato ». Pour « Chloé, 36 ans », le verdict était le suivant : « À l'avenir, ce n'est pas de l'acide hyaluronique qu'il lui faudrait dans la ride du lion, mais de la toxine botulique. Quant à son ovale, c'est aujourd'hui qu'il faut commencer à l'entretenir. À cinquante ans, s'il a vraiment perdu de sa fermeté, c'est le lifting qui "répare". » Pour « Clarisse, 48 ans » : « Elle pourrait faire des séances de laser de remodelage pour entretenir l'ovale, car elle a une peau encore bien tonique. » Et pour « Birgitt, 66 ans » : « Elle pratique la dermopigmentation depuis des années, elle en est satisfaite, c'est que les pigments sont de bonne qualité, donc aucun problème. Son sourcil gauche a tendance à descendre un peu. Elle peut corriger cette légère asymétrie avec des injections de toxine botulique. En effet, le risque avec une paupière lourde, c'est de faire surtravailler les muscles autour et de créer des rides supplémentaires au niveau de la patte-d'oie et sous l'œil. »

L'importance attribuée par les clientes de la chirurgie esthétique à l'aspect de leurs seins, de leur ventre, de leur nez ou de leurs fesses suggère que, dans leur esprit, chaque partie de leur corps s'est autonomisée. Elles se considèrent comme un simple assemblage de divers morceaux qui ne communiquent pas entre eux et qui doivent être tous parfaits, sous peine de ruiner la valeur de l'ensemble. Le marqueur du chirurgien dessine sur la peau de ses clientes des pointillés qui les réduisent à des pièces de boucherie : épaule, filet, carré, rognon, cuissot. Ce faisant, il semble tracer des frontières infranchissables entre les différentes parties de leur personne. On pense au monstre fait de pièces rapportées que crée le Docteur Frankenstein dans le roman écrit par Mary Shelley en 1816. Miguel Benasayag, dans *Le Mythe de l'individu*, y voit la fiction emblématique de la modernité : elle traduit, dit-il, le rêve de dominer la nature,

---

41 *Elle*, 4 février 2011.

autant que la vision d'un être vivant assimilé à la simple somme de ses parties [42]. Et il cite cette phrase de Leibniz : « Là où il existe des êtres par agrégation, il n'y aura pas même des êtres réels. »

L'aura confisquée

Personne ne peut vivre sous l'inondation de cette lumière crue, qui devrait rester cantonnée au contexte médical ou scientifique, au lieu de transformer le monde en un vaste laboratoire. Elle impose au corps humain des exigences qu'il n'est pas fait pour remplir. Personne ne peut résister à cette scrutation de ses moindres défauts physiques, évalués selon des critères de plus en plus irréalistes, exigeant des traitements toujours plus nombreux et fréquents, des techniques et des moyens toujours plus coûteux. Souscrire à ces critères, comme l'adepte brésilienne de la chirurgie esthétique qui scanne les passants du regard dans la rue, condamne à devenir aigri, méchant comme une hyène et seul ; car, à partir du moment où on est humain, on a forcément besoin soi-même, ou on aura forcément besoin un jour, de l'indulgence qu'on refuse aux autres.

En fait, il ne s'agit pas d'indulgence, mais de clairvoyance. N'être capable de penser, en regardant les gens, qu'aux opérations dont on imagine qu'ils auraient besoin dénote, outre une pauvreté d'esprit pathétique, une vision totalement à côté de la plaque de ce qu'est une personne et de ce que sont les relations humaines. Ce dont nous n'avons pas conscience, c'est que la posture scientifique qui détermine – à notre insu, bien sûr – notre vision du corps est caduque. Depuis le XIXe siècle, l'exploration de l'infiniment petit, soumis à d'autres lois que le monde

42 Miguel BENASAYAG, *Le Mythe de l'individu*, La Découverte, Paris, 1998.

visible, a bouleversé les certitudes et mis un sérieux bémol à un optimisme volontiers arrogant. L'ambition de parvenir un jour à une connaissance exhaustive et à une maîtrise totale du réel paraît condamnée : elle se heurtera toujours à un noyau de mystère que nous n'avons pas les moyens de fracasser. Comme l'écrivait Alan W. Watts, « la poussière sur les étagères a pris autant de mystère que les étoiles les plus éloignées ; nous connaissons suffisamment les deux pour savoir que nous n'y connaissons rien du tout [43] ». Et ce qui vaut pour la poussière sur les étagères vaut aussi pour nos corps, ces choses à la fois si étonnantes et si prosaïques. Le mystère est là aussi, logé au cœur des cellules. Nous ne sommes pas dotés de cet esprit autonome dont nous fantasmons l'existence rassurante : nous ne sommes *que* de la matière ; mais cette matière n'est pas la camelote désenchantée que nous nous figurons. Renoncer à la toute-puissance, qui, de toute manière, est illusoire, c'est aussi se délivrer du désabusement.

De la magie flotte autour de nos modestes carcasses. De cela, beaucoup ont l'intuition. Naomi Wolf parle de ce rayonnement que chacun peut observer chez les autres : « Certains le verront dans la sexualité d'un corps ; d'autres, dans la vulnérabilité, ou dans l'humour. Il émane souvent du visage de quelqu'un qui raconte une histoire, ou qui écoute intensément. Beaucoup ont remarqué comment l'acte de création semble illuminer les gens, et ont noté que ce rayonnement enveloppe la plupart des enfants – ceux à qui on n'a pas encore dit qu'ils n'étaient pas beaux. » Et, pourtant, cette aura n'a pas de réalité officielle : la société « en limite sévèrement la description ». On l'accorde aux mariées et aux jeunes ou aux futures mères, c'est-à-dire uniquement à celles « qui font don de leur corps à un homme ou à un enfant », et on la refuse aux hommes. Cette

43 Alan W. WATTS, *Éloge de l'insécurité* [1951], traduit de l'anglais par Benjamin Guérif, Payot, Paris, 2003.

clandestinité permet à l'industrie cosmétique de vendre aux femmes « une imitation de la lumière qui est déjà la leur, de la grâce essentielle dont nous n'avons pas le droit de dire que nous la voyons [44] ».

D'ordinaire, toute tentative de discuter la pertinence des standards de beauté se voit aussitôt gravement reformulée dans les termes d'un match entre « beauté extérieure » et « beauté intérieure » par des interlocuteurs qui, tout en faisant mine de prendre vos critiques au sérieux, vous soupçonnent *in petto* de ruer dans les brancards en raison de l'amertume bien compréhensible causée par vos tares personnelles. Sauf que ces catégories supposent que nous arborions nos corps comme les hommes ou les femmes-sandwiches arborent leurs panneaux publicitaires : comme un harnachement n'ayant rien à voir avec notre moi profond, qui lui serait simplement superposé. Là encore, notre conditionnement culturel se révèle assez puissant pour disqualifier ce que nous apprend pourtant notre expérience immédiate : que ni le corps ni l'esprit ne constitue une entité fonctionnant indépendamment de l'autre.

L'apparence de quelqu'un se complète toujours d'une large part qui est laissée à sa discrétion et qui tient à sa présence, à sa manière de se comporter, de parler, de bouger, de sourire – ou pas, d'agir, de laisser transparaître sa personnalité, son histoire, son attitude face à la vie. Cette part mouvante, insaisissable, tellement liée au physique qu'on ne peut jamais distinguer clairement ce qui relève de l'un ou de l'autre, peut soit venir confirmer une beauté ou une laideur physique par une beauté ou une laideur morale, soit susciter un intérêt que le physique seul n'avait pas éveillé, soit, au contraire, dissiper brutalement le respect suscité au premier abord par la beauté. Et c'est elle qui est décisive. On peut d'ailleurs observer, chez les femmes et les hommes du showbiz qui adhèrent le plus

44 Naomi Wolf, *The Beauty Myth*, *op. cit.*

fanatiquement à cette littéralité de la plastique humaine, un phénomène intéressant : à force d'intégrisme de l'apparence, ils sont débordés par les composantes de la beauté qu'ils se refusent à prendre en compte, au point de devenir laids et de susciter la répulsion chez tout observateur ayant conservé un minimum de lucidité.

Le récit – intitulé *L'Éclipse* – fait en 2003 par l'écrivain Serge Rezvani de la maladie d'Alzheimer dont était atteinte sa compagne Lula illustre de façon terrible cette littéralité. Il y raconte son tourment de vivre toujours dans la proximité du corps de la femme aimée, mais de constater qu'elle s'en est absentée, et que cela lui ôte tout désir pour elle ; il est torturé de désir, mais de désir pour celle *d'avant*. Comment mieux dire qu'un corps ne vaut rien s'il n'est pas habité ? Ayant toujours révéré indissociablement la beauté, l'intelligence et la sensibilité de Lula, il écrit : « Pour moi elle avait toujours été "indivisible", c'était son "âme neuronale" que je baisais comme c'était son corps spirituel que j'écoutais. » Il ne peut que s'incliner devant l'énigme de ce qui fait une présence : « La question qui nuit et jour me poursuit, c'est : mais qu'est-ce que l'amour, alors ? Sur quoi se fonde-t-il puisque le corps à lui seul ne lui suffit pas, puisque l'intelligence à elle seule ne lui suffit pas non plus ; puisqu'il est évident qu'il y a principalement *autre chose* en plus de l'intelligence et en plus du corps. Ce serait donc vraiment dans le mystérieux univers des neurones que se situerait ce principe, ce charme ? Oui ce quelque chose d'indéfinissable qui apparaît cruellement – disons en creux – quand meurent les neurones, et que tout le sublime de l'être s'effondre à mesure de leur disparition [45]... » Ce corps déserté, cette *éclipse*, notre époque a réussi le tour de force d'en faire un idéal.

L'impassibilité teintée d'arrogance des mannequins lors des défilés semble vouloir dire que leur corps *suffit* ; que, lorsqu'on

---

45 Serge Rezvani, *L'Éclipse*, Actes Sud, Arles, 2003.

a un physique pareil et qu'on est ainsi habillée, maquillée, coiffée, on peut se dispenser de tout autre effort et laisser son apparence faire le boulot. Une telle attitude peut se justifier par le fait qu'un mannequin accepte, le temps d'un tour de podium, de se mettre au service de la vision d'un styliste – même si l'exemple d'Inès de la Fressange, qui défilait en souriant, en zigzaguant, en improvisant toutes sortes de facéties (légitimées par ses origines aristocratiques), a montré qu'un peu plus d'expressivité ne nuisait pas forcément. On aurait tort, en revanche, d'en faire une philosophie de vie. Vouloir « faire du buzz avec son corps », comme l'adolescente rencontrée par Stéphane Rose, revient à le rabattre sur lui-même, à le transformer en une chose passive, muette, à le vider de toute histoire, de toute personnalité, de toute vie.

« Ce qui me fait chanter »

Il est intéressant que Portia de Rossi, lorsqu'elle décrit un parking inondé par le soleil californien, métaphore de la scrutation qu'elle a l'impression de subir, déplore l'absence d'un lieu ombragé où on pourrait *lire un roman* : ce qui disparaît, avec cette obsession plastique, c'est l'imagination. En 2003, Annie Le Brun, auteure d'un essai intitulé *Du trop de réalité*[46] qui avait eu un grand retentissement, donnait une conférence à Paris ; dans l'assistance, un jeune homme en fauteuil roulant s'était plaint de la stigmatisation dont il souffrait, de la négation par la société de sa sensualité et de sa sexualité. La conférencière, après lui avoir rappelé que l'un des plus beaux textes de la littérature érotique, *Le Cahier noir*, fut l'œuvre d'un poète paralysé à la suite d'une blessure de guerre, Joë Bousquet, lui avait répliqué : « Quant à l'appellation de "handicapé"... Les

46 Annie Le Brun, *Du trop de réalité*, Stock, Paris, 2000.

filles qui se font refaire les seins et les fesses comme ça [geste éloquent], vous croyez qu'elles ne sont pas handicapées, peut-être ? »

Notre culture se persuade que l'appariement avec un spécimen de même standing, succédant au peaufinage d'une plastique conforme aux canons en vigueur, est la clé de la félicité et garantit l'accession à un septième ciel permanent. On en vient, comme l'écrit Gérard Apfeldorfer, à « concevoir les relations humaines sur le modèle du casting de cinéma ou du monde de la publicité [47] ». Dans *Elle*, une heureuse propriétaire de prothèses mammaires fraîchement posées se félicitait : « C'est un vrai petit coup de neuf pour notre couple. Nos relations sexuelles ont évolué, car je mets plus mes seins en avant [48]. » On a du mal à concevoir une image de misère plus poignante que celle de ce couple, au lit, jouant avec les nouveaux seins de madame comme avec des ballons de plage. Cette vision du sexe comme d'une mécanique mimant avec application les chorégraphies pornographiques escamote l'histoire particulière, unique, qui s'entrelace au corps désiré, autant que celle qui s'écrit entre les amants dès le moment de leur rencontre. Elle ignore que la sexualité est une création active, dynamique, et qu'elle ne surgit pas d'un implant en silicone comme un génie de sa bouteille.

Elle oublie que l'ivresse naît à l'endroit où la rencontre se produit, et non dans la juxtaposition narcissique de deux plastiques. Elle naît dans l'*interstice*, au sens que donne Séverine Auffret à ce mot dans son livre *Aspects du paradis*. Le paradis terrestre, affirme-t-elle, réside entre les visages de deux personnes qui s'aiment et s'intéressent passionnément l'une à l'autre : « Cette onde vibrant dans l'espace entre deux visages qui se

---

47 Gérard Apfeldorfer, « La minceur ne fait pas le bonheur », Gros.org, 5 mars 2011.

48 *Elle*, 7 juillet 2003.

contemplent, veulent se dire et se découvrir ne s'inscrit plus dans un simple intervalle, mais dans un interstice. La nuance s'établit en ceci que l'intervalle – matériellement mesurable – est plutôt ce qui sépare et met à distance, tandis que l'interstice désignerait le lieu – indéfini quant à sa mesure – qui rassemble et met à proximité. Un mètre, cinq kilomètres, voire beaucoup plus, un centimètre ou un millimètre, peu importe, du moment que l'entre-visages est riche de leur mutuelle aimantation [49]. »

Ce qui vaut pour les relations amoureuses vaut aussi pour les relations amicales ou sociales. Dans *American Plastic*, Laurie Essig dresse la liste de tout ce que les chirurgiens qu'elle a interrogés pour son enquête lui ont préconisé pour son cas personnel (« un lifting ; un lifting du milieu du visage ; une rhinoplastie ; des implants mammaires ; une liposuccion [50]... »). À peine les présentations faites, un réflexe professionnel les pousse à la jauger et à rendre leur verdict : « Vous avez besoin de... » Un jour, lors d'un cocktail, une chirurgienne s'approche d'elle et se met à l'examiner avec attention. Essig attend, stoïque : « Quelle partie de mon corps allait-elle vouloir que j'arrange ? » Finalement, le diagnostic tombe : « Vous avez besoin... d'un verre. » Sur quoi, les deux femmes trinquent et commencent à se raconter leur vie.

Exercer une maîtrise sans limites sur le corps, avec pour horizon plus ou moins explicite, toujours, l'immortalité : lorsqu'on suggère que l'humain moderne pourrait renoncer à ce projet, on a toutes les chances de susciter des réactions choquées. Cela déclenche même une sorte de panique, tant est profonde la conviction qu'il s'agit là de notre raison d'être, de notre mission ultime sur terre. Des images peu flatteuses de laisser-aller, de passivité et de renoncement dansent devant les yeux de vos interlocuteurs. « Mais qu'est-ce qu'on ferait d'autre, alors ? », semblent-ils se demander, déboussolés. Très vite, ils vous

49 Séverine Auffret, *Aspects du paradis*, Arléa, Paris, 2001.

50 Laurie Essig, *American Plastic, op. cit.*

intentent un procès d'intention : vous êtes obscurantiste, vous êtes contre la science, contre le progrès, vous voulez refaire de l'humanité le jouet de la fatalité, la ramener à sa vulnérabilité et à son impuissance premières, à la superstition...

Ce n'est pourtant pas ce qu'on a en tête. Les physiciens qui comprennent et acceptent que le savoir humain sera toujours limité ne désertent pas pour autant leur laboratoire pour aller se planter devant une chaîne du câble jusqu'à la fin de leurs jours : ils continuent à chercher, peut-être même avec plus d'ardeur que jamais ; mais ils le font dans un état d'esprit nouveau, en prenant appui sur cette part d'ombre incompressible et en en faisant l'élément dynamique, le pivot de leur travail et de leur réflexion [51]. Transposée dans la relation au corps, cette attitude consisterait à cesser de vouloir araser toutes ses caractéristiques propres, à cesser de vouloir se recréer soi-même *ex nihilo* conformément aux modèles vus à la télévision ou dans les magazines, et à prendre à bras-le-corps – c'est le cas de le dire – ce qu'on est.

Le roman de Nancy Huston *Lignes de faille* met en scène quatre époques, quatre générations différentes d'une même famille. On y voit évoluer au fil du temps l'attitude des personnages à l'égard d'un signe distinctif qu'ils se transmettent : un large grain de beauté placé à divers endroits de leurs corps. « Je reste là à réfléchir en caressant le grain de beauté au creux de mon bras gauche, il est de la taille d'un sou, parfaitement rond et marron doré et un peu en relief, ma peau à cet endroit est duveteuse comme la peau d'une pêche et j'adore la caresser, dit la petite Kristina. Quand personne ne m'observe, je plie et déplie le bras très lentement pour voir la tache disparaître et réapparaître [52]. » À son confident, un garçon un peu plus âgé

---

51 À ce sujet, voir Mona Chollet, « Dompter la nature », *La Tyrannie de la réalité*, *op. cit.*

52 Nancy Huston, *Lignes de faille* [2006], Actes Sud, « Babel », Arles, 2007. De même pour les citations suivantes.

qu'elle, la fillette, qui a un don pour le chant, explique : « C'est une marque qui me rend différente de tout le monde, et c'est ce qui me fait chanter. Quand je la touche, je peux entrer dans mon âme et prendre toute la beauté qui s'y trouve, puis m'envoler comme un oiseau par ma propre bouche. Tu peux la toucher, si tu veux. » On est en Allemagne pendant la guerre et elle se sent étrangère à sa famille ; elle découvrira qu'elle a été adoptée. Elle se raccroche à son grain de beauté comme à la source de sa force, mais aussi comme à la seule source de stabilité de son identité. Plus tard, lorsqu'elle est séparée du garçon qu'elle aime, celui-ci embrasse la tache au creux de son coude et lui dit : « Si tu te touches ici, ou même si tu y penses, je suis là, je vibre en toi comme les cordes d'un luth, je joue avec toi quand tu chantes. »

Des années plus tard, alors que Kristina est devenue une grande chanteuse, sa fille Sadie, éperdue d'admiration devant sa mère, dont elle dit qu'elle « irradie de charme », la décrit lors d'une répétition : « Le pouce droit coincé dans le creux de son bras gauche, elle échauffe ses cordes vocales en faisant passer le son dessus très doucement, vers le haut et vers le bas, comme l'archet sur les cordes d'un violon. [...] D'abord la voix de maman emprunte ce chemin mais ensuite elle se met à voler au-dessus, à remplir toute la pièce, à traverser les murs et le plafond pour embrasser le ciel, et nous aussi on est obligés de fermer les yeux parce que le monde visuel est devenu sans intérêt, il n'y a plus que la voix de ma mère, aussi belle et évidente que l'air, que l'eau, que l'amour. » La voix, à la fois aérienne et physique, aérienne *parce que* physique, illustre à merveille cette magie qu'est capable de produire un corps.

Chez la petite Sadie, le grain de beauté se trouve sur la fesse. Empêtrée dans son corps, qui lui cause un malaise infini, la fillette l'interprète comme une « preuve de [s]a souillure », un signe d'infamie : « On dirait que je me suis mal essuyée en allant aux toilettes et que j'y ai laissé un bout de caca par erreur, c'est la marque de l'Ennemi qui a présidé à ma naissance, comme s'il avait trempé son pouce dans le caca avant de l'appuyer sur ma fesse en disant de sa voix funeste : *Celle-ci est à moi et je ne la laisserai jamais s'échapper, elle sera toujours sale et différente.* » Le fils de Sadie, en revanche, qui grandit dans les années 1980 et a la tache à l'épaule, en fait un motif de complicité avec sa grand-mère : « Une fois quand je passais le week-end chez elle dans un loft sur le Bowery, on a comparé nos taches et elle m'a dit que la sienne l'aidait à chanter alors je lui ai dit que la mienne me tenait compagnie, qu'elle était comme une petite chauve-souris perchée sur mon épaule gauche, qui me chuchote des conseils à l'oreille quand j'en ai besoin. »

À la génération suivante – celle avec laquelle s'ouvre le roman, qui procède en remontant le temps –, un changement radical s'est produit. Le grain de beauté, que le petit Sol porte à la tempe, a perdu tout sens, même négatif. Il n'est plus investi par l'imagination, il ne relie plus aux êtres aimés : il est devenu un défaut. « Défaut minime, mais le corps est un temple et le moindre défaut doit être éliminé du temple de Solomon », commente le garçon, qui, à six ans, cultive un sentiment de toute-puissance : « Mon cerveau remplit le monde et le monde remplit mon cerveau, j'en contrôle et possède chaque parcelle. » Dans l'expression de cette mégalomanie, on retrouve l'image de la lumière, qu'il fait dériver de son prénom (« Sol », soleil) : « Je suis un flot de lumière instantané invisible et tout-puissant qui se répand sans effort dans les recoins les plus sombres de l'univers. Capable à six ans de tout voir tout illuminer tout comprendre. » Peu sensible au charme de son arrière-grand-mère chanteuse, portant sur elle un regard hygiéniste, il n'aime pas qu'elle le prenne dans ses bras : « Des odeurs âcres de sueur, de fumée et de vieillesse sortent de son corps. » La mère de l'enfant, chrétienne bigote entièrement dévouée à son fils, programme une intervention chirurgicale pour lui faire enlever sa tache de naissance. À Kristina qui s'en étonne, elle énumère toutes les bonnes raisons de cette décision : le grain de beauté est très visible et on pourrait se moquer du petit à l'école ; il pourrait dégénérer en mélanome... « Je suis désolée, décrète-t-elle, mais nous devons absolument quitter le monde des métaphores. » Sauf que l'intervention, qui devait être une simple formalité, tourne mal : la blessure s'infecte, se nécrose et nécessite une greffe de peau...

Dans ses essais, également, Nancy Huston s'est insurgée contre ce qu'elle appelle le « mythe de l'autoengendrement » : « La contrainte, autant que la liberté, est partie intégrante de notre identité humaine, écrit-elle dans *Nord perdu*. En fin de compte, nous ne sommes entièrement libres que dans nos désirs, et non dans nos réalités. Or les uns sont aussi importants que les autres : oublier les limitations du réel est aussi grave et, me semble-t-il, presque aussi répréhensible que d'oublier le vertige de l'imaginaire [53]. » Miguel Benasayag va dans le même sens : « Le développement de l'être humain ne peut être pensé comme une abolition des limites naturelles ou culturelles, mais, à l'inverse, comme une longue et profonde recherche de ce que ces limites rendent possible [54]. » Il cite Bergson : « Le vivant, c'est ce qui tourne les obstacles en moyens. »

Quoi de plus souhaitable, de plus normal, estime notre société, que de réaliser tous ses désirs ? Le million et demi de Françaises qui a eu recours à la chirurgie esthétique a « réalisé un fantasme », pouvait-on lire dans *Elle* [55]. Annie Le Brun pointe la violence qu'implique cette manie de donner corps au rêve. Au cours de la conférence déjà citée, elle parlait de la catastrophe que représentent à ses yeux les parcs d'attractions, parce qu'ils « donnent une existence "en dur", circonscrite, à ce qui

---

53 Nancy HUSTON, *Nord perdu* [1999], Actes Sud, « Babel », Arles, 2004.

54 Miguel BENASAYAG, *Le Mythe de l'individu*, *op. cit.*

55 *Elle*, 30 septembre 2002.

est par définition une chose illimitée, qui doit rester du domaine du rêve – le château des contes de fées, par exemple ». Elle qualifie l'opération de « dématérialisation concrète » : « On joue sur un désir d'étonnement, d'émerveillement, mais, en lui donnant une satisfaction concrète, immédiate, on pratique ce que Herbert Marcuse appelait la "désublimation répressive". »

Le piège de l'homologation

Quand faut-il s'autoriser à contrarier sans complexe la nature et quand faut-il chercher à prendre appui sur elle, à déployer ses ressources propres à partir d'elle ? Il n'est pas toujours facile de discerner quelle option réserve, à terme, le plus grand bien. Mais il est certain que celui-ci ne pourra surgir de la frénésie de conformité qui semble en train de gagner toute la planète. Il y a quelque chose de sidérant dans la facilité avec laquelle nous nous laissons persuader que, pour être désirés et aimés, nous devons éliminer tout ce qui nous rend singuliers. Il n'est pourtant pas très difficile de voir que les beautés plastiques, c'est de la viande, c'est un produit de consommation courante : les magazines en dégorgent à chaque page, tout le monde en est blasé jusqu'à l'écœurement.

En 2006, *Marie Claire* avait donné la parole à trois femmes qui regrettaient d'avoir eu recours à la chirurgie esthétique, alors même que l'opération était considérée comme réussie [56]. « J'ai découvert des yeux sans vie. Dans le regard des autres, je me percevais comme une étrangère. Mon mari, lui non plus, ne reconnaissait pas sa femme. Il évitait de croiser mon regard. Il a même fait chambre à part pendant plus d'un mois », racontait Marie, quarante-six ans, qui s'était fait opérer des paupières deux ans plus tôt. Et Muriel : « Je ne parais pas soixante

---

« Derrière la réussite, le regret », *Marie Claire*, mars 2006.

ans, mais je ne me reconnais pas. D'ailleurs, je ne me regarde jamais. Mes yeux joliment bridés se sont envolés et, finalement, j'aurais pu vivre avec ces petits seins qui me convenaient. Je l'avoue, je cours après cette jeunesse que nous matraquent les journaux, la pub, la société. L'offre a créé ma demande. »

Ces dernières années ont vu de nombreux suicides de mannequins. À Rome, en octobre 2008, la Canadienne Hayley Kohle, vingt-six ans, s'est jetée du septième étage. En juin de la même année, quelques jours avant ses vingt et un ans, Ruslana Korshunova, d'origine kazakhe, avait sauté du balcon de son appartement new-yorkais [57] ; elle a été suivie un an plus tard par sa collègue et amie ukrainienne Anastasia Drozdova. Daul Kim, coréenne, s'est pendue à Paris en 2009, à vingt-deux ans, quelques mois après l'Anglaise Lucy Gordon, vingt-huit ans, et six mois avant l'Américain Ambrose Olsen, vingt-quatre ans. En 2010, Lina Marulanda, Colombienne de vingt-neuf ans, s'est défenestrée à Bogota, de même que le Français Tom Nicon, vingt-deux ans, à Milan. D'autres ont fait des overdoses, ou ont disjoncté, comme Karen Mulder, l'une des stars des années 1990 : sur le plateau de l'émission de Thierry Ardisson *Tout le monde en parle*, en 2001, le top model néerlandais avait affirmé avoir été violée par les dirigeants de l'agence Elite, par son père et par différentes personnalités (la séquence avait été coupée au montage) ; en 2009, elle a été placée en garde à vue pour avoir harcelé sa chirurgienne esthétique, à qui elle reprochait le résultat d'une opération. « J'ai toujours détesté être photographiée, confiait Mulder peu après sa tentative de suicide. Pour moi, c'était juste un rôle et, à la fin, je ne savais plus qui j'étais vraiment en tant que personne. Tout le monde me

57 Voir la biographie romancée que lui a consacrée Géraldine MAILLET, *Le Monde à ses pieds* [2009], J'ai lu, Paris, 2011.

disait : "Hey, tu es formidable" ; mais, à l'intérieur, c'était de pire en pire chaque jour [58]. »

Au-delà du rythme et du mode de vie imposés par le métier, on peut se demander si ces actes et ces comportements ne témoignent pas de ce qu'il y a de violent dans le fait de comprendre que, contrairement à ce que l'on nous fait croire, on ne peut pas être *aimé* pour sa conformité plastique [59]. Le mannequinat avale le physique et recrache la personne. Après la mort de la jeune Kazakhe, une journaliste du site américain Jezebel écrivait : « Je ne connaissais pas Ruslana Korshunova. Mais j'en sais long sur la dépersonnalisation et la solitude inhérentes à ce métier, et sur ses moments de misère absolue [60]. » À l'appui, elle citait une interview de la jeune femme où celle-ci avait raconté une séance photo en plein hiver dans les Alpes : « On s'enfonçait dans la neige et je portais juste une petite robe. Il faisait très froid, il neigeait, on n'y voyait rien. J'ai cru que j'allais y rester. »

Le métier n'a rien à voir avec sa mise en scène médiatique, qui fait miroiter aux minettes une vie dans laquelle tout le monde serait en permanence aux petits soins pour elles. Dans les reportages, les coulisses des défilés sont filmées comme un rêve de fille, où coiffeurs et maquilleurs sont au service des mannequins comme d'autant de princesses, alors qu'en réalité *il ne s'agit pas d'elles*. Sans compter que, dans l'agitation du moment, témoigne une collègue de Sara Ziff dans *Picture Me*, « ils oublient que vous êtes humaine. Ils vous traitent comme si vous étiez un robot. Ils vous tirent les cheveux, vous arrachent à moitié les paupières »...

---

58 Voir « Modeling and the tragedy of Karen Mulder », Jezebel.com, 2 juillet 2009.

59 « Why are so many models attempting suicide ? », *New York Daily News*, 18 mai 2010 ; « Suicidal models are fashion's worst trend », Jezebel.com, 13 mai 2010.

60 « Ruslana Korshunova, no longer anonymous », Jezebel.com, 30 juin 2008.

Inès de la Fressange, dans son autobiographie, a elle aussi raconté un épisode de maltraitance datant de ses débuts : « Je devais faire une séance photo pour *Marie Claire*, mais j'avais le doigt de pied cassé. Mon agence avait appelé pour annuler, ils avaient insisté en disant qu'ils ne feraient que des photos coupées. Finalement, j'y suis allée. La photographe et la rédactrice m'ont dit que je devais quand même mettre des chaussures. Elles étaient un peu pointues et me faisaient mal. La photo consistait à sauter en l'air en regardant l'objectif. À chaque fois, c'était comme si je me recassais le doigt de pied. Cela faisait un mal de chien. Pendant toute la séance photo, je leur ai dit : "Mais là, j'ai vraiment mal." Ils répondaient : "Ne fais pas cette tête-là ! " C'est quand même insensé que personne n'ait dit : "Ça suffit, on arrête [61]." »

Elle n'entretient aucune illusion sur le métier qui l'a rendue célèbre : « J'ai une copine qui, lorsqu'elle était petite, se mettait dans la penderie pour voir quel effet cela faisait d'être un pantalon. Être mannequin, c'est voir quel effet ça fait d'être un cintre. » Et qu'on n'en attende surtout pas de l'*amour* : autant prendre un piranha comme animal de compagnie. « Il faut avoir une base affective, être solide, parce que ce ne sont pas les gens avec qui on travaille qui vont s'occuper de vous comme papa ou maman. Ce n'est pas leur rôle et on n'a pas à le leur demander. » Cela donne une idée de ce que doivent affronter celles qui se retrouvent, encore adolescentes, à des milliers de kilomètres de leur famille, livrées à elles-mêmes dans cet univers inhumain.

C'est une singularité épanouie, et non la conformité aux canons en vigueur, qui fait la beauté, la sensualité, l'amour. Rezvani, dans *L'Éclipse*, se souvient avec nostalgie de Lula avant la maladie, quand elle « s'inventait jour après jour par son

61 Inès DE LA FRESSANGE, *Profession mannequin*, *op. cit.* De même pour les citations suivantes.

intelligence originale, par sa façon de lire sa propre vie en l'improvisant hors des lieux communs et du dressage social surtout. Ce qui est passionnant dans l'être humain c'est sa lutte pour exister en tant que personne différente, originale, inventive d'elle-même et de la vie. N'est-ce pas de cet être façonné par soi-même que l'on tombe amoureux ? Le charme ne vient-il pas de ce qui le rend singulier, de ce qui le fait non interchangeable [62] ? » *Façonné par soi-même*, et pas par le bistouri d'un chirurgien.

Une merveilleuse « liberté de choix »

Les personnalités les plus fortes, les plus créatives, les plus impressionnantes ne recherchent pas la toute-puissance sur leur corps. Et, pourtant, c'est de leur côté que se trouvent l'audace, le culot, le courage, et non du côté des clientes de la chirurgie esthétique, contrairement à ce que tentent de faire croire des manipulations rhétoriques comme l'expression « amazones des salles d'op » utilisée dans *Elle*. Du côté de ces dernières, on trouve plutôt la passivité, la frilosité, la résignation – et la peur. Notre époque baigne dans l'idéologie du *choix* : on vous présente toutes les options et vous faites ce que vous voulez, tout le monde est super tolérant, c'est formidable. À y regarder de plus près, cependant, non seulement la force d'intimidation des images suffit à faire mentir tous les slogans exaltés et généreux, mais les discours, eux aussi, savent très bien vous dire, gentiment mais fermement, comment vous devez vous comporter. Pour votre propre bien, évidemment.

On a vu ce stratagème à l'œuvre au sujet de l'épilation intime. Dans *Elle*, l'article – désormais culte – sur l'art de

62 Serge Rezvani, *L'Éclipse*, *op. cit.*

devenir une « vraie foufounista » commençait ainsi : « On pourrait imaginer que l'épilation pudiquement appelée du maillot est un domaine où la norme sociale n'intervient pas : chaque femme fait ce qui lui plaît et aucune mode ne vient la contraindre ou inspirer son intimité. Or il suffit de comparer des films grand public des années 1970 avec d'autres des *eighties* jusqu'à aujourd'hui pour redécouvrir l'évidence : il est très difficile d'échapper aux tendances [63]. » C'est malheureux, mais *c'est comme ça*. Devant les photos extraordinairement sophistiquées qui accompagnaient l'article, on avait du mal à se persuader qu'elles représentaient bien des corps *réels* ; en comparaison, on avait l'impression d'être une femme des cavernes hirsute et mal dégrossie qui feuilletait un magazine pour se délasser en rentrant de la cueillette. C'était sans doute l'effet recherché : la mode et l'industrie cosmétique avaient apparemment décidé de s'attaquer à leur dernière frontière.

Pour son dossier d'anthologie sur la chirurgie esthétique, déjà, *Elle* avait commandé un sondage dont il ressortait que, pour 54 % des Françaises, « vieillir ne posait pas de problème », et que 85 % comptaient ne jamais avoir recours à la chirurgie esthétique. Des résultats plutôt contrariants, mais peu importe. Dans son éditorial, le magazine, après avoir suspecté les sondées d'être des « super menteuses », enchaînait, péremptoire : « En vérité, face au miroir, qui n'a pas, tôt ou tard, rêvé de réparer les outrages du temps ou d'améliorer ce que la nature n'a pas daigné fignoler à sa convenance ? Stopper l'avancée d'une patte-d'oie, réduire une culotte de cheval galopante, donner de l'extase à ses seins, bouter les rides hors du front [64]... » L'article s'intitulait : « Vous avez demandé la peau lisse ? » Eh bien, non : apparemment, personne n'avait rien

63 *Elle*, 14 janvier 2010.

64 « Vous avez demandé la peau lisse ? », *Elle*, 30 septembre 2002.

demandé, ou si peu ; mais ce n'était pas grave, on allait quand même l'avoir.

Cette pression diffuse, Laurie Essig l'a observée dans son travail sur la chirurgie esthétique. La croyance dans le pouvoir et la liberté de choix des individus est particulièrement forte aux Etats-Unis. Et, pourtant, ses enquêtés ne font que ressasser des arguments fatalistes : « *Qu'on le veuille ou non,* seule l'apparence compte dans notre société » ; « *Le fait est que* le poste va toujours à celle ou celui qui paraît le plus jeune » (c'est nous qui soulignons), etc. L'auteure cite l'actrice Joan Rivers, qui, contrairement à notre presse féminine, ne s'encombre pas de ruses rhétoriques : « Dans notre société centrée sur l'apparence, la beauté est un facteur essentiel pour le succès professionnel et émotionnel [*sic*] de chacun ; que ce soit bien ou pas, c'est comme ça : acceptez-le, ou allez vivre sous une pierre ! », assène-t-elle. La dame a signé un livre dont le titre laisse deviner sa vertigineuse profondeur d'analyse : *Men Are Stupid... And They Like Big Boobs* (« Les hommes sont stupides... et ils aiment les gros seins »).

Les interlocuteurs d'Essig considèrent le lifting ou le Botox comme un passage obligé, « au même titre que les impôts ou la mort », observe-t-elle. Ils se font souvent opérer à contrecœur. Ainsi, ils créent eux-mêmes la réalité qu'ils prétendent subir, comme si la portée collective de leurs actes, à force d'être niée, se retournait contre eux. Ils sont prisonniers d'une conception pseudo-objective de la réalité qui en fait une sphère à part, sur laquelle ils n'auraient aucune prise [65]. On voit donc s'instaurer une surenchère absurde où les fronts doivent être toujours plus lisses, les traits toujours plus figés, les seins toujours plus gros. Et, pour rester dans la course, il faut s'endetter. Aux États-Unis, 85 % des actes esthétiques (chirurgie, laser ou injections) sont payés par un emprunt. Ils ne nécessitent aucun

---

65 Voir Mona Chollet, *La Tyrannie de la réalité, op. cit.*

apport minimum, comme c'est le cas dans tous les autres pays du monde, à l'exception du Mexique et de l'Australie. On le doit à deux mesures prises par Ronald Reagan peu après son accession à la présidence en 1981 : l'autorisation de la publicité médicale d'une part et la dérégulation du crédit d'autre part. Les organismes spécialisés dans le financement d'actes médicaux, dont le plus important est CareCredit, une filiale de General Electric, concèdent des prêts à tout le monde, y compris aux plus précaires. Les taux peuvent atteindre 28 % et doubler dès que le débiteur rate une mensualité. Cette situation amène Essig à parler d'une « crise des *subprimes* du corps ». Autrefois réservée aux riches, la chirurgie plastique est devenue une entreprise massive de « standardisation des visages et des corps ». Elle attire, dit un praticien, « aussi bien des coiffeuses que des femmes de cadres de chez Wal-Mart ».

Non seulement le « choix » de se faire opérer, très relatif, contribue à l'endettement de la population, mais il apparaît aussi comme un exutoire à une impuissance plus générale. La croissance du secteur, + 465 % au cours des dix dernières années, a été parallèle à l'élargissement du fossé entre riches et pauvres. Elle traduit une tentative désespérée de résoudre la contradiction entre des rêves toujours plus grandioses, alimentés par la mise en scène médiatique du mode de vie des classes privilégiées [66], et des revenus toujours plus faibles. La chirurgie esthétique correspond à la vision libérale d'un sujet infiniment malléable, libre de toute détermination et censé travailler en permanence à son propre perfectionnement. Elle profite de la conviction que tout, les problèmes comme les solutions, l'échec comme la réussite, est d'essence individuelle et non collective, remarque Laurie Essig : « Pas assez de richesses à se partager ? Cap vers l'Ouest ! Paniqué de vivre à

---

66 Voir Mona Chollet, *Rêves de droite : défaire l'imaginaire sarkozyste*, Zones, Paris, 2008.

l'ère nucléaire ? Allez voir un psy ! Pas les moyens de vous procurer un logement décent ? Prenez un emprunt ! »

Et pour tenter de remédier au déclassement, on l'aggrave. La sociologue a constaté à sa grande surprise qu'avec la crise ses compatriotes étaient plus que jamais déterminés à passer sur le billard, même s'ils devaient pour cela prendre une deuxième hypothèque sur leur maison. « J'ai pensé que peut-être, si je n'avais pas l'air si vieille, si fatiguée, j'aurais plus de clients », lui explique une de ses amies qui travaille à son compte et qui, bien que fauchée, vient de dépenser 800 dollars en injections pour combler ses sillons nasogéniens (entre le nez et le coin des lèvres), apportant ainsi la seule réponse qu'elle puisse concevoir à une insécurité d'ordre structurel. *American Plastic* constitue un témoignage de première main sur la fuite en avant conjointe de l'individualisme et du mythe de l'autoengendrement, et sur la capacité d'aveuglement de ceux qui en sont prisonniers.

Suprême ironie : la plupart des praticiens, au départ, rêvaient d'autre chose, et en particulier de chirurgie reconstructrice ou réparatrice ; mais ils se sont spécialisés dans les implants mammaires et les liposuccions à partir du moment où ils ont eu, eux aussi, des crédits à rembourser… Deux résignations se donnent donc rendez-vous dans la salle d'opération. Parmi les chirurgiens qu'a rencontrés Essig, toutefois, l'un, au moins, se montre capable d'effectuer un vrai choix – phénomène stupéfiant que son enquête ne lui a pas donné l'occasion d'observer souvent : il lui explique que, lorsqu'une femme en instance de divorce vient lui réclamer une intervention, il essaie de parler avec elle et de l'en dissuader. « Je sais bien qu'à peine sorties de mon cabinet, elles iront voir un autre chirurgien, mais je suis médecin et je dois considérer la personne dans son ensemble. Ma première préoccupation est de ne pas nuire. » Pour les médecins de tous les pays et de toutes les époques, en effet, « D'abord, ne pas nuire » (*First do no harm*, en latin *Primum non nocere*) est la règle d'or. Naomi Wolf déplore d'ailleurs que les chirurgiens esthétiques aient en général une fâcheuse tendance à l'oublier.

Non contents d'exploiter les peurs et les fragilités de leurs clientes, certains vont jusqu'à affirmer que leur activité est féministe, car elle permet aux femmes d'« acquérir une meilleure estime d'elles-mêmes ». C'est confondre l'estime de soi avec le soulagement que procure le fait de « prouver sa loyauté à l'ordre dominant », comme le formule Laurie Essig, en une synthèse efficace des thèses de Michel Foucault sur l'exercice moderne du pouvoir par la discipline des corps. Se souvenant de son réveil après l'opération, une femme qui a subi un lifting témoigne : « Le soulagement était énorme. » Tu m'étonnes, Yvonne. Avec son mauvais esprit habituel, Naomi Wolf, qui la cite, compare cette déclaration à celle d'une patiente de l'ère victorienne qu'un chirurgien tout aussi « féministe » avait délivrée de ses habitudes masturbatoires grâce à une clitoridectomie : « Une fenêtre sur le paradis s'était ouverte pour moi. »

L'« estime de soi » apportée par une nouvelle paire de seins risque fort de s'évanouir avec la première ride, le premier sillon, le premier signe de cellulite aperçu dans la glace, la première manifestation des effets de la gravité. On peut chercher ailleurs une confiance en soi d'un genre plus solide – une fenêtre sur un autre genre de paradis.

Au printemps 2011, une Britannique installée aux États-Unis a connu une célébrité planétaire en prétendant qu'elle injectait du Botox à sa fille de huit ans dans l'espoir d'en faire une star. À la télévision américaine, les présentatrices mobilisaient toutes les capacités expressives de leurs visages lisses et tendus à craquer pour rivaliser de véhémence dans leurs condamnations de ce monstre maternel. L'affaire s'est révélée une intox, mais, avant de retomber dans l'anonymat (et dans les mains des services de protection de l'enfance, malgré tout), Kerry Campbell, qui, semble-t-il, ne s'appelait même pas

Kerry Campbell, a eu le temps de livrer au monde cette forte réflexion : « Je préfère avoir un visage un peu figé et être parfaite [67]. »

La perfection : voilà l'ennemi. C'est la conclusion à laquelle parviennent toutes les essayistes convoquées ici. Laurie Essig, exaspérée par la quête obsessionnelle que mènent ses compatriotes tandis que le monde s'écroule autour d'eux, aimerait les voir se soucier enfin d'une vie qui serait *bonne*, et non parfaite. « Depuis quand la perfection est-elle devenue applicable au corps humain ? », s'irrite Susan Bordo, qui la trouve plus adaptée au marbre des statues qu'à la chair vivante [68]. Quant à Eve Ensler, dans *The Good Body*, elle fait un pari : chercher à être une femme fantastique (*great*), c'est bien plus excitant que de chercher à être une femme parfaite (*good*). Car, comme dit la femme indienne qui traverse sa pièce, « il n'y a pas de joie dans la perfection [69] ».

---

67 « "I'm injecting my eight-year-old with Botox and getting her body waxes so she'll be a superstar" », *The Sun*, 23 mars 2011.

68 Susan Bordo, « Introduction », *Unbearable Weight*, *op. cit.*

69 Eve Ensler, *The Good Body*, *op. cit.*

6

Comment peut-on ne pas être blanche ? Derrière les odes à la « diversité »

« Une machine de guerre, nous ? Pas du tout ! On n'impose pas un canon de beauté universel. Bien au contraire ! Nous sommes au service de la beauté de chaque femme, chinoise, russe, africaine[1]... », s'enflammait en 2006 Patrick Rabain, alors responsable de la division des produits grand public de L'Oréal. « Nous sommes les Nations unies de la beauté[2] », proclamait quant à lui Lindsay Owen-Jones en 1999, à l'époque où il était encore P-DG du groupe. Pour illustrer cette noble vocation, la firme fait représenter la marque qu'elle commercialise en son nom propre[3] par des actrices et des mannequins de diverses origines : les Indiennes Freida Pinto et Aishwarya Rai, les Américaines Beyoncé Knowles, Eva Longoria, Jennifer Lopez, Gwen Stefani et Kerry Washington, la Chinoise Gong Li, la Malaisienne Michelle Yeoh, la Canadienne Evangeline Lilly, les Françaises

1 *Le Nouvel Observateur*, 27 avril 2006.

2 Cité dans Bruno ABESCAT, *La Saga des Bettencourt. L'Oréal, une fortune française*, Plon, Paris, 2002.

3 L'Oréal détient par ailleurs de nombreuses marques : Garnier, Dop, Mixa, Vichy, La Roche-Posay, Biotherm, Lancôme, Cacharel, Yves Saint Laurent Beauté, Maybelline, Kiehl's, Sanoflore, Shu Uemura, Helena Rubinstein, Ralph Lauren, Giorgio Armani, Mininurse, Colorama, SoftSheen-Carson...

Leïla Bekhti, Rachida Brakni et Laetitia Casta, la Néerlandaise Doutzen Kroes, l'Espagnole Penélope Cruz, les Allemandes Diane Kruger et Claudia Schiffer... On les voit chaque année monter ensemble les marches du festival de Cannes, dont L'Oréal Paris est le partenaire et le maquilleur officiel. À ce louable effort, à peu près aussi convaincant que celui fourni par Mattel pour élargir la gamme de ses Barbie, s'ajoute la préoccupation de couvrir tout l'éventail des âges. Inès de la Fressange et Andie MacDowell sont censées représenter les femmes de cinquante ans, Jane Fonda celles de soixante-dix ans. En 2011, une handicapée, l'Américaine Aimee Mullins, jolie blonde née sans péroné et amputée des deux jambes à l'âge d'un an, a également rejoint l'écurie.

L'Oréal a ouvert des centres de recherche dédiés à l'étude de la peau et des cheveux africains ou asiatiques ; une démarche qui n'est pas sans ambiguïtés, comme l'attestent deux professeurs d'une école de commerce parisienne lorsqu'ils écrivent ingénument, dans un livre consacré au « modèle L'Oréal », que le but est d'« encourager la recherche dans l'étude scientifique des différences génétiques entre races [4] ». Par ailleurs, afin de recruter davantage de candidats provenant de « cet étrange pays, "La Diversité", qui compte tant de ressortissants [5] », le groupe a nommé en 2006 un « directeur mondial du recrutement et de la diversité », Jean-Claude Le Grand, qui affirmait : « L'entreprise veut aussi être le reflet de la société. Dans la rue, il n'y a pas que des femmes blanches, jeunes, blondes [6]. »

Quelques couacs sont toutefois venus troubler cette grande offensive communicationnelle. En 2007, une filiale de L'Oréal, Garnier, a été condamnée, avec l'entreprise d'intérim Adecco,

---

4 Béatrice Collin et Daniel Rouach, *Le Modèle L'Oréal*, Pearson, Paris, 2009.

5 Sylvie Tissot, « Des "jeunes d'origine difficile" aux "candidats issus de la diversité" », Les mots sont importants, Lmsi.net, juin 2007.

6 *Le Monde*, 20 juin 2008.

pour discrimination raciale à l'embauche. Les critères de recrutement pour des hôtesses devant assurer la promotion en grandes surfaces des produits Fructis Style, en 2000, comportaient la mention « BBR », pour « bleu blanc rouge » – manière de signifier que les jeunes filles devaient être blanches ; une pratique courante dans le milieu, affirmeront certains lors du procès.

À l'annonce de cette condamnation, le groupe a acheté dans la presse de pleines pages de publicité où des personnalités de tous horizons témoignaient de sa probité. On devine l'enjeu d'autant plus sensible que L'Oréal a longtemps souffert de ses liens historiques avec l'extrême droite, son fondateur Eugène Schueller et le gendre de celui-ci, André Bettencourt, ayant eu pendant la Seconde Guerre mondiale des sympathies pronazies. Son directeur général, Jean-Paul Agon, a multiplié les entretiens pour dire le « sentiment d'injustice terrible » que lui inspirait cette décision. Usant d'un vocabulaire surprenant, mais très en vogue dans le monde économique, il déclarait dans *Paris Match* : « Chez L'Oréal, la diversité est inscrite dans nos gènes [7]. »

Une autre affaire de ce genre, qui n'a eu aucun écho en France, s'est produite en 1998 en Californie. Une cadre de L'Oréal USA, Elysa Yanowitz, a reçu de son supérieur l'ordre de mettre à la porte une vendeuse d'origine moyen-orientale, chargée des parfums Ralph Lauren, qu'il jugeait « pas assez attirante ». « Trouve-moi quelqu'un de sexy », aurait-il ordonné, avant d'ajouter, en voyant passer une grande blonde : « Engage-moi quelqu'un comme ça. » S'y étant refusée, Yanowitz s'est retrouvée à son tour sur la sellette. Elle a fini par assigner son employeur en justice.

On met un point d'honneur à afficher son goût pour un métissage glamour ; et puis, de temps en temps, le refoulé fait

7 *Paris Match*, 12 juillet 2007.

son grand retour. Cette alternance de proclamations vertueuses et de sérieux dérapages est curieusement récurrente dans le monde de la mode et de la beauté. Sous l'emprise de l'alcool, fin 2010 puis début 2011, le directeur artistique de Dior John Galliano a traité les clients d'un bar parisien de « *dirty Jewish face* » (sale gueule de juive), de « *fucking Asian bastard* » (putain de bâtard asiatique) et de « *fucking ugly Jewish bitch* » (putain de pute juive moche). Le scandale a amené la maison Dior, détenue par LVMH, le groupe de Bernard Arnault, à le licencier. Pour sa défense, lors de son procès, en avril 2011, l'accusé a protesté de son ouverture aux cultures du monde : « J'ai vécu avec des tribus masaï, je suis ami avec des moines shaolin [8]. »

Quelques semaines plus tard, à Londres, un coiffeur de stars, ami de Kate Moss, traitait à huit reprises un présentateur de télévision noir de « nègre », et sa compagne de « pute à nègres », en marge de la cérémonie des BAFTA, les récompenses de la télévision britannique. James Brown (un nom qui doit être difficile à porter pour ce pauvre garçon) publiait ensuite un communiqué d'excuses : « La vérité est que j'avais beaucoup trop bu au cours de la soirée et que mon comportement a été totalement inacceptable. Tous ceux qui me connaissent savent que je ne suis pas raciste, mais cet incident m'a fait comprendre que mon penchant pour l'alcool était devenu incontrôlable et qu'il nécessitait que je prenne des mesures urgentes pour en venir à bout [9]. » Pourtant, nombreux sont ceux qui, en dehors du monde de la mode, peuvent se soûler, même à mort, sans se mettre automatiquement à proférer des insultes racistes ou antisémites...

---

8 « John Galliano, entre amnésie et addiction », Nouvelobs.com, 23 juin 2011.

9 « "I'm so sorry" : celebrity hairdresser James Brown grovels for drunken N-word rant at the Baftas », Dailymail.co.uk, 31 mai 2011.

L'arrogance consanguine peut aussi se manifester à jeun. Le 15 octobre 2010, le parfumeur Jean-Paul Guerlain, invité du journal de 13 heures sur France 2, lançait avec désinvolture, à propos de la création d'un nouveau jus maison : « Pour une fois, je me suis mis à travailler comme un nègre. Je ne sais pas si les nègres ont toujours tellement travaillé, mais enfin... » Sa défense, après coup, s'est faite dans des termes assez semblables à ceux de Galliano et de Brown : « Mes paroles ne reflètent en aucun cas ma pensée profonde, mais relèvent d'un dérapage hors de propos que je regrette vivement [10]. »

L'affaire a été l'occasion de rappeler que, en 2002, Jean-Paul Guerlain – dont la maison appartient depuis 1994 à LVMH, comme Dior – avait été épinglé par l'inspection du travail pour avoir fait travailler des cueilleuses sans papiers dans sa plantation d'ylang-ylang de Mayotte. Il avait alors réagi sans états d'âme excessifs : « On sait très bien qu'ici la main-d'œuvre clandestine est un mal endémique » – avant de transférer son activité sur l'île voisine d'Anjouan afin de fuir les « tracasseries administratives [11] ». En 1999, *Elle* l'avait accompagné à Mayotte pour un reportage photographique idyllique : « Traverser la plantation à la tombée du jour, sentir les ylangs respirer, aller à la rencontre des parfums, travailler avec des matières premières naturelles... C'est ça la parfumerie ! », y disait-il avec emphase. On y rencontrait « Alamine, le fidèle boy », et on y apprenait que, là-bas, « tout le monde obéit aux ordres de "Papa l'île" ». Pour les Mahorais, il est le « "foundi" : le bienfaiteur de Combani, la plantation d'ylang-ylang qu'il a achetée voilà quatre ans [12] ». Bref, les « nègres » aimaient beaucoup leur bon maître. En 2000, Guerlain, qui possède aussi une

---

10 « Jean-Paul Guerlain s'excuse après son "dérapage" sur "les nègres" », Lemonde.fr, 15 octobre 2010.

11 *Le Journal du dimanche*, 16 octobre 2010.

12 « Pour l'amour de l'ylang-ylang », *Elle*, 28 juin 1999.

usine d'extraction de fleur d'oranger à Nabeul, en Tunisie, avait lancé un parfum baptisé « Mayotte » (qui fut un flop). Réduire des populations dominées à un décor pittoresque et escamoter l'exploitation qu'on leur fait subir pour mieux insister sur la beauté de la nature et des traditions, sur l'authenticité, l'exotisme et la sensualité : tous les ressorts de l'orientalisme colonial.

Les éructations ordurières qui émanent à intervalle régulier du complexe mode-beauté apparaissent comme le revers de la positivité forcenée qu'il s'efforce de produire par ailleurs. Ce milieu qui fabrique et vend du rêve se met lui-même en scène comme un univers où chacun est formidable, talentueux, raffiné, sympathique, ouvert d'esprit et n'est jamais effleuré par le moindre sentiment négatif. De plus, dans la mode, le luxe, la parfumerie, le consommateur recherche un espace pacifié, apolitique, où son imaginaire pourra trouver à se lover, à se réfugier loin de la laideur et de la conflictualité qui n'épargnent jamais tout à fait son environnement quotidien. Le choc est donc d'autant plus grand quand l'illusion se dissipe.

La tranquille résurgence sur les écrans nationaux, par la bouche du patriarche de Guerlain, de l'expression du racisme le plus primaire a en tout cas produit cet effet-là sur la journaliste Audrey Pulvar. Elle l'a amenée à se souvenir de son enfance, comme les actrices racontant le flacon de N° 5 posé sur la commode de leur tante lorsqu'elles étaient petites (voir chapitre 3), mais sur un mode un peu moins consensuel. Le 18 octobre 2010, sur France Inter, elle adressait au parfumeur une réponse cinglante, qu'elle concluait ainsi : « Cher monsieur Guerlain, vous dont l'un des parfums suffisait, à lui seul, à rassurer l'enfant que j'étais quand sa mère s'absentait, vous dont le nom m'a accompagnée, de mère en fille, de sœur en sœur, aussi loin que remontent mes souvenirs et dont je ne pourrai plus, jamais, porter la moindre fragrance, moi négresse, je vous relis, je vous dédie ces quelques lignes, signées Aimé

Césaire : "Vibre... vibre essence même de l'ombre, en aile en gosier, c'est à force de périr, le mot nègre, sorti tout armé du hurlement d'une fleur vénéneuse, le mot nègre, tout pouacre de parasites... le mot nègre, tout plein de brigands qui rôdent, de mères qui crient, d'enfants qui pleurent, le mot nègre, un grésillement de chairs qui brûlent, âcre et de corne, le mot nègre, comme le soleil qui saigne de la griffe, sur le trottoir des nuages, le mot nègre, comme le dernier rire vêlé de l'innocence, entre les crocs du tigre, et comme le mot soleil est un claquement de balle, et comme le mot nuit, un taffetas qu'on déchire... le mot nègre, dru savez-vous, du tonnerre d'un été que s'arrogent des libertés incrédules." Aimé Césaire qui, à l'insulte, répondit aussi un jour : "Eh bien le nègre, il t'emmerde !" »

S'afficher dans le camp des gagnants

Il est peu surprenant de voir resurgir un racisme décomplexé chez les membres d'une vieille bourgeoisie française que ses positions sur le marché international du luxe et de la beauté obligent, la plupart du temps, à une retenue de bon aloi. Mais il entre aussi dans ces dérapages un autre phénomène, plus diffus et bien mieux partagé : une forme d'eugénisme banalisé qui, même si ce milieu le concentre à haute dose, imprègne l'ensemble de la société. La frénésie d'uniformisation dont on disait qu'elle avait saisi toute la planète (voir chapitre 5), et les femmes au premier chef, vise à se rapprocher le plus possible du modèle esthétique dominant. Face à la dureté d'un monde livré à la compétition généralisée, celui-ci apparaît comme *plus sûr*. On valorise et on recherche donc autant que possible la blancheur, la blondeur, la minceur et la jeunesse. C'est la peur de la relégation, plus que la quête d'idéal, qui est à l'œuvre : s'éloigner trop de cette norme implique une vulnérabilité sociale et affective dangereuse, pense-t-on. On risque de perdre son travail, son partenaire, ou de ne pas en trouver, et de se voir condamné à l'effacement, à l'invisibilité, à l'insignifiance. À l'inverse, cumuler toutes ces « qualités » apparaît comme la garantie de tenir la dragée haute à son entourage et de tirer le gros lot dans tous les domaines. Il s'agit de marquer son appartenance claire au camp des gagnants et de ne surtout pas prêter le flanc au soupçon que l'on puisse être un perdant. Dans la logorrhée d'un Galliano, c'est d'ailleurs le mépris social qui a allumé la mèche et mené aux injures racistes, puisque le couturier avait commencé par relever les « bottes bas de gamme » de la femme à qui il s'en est pris. « Il m'a dit qu'il était John Galliano et que je n'étais rien [13] », témoignait celle-ci lors du procès.

Faisant de la richesse et de l'apparence les critères essentiels de la valeur humaine, professant un darwinisme social agressif, le milieu de la mode exsude la haine de la faiblesse. On est frappé, dans *Picture Me*, par le contraste entre le caractère spontané et souriant de Sara Ziff dans la vie et son air dur et hautain sur les photos. Contemplant dans la rue, à New York, deux panneaux publicitaires géants où elle figure, situés à un jet de pierre l'un de l'autre, elle remarque : « J'ai l'air agacé sur les deux. » Ce que les mannequins sont censés incarner, c'est le fantasme d'un corps-machine sans défaut, une combinaison génétique gagnante arborée comme une cuirasse. On assiste aussi dans le film à la répétition du final d'un défilé de Chanel, au cours duquel Karl Lagerfeld s'avance d'un pas décidé au milieu de ses mannequins. « Plus affirmé ! Comme une armée ! », tonne le maître de cérémonie dans les haut-parleurs. La scène évoque une parade officielle nord-coréenne – en plus riche.

---

13 « John Galliano, entre amnésie et addiction », art. cit.

Le rythme imposé aux modèles pendant la semaine de la mode témoigne également de cette loi du « marche ou crève » : quatre semaines durant, successivement à Londres, New York, Milan et Paris, sept jours sur sept, elles enchaînent quatre ou cinq défilés par jour ; mobilisées pour des répétitions jusque tard dans la nuit, elles doivent se lever à l'aube (et on s'émeut de leur addiction à la cocaïne). Une autre séquence de *Picture Me* montre Sara Ziff au téléphone avec son agence, en larmes, suppliant qu'on annule une séance de photos à Paris. Elle insiste sur l'aspect repoussant que lui donne sa fatigue : « Je suis épuisée, je suis vidée, et ça se voit, je t'assure, j'ai une peau horrible... » Mais c'est peine perdue. Une frange viendra opportunément cacher les boutons qui ont explosé sur son front, comme si son corps protestait contre sa réduction à un objet esthétique, contre la négation de sa faillibilité.

Dans *Lagerfeld Confidentiel*, le portrait filmé hagiographique que Rodolphe Marconi lui a consacré en 2007 [14], le directeur artistique de Chanel donne une assez bonne description du monde sans pitié dans lequel il vit. Il assène que, dans ce métier, « il faut accepter l'injustice comme normale, sinon on est fonctionnaire ». Il se vante de pouvoir se débarrasser « en une seconde » d'un collaborateur de trente ans : « Il *faut* que ça soit comme ça. S'il n'y a pas toujours une épée de Damoclès au-dessus de la tête des gens, ça ne marche pas. Le pardon ne fait pas partie de mes préoccupations, je n'ai pas eu une éducation catholique, donc l'autre joue, ça n'est pas mon truc. De toute façon, quand ça arrive, ces victimes ne sont pas innocentes. Ils savent très bien, ils connaissent mes critères. Moi, c'est une route qui continue, et toute embûche sur cette route est

14 « Rodolphe Marconi n'est pas un polémiste ou un journaliste d'investigation. Il propose au contraire une démarche d'artiste », peut-on lire sur le site officiel du film (www.lagerfeldconfidentiel.com). Ce qui est méchant pour l'art.

forcément écartée d'une façon plus ou moins définitive. C'est une responsabilité ; il y a des milliers de gens qui travaillent de ce que je fais, ou de ce que nous faisons : on ne peut pas, pour l'ego déplacé de deux ou trois connards, remettre tout ça en question. » La posture de l'artiste réfractaire aux conventions sociales sert à masquer un banal discours patronal et droitier : « On ne va pas chez les bourgeois », l'entend-on dire pour justifier l'achat d'une veste dorée... chez Dior et alors qu'on le voit par ailleurs frayer avec des personnalités aussi marginales et anticonformistes que Caroline de Monaco.

La haine de la faiblesse s'exprime aussi à travers l'horreur de la vieillesse. Là encore, on en trouve une démonstration, fortement teintée de misogynie, dans *Lagerfeld Confidentiel*. Une séquence montre le couturier en pleine messe basse avec un collaborateur devant un écran où s'affichent des prises de vue mettant en scène les jeunes corps musclés de nymphettes et d'éphèbes enlacés. Il glisse à son comparse cette blague aussi élégante que désopilante : « Qu'est-ce qu'une femme d'un certain âge a entre les seins qu'une jeune femme n'a pas ? Le nombril. » Les deux hommes rient à gorge déployée, tandis que Lagerfeld répète hypocritement : « C'est ignoble, n'est-ce pas ? C'est horrible ! »

Soigner les corps « dégénérés »

Dans la culture américaine, observe Laurie Essig, « la beauté est à la fois une question de supériorité génétique et quelque chose à quoi il faut travailler [15] ». Ce qui inspire le respect, ce sont à la fois les efforts fournis pour se conformer au modèle dominant et ce qu'on identifie comme une extraction de qualité. L'importance exagérée accordée à la plastique, au

---

15 Laurie Essig, *American Plastic*, *op. cit.*

détriment de la façon dont un physique est habité et animé, induit naturellement une fascination pour le lignage – à moins que ce ne soit l'inverse. Cette fascination, qui facilite grandement le népotisme dans le showbiz, est perceptible dans le traitement par les médias people des liaisons et de la progéniture des stars. Plus un couple semble susceptible de produire des enfants génétiquement performants, plus l'excitation qui l'entoure est grande. Woody Allen, apprenant que Penélope Cruz et Javier Bardem, dont l'idylle s'était nouée sur le tournage de son film *Vicky Cristina Barcelona*, allaient être parents, avait déclaré : « Je suis sûr qu'ils auront un super bébé, car leurs gènes sont primés [*award winning*] [16]. » Ce drôle de compliment exprimait avec une grande clarté ce qui motivait les spéculations de tous les observateurs sur le rejeton qu'étaient susceptibles d'engendrer la bombe latine et le colosse ultraviril au nez de boxeur. Et, en 2010, les chroniqueurs people ne cachaient pas leur dépit de voir l'aînée d'Angelina Jolie et de Brad Pitt, alors âgée de quatre ans, s'habiller en garçon, décevant ainsi les espoirs qu'on était en droit de placer en elle. Certes, sa grande sœur Zahara, pour sa part, est très coquette ; mais cette gosse ne présente qu'un intérêt limité : d'abord, elle est adoptée, et ensuite, elle est *noire*.

C'est aussi une mentalité eugéniste qui transparaît dans l'article de Voici.fr, cité par Stéphane Rose, sur la « moustache » de Madonna. Celui-ci, intitulé « Madonna, moustachues de mère en fille », ramenait la chanteuse à ses origines italiennes en recourant aux clichés sur la pilosité particulièrement abondante des femmes du Sud. Il se concluait d'ailleurs par ces mots : « Une chose est sûre en tout cas, c'est qu'entre les sourcils de sa fille, Lourdes, et la barbe [*sic*] de Madonna, la loi

16 « Penélope Cruz & Javier Bardem will have a "super baby", predicts Woody Allen », People.com, 15 septembre 2010.

génétique règne sur la famille Ciccone [17]. » Madonna est ainsi désignée comme une tricheuse qui, en abandonnant son patronyme, en se forgeant une plastique mince et musclée à partir d'un physique banal, hirsute et rondouillard, en se teignant en blonde et en décolorant le duvet de sa lèvre supérieure, aurait tenté de faire oublier son infériorité génétique. Heureusement, *Voici* veille...

À l'été 2007, Laurie Essig est à Berlin. Elle assiste au congrès de l'International Confederation for Plastic, Reconstructive and Aesthetic Surgery (IPRAS). La secrétaire générale de l'association délivre un discours dans lequel elle cite des études scientifiques affirmant que le cerveau humain est programmé pour la « survie des plus beaux ». Or le corps idéal a peu de chances d'apparaître spontanément dans la nature, remarque-t-elle ; la chirurgie esthétique a donc un boulevard devant elle. Essig commente, perplexe : « C'est peut-être parce que je suis juive, ou parce que je ne suis pas si belle que ça, mais cette équation entre la "beauté" et la valeur, l'idée que la médecine allait soigner ceux qui parmi nous sont laids, et que tout ça, c'était le progrès, m'ont mise très mal à l'aise. Cela ressemblait beaucoup à de l'eugénisme, et, peut-être parce qu'on était à Berlin, faisait écho à la solution finale des nazis [18]. » Dans la salle, certains chirurgiens bondissent en entendant les propos de l'oratrice ; il y a quelques sifflets. Mais la grande majorité applaudit à tout rompre.

Dès l'origine, souligne Essig, le projet de la chirurgie esthétique a été celui d'une normalisation tant raciale que sexuelle. Il visait à effacer tous les marqueurs qui cataloguaient un sujet comme « non blanc », à le délivrer de son corps « dégénéré », mais aussi à accentuer la différence entre les sexes, dont l'exacerbation était elle-même considérée comme un signe de

---

17 « Madonna, moustachues de mère en fille », art. cit.

18 Laurie Essig, *American Plastic, op. cit.*

supériorité raciale. Les premiers praticiens en voulaient aux « nez juifs ou irlandais ». Quant à leur passion pour la femme blanche, elle n'a fait que croître. Elle est leur grand œuvre ; ils s'attellent à la rendre toujours plus « féminine ». Aux États-Unis, aujourd'hui, leur clientèle est constituée à 90 % de femmes et à 80 % de Blancs. Dans le monde non occidental, cependant, c'est toujours le désir d'effacer la « dégénérescence » qui fait leur fortune. Un chirurgien iranien constate que « Disney a fait un tort considérable au nez persan » ; dans les clubs de Téhéran, le grand chic consiste à arborer un sparadrap sur le nez, comme si on venait de subir une rhinoplastie [19]. Les Chinoises se font débrider les yeux en ambulatoire, modifier la forme du nez et, parfois, allonger les jambes.

« *Illuminer les recoins sombres de la terre* »

Les normes dominantes entretiennent chez les femmes issues des minorités un douloureux sentiment d'inadéquation. Susan Bordo cite la présentatrice de télévision noire Oprah Winfrey, qui confiait avoir toujours rêvé de cheveux « qui se balancent d'un côté et de l'autre » quand elle bouge la tête, au lieu de ses cheveux crépus ; ce regret fait écho à celui qu'elle a elle-même éprouvé enfant : « J'avais les mêmes frustrations avec ma chevelure "juive", épaisse et frisée [20]. » Rokhaya Diallo, dans *Racisme : mode d'emploi*, mentionne aussi le cas de Jennifer Grey, vedette en 1987 de l'immortel *Dirty Dancing*. Complexée par son nez « juif », Grey « a eu recours à une rhinoplastie qui a l'a rendue méconnaissable. Déstabilisé, son public lui a tourné le dos et sa carrière a brutalement pris fin. Cette

19 Cité par Laurie Essig, *American Plastic, op. cit.*
20 Susan Bordo, « Postmodern bodies », *Unbearable Weight, op. cit.*

actrice, qui était pourtant perçue comme belle, était à ce point obsédée par un trait ethno-racial fantasmé qu'elle a décidé de le faire disparaître [21] ». L'intervention « lui a purement et simplement fait perdre son identité », comme elle l'exprime elle-même : « Je suis entrée dans la salle d'opération telle une célébrité et j'en suis ressortie anonyme. »

Désormais, cependant, ce sentiment d'inadéquation touche les populations du monde entier. En soi, le phénomène n'est pas nouveau : la domination de l'Occident sur le monde a amené de longue date les populations non blanches à intérioriser ses critères esthétiques. Spécialiste du marché de la beauté et de son histoire, Geoffrey Jones cite Charles Darwin qui, en 1871, estimait qu'il n'existait pas de standard universel de beauté ; « mais Darwin, objecte-t-il, avait étudié la biologie, pas le marketing. En 1914, il aurait peut-être changé d'avis [22] ». Paris et New York se sont imposées très tôt comme les capitales mondiales du bon goût. Dans l'entre-deux-guerres, Greta Garbo et Marlene Dietrich étaient citées jusqu'en Corée – alors sous occupation japonaise – comme des incarnations de l'idéal féminin [23]. Secondant Hollywood, la télévision, après la Seconde Guerre mondiale, a progressivement diffusé l'*American way of life* au cœur des foyers du reste de la planète. La création de concours de beauté internationaux, à la même période, résume bien l'évolution en cours : les premières gagnantes de Miss Monde, lancé en Angleterre en 1951, et de Miss Univers, aux États-Unis en 1952, étaient toutes deux scandinaves. Jones souligne aussi le rôle méconnu des *duty free shops* dans la diffusion des modèles et des produits ; le premier ouvrit

---

21 Rokhaya Diallo, *Racisme : mode d'emploi*, Larousse, Paris, 2011.

22 Geoffrey Jones, *Beauty Imagined. A History of the Global Beauty Industry*, Oxford University Press, New York, 2010.

23 Yoo Sun-Young, « Embodiment of American modernity in colonial Korea », *Inter-Asia Cultural Studies*, vol. 2, n° 3, 2011.

à l'aéroport de Shannon, en Irlande, en 1946. Puis, ces dernières décennies, la mondialisation des industries culturelles et médiatiques, celle des grandes marques du luxe et de la beauté, l'arrivée de la télévision par satellite, les déclinaisons locales de magazines féminins européens ou américains ont encore renforcé cette tendance.

Mannequin vedette des années 1990, l'Allemande Claudia Schiffer, qui a été sous contrat aussi bien avec Chanel qu'avec L'Oréal, apparaît comme emblématique de la période récente. Lors de la parution de *The Good Body*, Eve Ensler racontait : « Partout où je suis allée dans le monde, quand je demandais aux gens qui symbolisait la beauté à leurs yeux, ils me répondaient : "Claudia Schiffer, parce qu'elle est parfaite." Au point que j'ai failli intituler ma pièce : *Claudia Schiffer, Parce qu'Elle Est Parfaite* [24]. » De même, pour un dossier sur la « tyrannie du corps idéal », une journaliste française avait rencontré Zohra, « 47 ans, quatre enfants, un visage rayonnant et des rondeurs méditerranéennes », qui cherchait désespérément à maigrir : « Je voudrais tellement être belle ! » Or, à ses yeux, être belle, c'était « être comme... Claudia Schiffer [25] ! ».

Déjà inaccessibles pour la plupart des femmes blanches, les normes dominantes suscitent chez les femmes noires, arabes ou asiatiques une haine de soi encore plus grande. Dans le film de la réalisatrice américaine Kiri Davis *A Girl Like Me* (2005) [26], des enfants noirs à qui l'on demande de choisir entre une poupée noire et une poupée blanche désignent sans hésiter la blanche comme « la plus belle ». Et certaines des Africaines-Américaines qui témoignent dans *Dark Girls*, le documentaire

---

24 « Are Icelandic women happier ? », Thestranger.com, Seattle, 23 février 2006.

25 « La tyrannie du corps idéal », *Le Nouvel Observateur*, 15-21 janvier 2004.

26 www.kiridavis.com.

de Bill Duke et D. Channsin Berry (2011) [27], ne peuvent retenir leurs larmes : « L'une de mes amies venait d'avoir un bébé, raconte l'une d'elles, et elle s'est exclamée : "Je suis si contente qu'elle n'ait pas la peau foncée !" Ça a été comme si on me poignardait en plein cœur. J'avais l'habitude de ce genre de commentaires de la part de certains racistes, mais, là, cela venait de quelqu'un que je considérais comme ma sœur. » D'autres rapportent comment les hommes ont toujours été incapables d'assumer au grand jour leurs aventures avec elles. « Ce que je voudrais, c'est une belle fille, avec la peau claire et de longs cheveux », déclare un jeune homme noir interrogé dans la rue sur son idéal amoureux.

Il résulte de ce rejet des pratiques encore plus coûteuses et plus dangereuses que celles des Blanches. Défrisages réguliers, perruques, voire produits éclaircissants et chirurgie : les femmes noires ont un budget beauté « neuf fois supérieur », indique Rokhaya Diallo. Elle rapporte les résistances qu'elle a elle-même rencontrées lorsqu'elle a décidé d'arrêter de défriser ses cheveux : « Mais, Rokhaya, avez-vous l'intention de garder cette coiffure pour chercher votre stage ? » L'une de ses amies qui arbore une coiffure afro, raconte-t-elle, a parfois droit aux félicitations d'autres passants noirs dans la rue, « comme si elle avait réalisé un exploit. En réalité, elle n'a fait que garder ses cheveux tels qu'ils sont, mais ce choix est si contraire à la norme qu'il est perçu comme une affirmation de soi, à contre-courant des obligations dominantes [28] ».

Le désir éperdu d'avoir la peau aussi claire que possible s'observe au sein de toutes les populations non blanches ; mais

---

27 http://officialdarkgirlsmovie.com.

28 Rokhaya Diallo, *Racisme : mode d'emploi, op. cit.* Voir aussi Juliette Sméralda, *Peau noire, cheveu crépu. L'histoire d'une aliénation*, Jasor, Pointe-à-Pitre, 2005, et *Du cheveu défrisé au cheveu crépu. De la désidentification à la revendication*, Anibwe, Paris, 2007

il est particulièrement intéressant à étudier en Asie, où l'émergence d'une classe moyenne dotée d'un certain pouvoir d'achat a fait grimper en flèche, ces dernières décennies, les ventes de produits censés blanchir ou éclaircir le teint. C'est le cas en Inde, où une complexion claire représente un atout essentiel sur le marché matrimonial. La ligne Fair & Lovely (« Claire et ravissante »), lancée en 1978 par Hindustan Lever, la branche locale du groupe néerlando-britannique Unilever, domine le marché. Dans l'un de ses spots publicitaires, une jeune fille subit échecs professionnels et rebuffades amoureuses, au point que ses parents se désolent et s'inquiètent pour son avenir, avant que le teint lumineux apporté par la crème ne lui permette à la fois de décrocher un poste de présentatrice de télévision et de mettre un homme à ses pieds.

À noter qu'Unilever possède aussi la marque Dove, avec laquelle il a réussi une belle opération de communication en Europe et en Amérique du Nord en se faisant le héraut de la « vraie beauté » des « vraies femmes », créant même un « Fonds de l'estime de soi Dove ». « Nous voulons contribuer à nous libérer et à libérer la prochaine génération des stéréotypes de la beauté », lit-on sur son site. La marque se propose de « faire bouger les choses à travers l'éducation et la diffusion d'une définition moins étriquée de la beauté ». Pour cela, elle met à disposition du public un « constructeur interactif de l'estime de soi » et un « kit "Au-delà des apparences"[29] ». Une campagne diffusée au Canada en 2004 montrait des petites filles affligées chacune d'un complexe différent. On y voyait notamment une fillette aux traits asiatiques, avec ce commentaire navré : « Elle aimerait être blonde », tandis qu'une voix féminine chantait : « Montre-moi ta vraie couleur, elle fera fondre tes peurs. » Et de conclure, lyrique : « Disons-lui qu'elle a tort / Car tant qu'elle

---

29 « Le Fonds de l'estime de soi Dove », Unilever.fr, consulté en août 2011

sera vraie / Qu'elle sera courageuse / Qu'elle restera elle-même / Alors elle sera belle / Faisons la paix avec la beauté [30]. »

La valorisation du teint clair est très ancienne dans les pays asiatiques. On la trouve souvent dans la mythologie, qui, chez les hindous, par exemple, « met aux prises des dieux à la peau claire et des démons à la peau sombre [31] », indique Geoffrey Jones. Elle s'explique, dit-on, par le fait qu'un teint pâle révélait le rang social d'une femme n'ayant pas besoin de travailler aux champs. En Inde comme en Asie du Sud-Est, l'histoire a également vu le triomphe de peuples à la peau claire sur d'autres à la peau plus foncée. La colonisation a renforcé cette signification d'appartenance à la classe dominante ; non seulement le colon blanc trônait au sommet de la hiérarchie, mais il jouait les individus ou les groupes sociaux les uns contre les autres en fonction des nuances de leur complexion. Cet héritage, mélange inextricable de dynamiques internes et d'influences extérieures, empêche toute mise en circulation de modèles esthétiques qui diffèrent vraiment des canons occidentaux : le cinéma indien a beau être le plus dynamique de la planète, ses plus grandes stars sont au contraire celles qui s'en rapprochent le plus.

Le poids de l'histoire aboutit même à ce que des normes qui nuisent objectivement à la majeure partie de la population – parce qu'elles la disqualifient, parce qu'elles la mènent à des pratiques autodestructrices – puissent être présentées comme des traits culturels et identitaires typiques. Ainsi, interrogé par nos soins en 2009 sur la politique de L'Oréal en Asie, Guerric de Beauregard, à la direction communication du groupe, avait beau jeu de nous répondre : « Les produits dits "blanchissants" permettent une unification du teint et une suppression des

---

30 Voir le spot : « La confiance en soi signée Dove », www2.infopresse.com, 14 février 2005.

31 Geoffrey Jones, *Beauty Imagined*, *op. cit.*

taches. Nos marques sont plébiscitées par les consommatrices et sont parfaitement en phase avec les codes de beauté de l'Asie. » Autre fervent défenseur de « tous les types de beauté », L'Oréal, en effet, tente de rivaliser avec Hindustan Lever sur son propre terrain. Il a créé des filiales en Inde en 1994 et en Chine en 1997 ; les marchés émergents d'Asie représentent la région du monde où son développement est le plus fort. « Nous visons 650 millions de nouveaux clients dans la zone Asie-Pacifique, dont la moitié en Chine [32] », confiait en 2010 le directeur de la zone, Jochen Zaumseil. Le groupe propose dans ces pays plusieurs produits blanchissants : L'Oréal Paris White Perfect, Bi-White de Vichy, Blanc Expert de Lancôme...

Il serait quelque peu illusoire d'attendre d'un groupe industriel qu'il adopte une attitude révolutionnaire au sein des sociétés où il s'implante. Mais ses stratégies commerciales et ses campagnes publicitaires ne font pas qu'épouser des normes déjà existantes : elles les renforcent aussi, dans la mesure des moyens publicitaires colossaux dont il dispose. Dans une tribune, en 2009, l'auteure américaine Shahnaz Habib fustigeait la campagne pour White Perfect, dont elle avait été témoin en Inde : « Même le plus naïf des responsables marketing chez L'Oréal a dû avoir une lueur de doute : "Attends une minute, est-ce que c'est raciste de promouvoir la blancheur ? Est-ce qu'on afficherait ça sur un panneau géant à Times Square [33] ?" » Sur une publicité pour Bi-White de Vichy, le mannequin tire la fermeture Éclair d'une sorte de voile sombre qui lui recouvre le visage, révélant un teint d'une blancheur éclatante [34]. « Quelle conclusion tirer d'une telle image, interroge l'anthropologue canadienne Amina Mire, si ce n'est que le noir est synonyme de

---

32 *Les Échos*, 19 mai 2010.

33 Shahnaz Habib, « The ethics of global branding », *The Guardian*, 22 février 2009.

34 www.vichy.com/gb/biwhite/.

fausseté, de saleté et de laideur, alors que le blanc est vrai, sain, propre et beau [35] ? »

Ce genre de représentations rappelle des souvenirs, remarque-t-elle : en 1899, une publicité pour le savon anglais Pears, mettant en scène l'amiral américain Dewey aux Philippines, le recommandait comme « le meilleur moyen d'éclaircir et d'alléger [*lighten* ayant les deux acceptions] le fardeau de l'homme blanc » et d'« illuminer les recoins sombres de la Terre au fur et à mesure que la civilisation avance ». Un bon siècle plus tard, on retrouve cette rhétorique, quasiment telle quelle, dans une campagne de la marque Nivea pour une ligne de soins pour hommes : on y voit un homme noir au visage glabre et aux cheveux ras balancer au loin un masque de lui-même affublé d'une boule afro et d'une barbe, sous le slogan « Recivilisez-vous ». La campagne a déclenché de telles protestations qu'elle a été retirée juste après son lancement, en août 2011.

Plus précisément, l'idéologie coloniale et raciste associait la peau noire à la saleté ; des fabricants de savon grecs ou marseillais clamaient que leurs produits avaient le pouvoir de « rendre blanc un nègre ». À cette époque, rapporte Geoffrey Jones, les Européens, dont tous ceux qui étaient tombés nez à nez avec eux au cours des siècles précédents s'accordaient pourtant à noter la puissante odeur de fauve, s'étaient mis en tête de persuader le monde que l'usage du savon attestait la supériorité de la civilisation occidentale : « Le peuple le plus sale de la Terre s'était réinventé comme le plus propre, et, avec le zèle du converti, prêchait la bonne parole de la propreté auprès des masses colonisées et crasseuses [36]. »

Faut-il voir simplement dans la mondialisation une nouvelle couche d'impérialisme ? Geoffrey Jones réfute cette

---

35 Voir Amina MIRE, « Pigmentation and empire », Counterpunch.org, 28 juillet 2005.

36 Geoffrey JONES, *Beauty Imagined, op. cit.*

hypothèse, estimant que chaque pays y trouve une occasion de s'affirmer. Le discours des marques, soulignant abondamment les efforts qu'elles doivent fournir pour s'adapter à une clientèle d'une culture nouvelle et mal connue d'elles, contribue lui aussi à donner l'impression d'un grand carrefour où chacun rencontre et découvre l'autre. On peine pourtant à trouver quelque part une démonstration convaincante de ce multilatéralisme. S'agissant des modèles esthétiques, le poids économique croissant des pays émergents – ou même plus qu'émergents – n'a que peu d'effets sur un rapport de forces profondément ancré dans l'histoire. Que le consommateur asiatique ait droit à du sésame ou à du gingembre dans son shampooing semble une victoire assez mince face à la désirabilité persistante des traits physiques occidentaux.

Le Japon semble faire figure d'exception. Les produits blanchissants y sont tout aussi recherchés et le prestige de l'Occident y est tout aussi grand, mais il n'est pas certain que les deux soient liés. La blancheur de la peau des Japonaises y est vue comme supérieure à celle de la peau des Occidentales ; elle représente un motif de fierté nationale. Cela s'explique sans doute par le fait que le pays, même s'il s'est occidentalisé à un rythme effréné à partir de 1868, avait vécu auparavant complètement coupé du monde pendant deux siècles. Il a en outre échappé à la colonisation : il a été colonisateur, et non colonisé. Junichirô Tanizaki (1886-1965), dans son *Éloge de l'ombre*, livre l'origine de ce goût des visages très blancs, inséparable selon lui de l'obscurité des maisons traditionnelles où les femmes étaient confinées : « Nos ancêtres tenaient la femme, à l'instar des objets de laque à la poudre d'or ou de nacre, pour un être inséparable de l'obscurité, et, autant que faire se pouvait, ils s'efforçaient de la plonger tout entière dans l'ombre ; de là ces longues manches, ces longues traînes qui voilaient d'ombre les mains et les pieds, de telle sorte que la seule partie apparente, à savoir la tête et le cou, en prenait un relief saisissant [37]. » La coutume de se raser les sourcils et de se noircir les dents ajoutait encore à cette beauté fantomatique.

Avant l'ouverture de l'ère Meiji, il ne pouvait être question de comparer le teint de ces femmes à celui des Occidentales, et encore moins de développer un complexe à l'égard de ces dernières, pour la bonne raison qu'on ignorait leur existence. Et, même par la suite, la comparaison semble assez peu bouleverser les esprits. On enviera aux Occidentaux la forme et les couleurs de leurs yeux, ainsi que leurs diverses teintes de cheveux ; mais, dans sa stylisation, cette blancheur dont on s'enorgueillit paraît davantage liée à une tradition esthétique qu'à un trait ethnique, ce qui la met à l'abri des hiérarchies racistes. « Pensez au sourire d'une jeune femme, à la lueur vacillante d'une lanterne, qui de temps à autre, entre des lèvres d'un bleu irréel de feu follet, fait scintiller des dents de laque noire : peut-on imaginer visage plus blanc que celui-là ? interroge Tanizaki. Moi du moins je le vois plus blanc que la blancheur de n'importe quelle femme blanche, dans cet univers d'illusions que je porte gravé dans ma cervelle. La blancheur de l'homme blanc est une blancheur translucide, évidente et banale, alors que celle-là est une blancheur en quelque sorte détachée de l'être humain [38]. »

« Suprématie blanche » dans la mode

La mondialisation apparaît d'autant moins comme une mutualisation des pratiques et des valeurs que ses acteurs occidentaux, en dépit de leurs proclamations vertueuses, tendent à appliquer aux populations des pays où ils s'implantent le

---

37 Junichirô TANIZAKI, *Éloge de l'ombre* [1933], Publications orientalistes de France, Paris, 2008.

38 *Idem.*

traitement qu'ils ont longtemps réservé, ou qu'ils réservent encore, à leurs minorités. Ainsi, la présence, en septembre 2011, de six mannequins asiatiques à la une du *Vogue* chinois constituait un petit événement : au cours de l'année précédente, les blondes aux yeux clairs, mannequins ou stars hollywoodiennes, avaient raflé huit couvertures sur douze [39]. Et quand des vedettes moins conformes passent la rampe, Photoshop se démène pour les ramener autant que possible à la civilisation. À l'été 2008, L'Oréal avait fait scandale aux États-Unis avec une publicité où la chanteuse Beyoncé Knowles apparaissait blanchie, les cheveux raidis et blondis. Un an plus tard, la marque dotait une autre de ses représentantes, l'actrice indienne Freida Pinto (*Slumdog Millionaire*), d'un teint beigeasse. Et *Elle India* a fait quelques vagues pour avoir donné à Aishwarya Rai un spectaculaire teint de porcelaine en couverture de son édition de décembre 2010. L'actrice avait été d'abord « incrédule » en la découvrant ; elle envisageait de porter plainte [40].

En Occident, après un début d'ouverture aux minorités, c'est à une régression que l'on assiste dans la mode. Les mannequins noirs, engagés par Yves Saint Laurent ou Hubert de Givenchy dès les années 1970, étaient nombreux au cours de la décennie suivante – même si l'ancienne agente anglaise de Naomi Campbell, Carole White, affirme qu'elle a toujours dû batailler pour obtenir qu'elle soit payée au même tarif que les autres top models [41]. Depuis, ils ont disparu des podiums ; Milan et Paris leur sont particulièrement fermés. On ne les voit plus non plus sur les photos de mode. Agences, clients, couturiers, photographes et magazines s'en rejettent mutuellement

---

39 Voir le portfolio : « *Vogue China*'s September cover features all Asian models… so what ? », Styleite.com, 4 août 2011.

40 « Aishwarya Rai Bachchan might "take action" over *Elle India* cover », Huffingtonpost.com, 28 décembre 2010.

41 Liz Jones, « Is the fashion industry racist ? Yes – and it goes right to its core », Dailymail.co.uk, 13 juin 2011.

la responsabilité. Quoi qu'il en soit, cette résistance à l'évolution que connaissent, même timidement, la plupart des secteurs de la société suscite une flopée d'articles de presse. Sur un blog tenu par un artiste photographe, on trouve même un montage rageur où le logo de *Vogue* se voit agrémenté d'une croix gammée à l'intérieur du « o ». Sous le titre : « Suprématie blanche : les magazines de mode les plus racistes en 2010 », le billet s'en prend à Anna Wintour, la rédactrice en chef du *Vogue* américain, incarnation de la bourgeoisie WASP (*White Anglo-Saxon Protestant*). Au terme d'une longue et accablante déclinaison de couvertures, l'auteur conclut sur cette boutade : « Anna Wintour m'a envoyé un e-mail pour réagir à ce post. Elle m'écrit : "J'en ai rien à foutre ! Heil Hitler [42] !" »

Le bilan de *Vogue* est en effet particulièrement critique. En 1966, Edmonde Charles-Roux, alors rédactrice en chef de l'édition française, avait été licenciée pour avoir mis en couverture un mannequin noir. Elle estima plus tard qu'il s'agissait d'un prétexte et que ses employeurs la soupçonnaient surtout d'être communiste, en raison de son amitié avec Louis Aragon et Elsa Triolet, qu'elle faisait parfois écrire : « Mon renvoi était une manifestation de maccarthysme [43]. » Il reste que, si c'était un prétexte, c'était un prétexte crédible. Plus récemment, en avril 2008, l'édition américaine a annoncé en fanfare la présence en couverture, pour la première fois de son histoire, d'un homme noir : le basketteur LeBron James, qui posait avec le top model brésilien Gisele Bundchen pour un numéro « Spécial forme », avec ce sous-titre : « Les secrets des plus beaux corps ». Or la photo, prise par Annie Leibovitz, rappelait irrésistiblement l'image de King Kong s'emparant de l'actrice Fray Way

---

42 « White supremacy : the most racist fashion magazines in 2010 », The Minority Reports, http://naiveboy.com, 27 avril 2010.

43 Cité par Vincent Soulier, *Presse féminine. La puissance frivole*, L'Archipel, Paris, 2008.

dans le film du même nom, en 1933. Le basketteur y apparaissait rugissant, dans une posture évoquant à la fois celle d'un joueur en train de dribbler et celle d'un gorille, un bras passé autour de la taille frêle de la jeune femme [44]. Le magazine n'avait souhaité faire aucun commentaire.

Le cas échéant, pour se dédouaner de se vautrer dans la facilité des clichés les plus réactionnaires, il peut toujours invoquer le deuxième degré. Le *New York Times* avait relevé en 2007 que le seul mannequin noir figurant dans un numéro du *Vogue* italien interprétait une femme de chambre au service du top model blond Anja Rubik, qui incarnait, sur dix-sept pages, une riche bourgeoise de Park Avenue. Le photographe avait alors fait savoir qu'il s'agissait en réalité d'une véritable femme de chambre travaillant dans l'hôtel où avait été réalisée la série. Il l'avait fait poser, expliquait-il, « en raison de sa beauté et pour son aptitude à souligner le stéréotype de la femme blanche et riche qui engage des domestiques de couleur [45] ». À l'occasion, le déni pur et simple marche aussi : « L'avantage de la mode, c'est qu'il n'y a pas de racisme », déclarait Karl Lagerfeld sur un plateau de télévision, en 2006, face au mannequin Noémie Lenoir que tant d'aplomb laissait estomaquée [46]. Le couturier refusait l'idée que la couleur de peau joue le moindre rôle dans le succès ou l'échec d'une carrière. Aucune personnalité assez forte n'avait encore émergé, voilà tout : « Il faut attendre la prochaine Naomi. »

Le seul mannequin noir à avoir connu une certaine célébrité tout en ayant la peau très foncée est Alek Wek. Mais, remarque Rokhaya Diallo, elle n'a jamais été photographiée

44 « LeBron James' *Vogue* cover called racially insensitive », *USA Today*, 24 mars 2008.

45 « Ignoring diversity, runways fade to white », *The New York Times*, 14 octobre 2007.

46 « Campus », France 2, 27 janvier 2006.

comme une femme normale : elle a le plus souvent fait l'objet de mises en scène qui soulignaient lourdement son étrangeté physique, en esthétisant le contraste entre la couleur de sa peau et celle des vêtements ou du décor, ou entre sa peau et la blancheur de ses dents. « Ces plastiques perçues comme très "africaines" permettent donc à la mode et aux marques de créer un espace exotique au milieu de la norme blanche et blonde, ce qui laisse libre cours à l'imaginaire qui est associé aux femmes noires : la nature brute et sauvage et un certain primitivisme associé à l'animalité [47]. » Les représentations de Grace Jones par Jean-Paul Goude, dans les années 1980, appartenaient au même registre. Et, pour être de carnation plus claire, Naomi Campbell n'échappe pas à ce genre de clichés insultants. En 2011, la marque de confiserie anglaise Cadbury a ainsi lancé une nouvelle tablette de chocolat avec pour slogan : « Bouge de là, Naomi, il y a une nouvelle diva en ville [48]. »

En France, au printemps 2011, un article dans *Elle* constatait à son tour la « monotonie des beautés stéréotypées : grandes, minces, blanches, jeunes [49] ». En couverture de ce même numéro de *Elle*, un « Spécial mode », figuraient pourtant... *cinq* mannequins toutes « grandes, minces, blanches, jeunes » – et blondes ! De la même manière, le *Vogue* anglais a consacré un article à l'« arrivée des top models asiatiques », dans un numéro où on ne voyait aucun mannequin noir ou asiatique. Une série de mode intitulée *Neo Geisha* mettait en scène un mannequin... blanc [50]. Il arrive aussi, en effet, qu'on peinturlure ou qu'on déguise un modèle occidental pour lui faire mimer un physique africain ou asiatique. En octobre 2009,

---

47 Rokhaya DIALLO, *Racisme : mode d'emploi*, *op. cit.*

48 « Naomi Campbell : Cadbury ad "insulting & hurtful" », Huffingtonpost.com, 31 mai 2011.

49 « La mode est-elle faite pour tout le monde ? », *Elle*, 6 mai 2011.

50 Liz JONES, « Is the fashion industry racist ? Yes – and it goes right to its core », art. cit.

l'édition française de *Vogue* avait badigeonné de noir le mannequin néerlandais Lara Stone [51]. Non seulement la pratique démontre jusqu'où la mode est prête à aller pour préserver son entre-soi, mais elle rappelle les *minstrel shows* américains, ces cabarets dans lesquels, au XIXe siècle, des acteurs blancs se noircissaient le visage pour interpréter des pantomimes racistes.

La responsable des castings de *Marie Claire*, Fabienne Schabaillie, s'était justifiée en 2007 : « Il est vrai que nous choisissons rarement des mannequins noirs. Simplement parce qu'elles *ne vendent pas*. Quand nous avons fait une couverture avec la sublime Naomi Campbell, les ventes ont hélas été décevantes, et il faut savoir que multiplier les couvertures qui ne marchent pas mettrait en péril notre magazine. [...] Selon moi, ça n'a rien à voir avec le racisme. C'est juste que les lectrices, en majorité blanches, recherchent avant tout un effet miroir. Elles doivent pouvoir s'identifier. » On peut douter de l'argument, puisque même les éditions locales des grands magazines occidentaux répugnent à mettre en couverture des modèles des pays où ils s'implantent. Et quand bien même : on se demande pourquoi une lectrice rousse ou brune pourrait s'identifier à un mannequin blond, et inversement, mais pas à une Noire ou à une Asiatique... Schabaillie concédait d'ailleurs : « Sans doute devrions-nous brusquer les choses pour que les lectrices s'habituent à un autre type de beauté. Heureusement, le melting-pot grandissant de notre société va nous y aider [52]. »

L'affirmation que les mannequins noirs « ne font pas vendre » laisse également songeur. Pour son numéro de juillet 2008, à l'initiative de sa rédactrice en chef Franca Sozzani et de son photographe fétiche Steven Meisel, le *Vogue* italien avait consacré un numéro spécial, intitulé « The black issue », aux beautés noires. Il s'agissait à la fois de réagir aux critiques et

51 « Outrage over *Vogue* photographs », *The Guardian*, 13 octobre 2009.

52 Cité par Vincent Soulier, *Presse féminine*, *op. cit.*

d'accompagner l'effet Obama. Ce numéro, qui mettait en scène des vedettes de longue date (Naomi Campbell, Noémie Lenoir, Veronica Webb, Iman, Tyra Banks, Alek Wek) comme des nouvelles venues (Jourdan Dunn, Chanel Iman), s'est arraché aux États-Unis et au Royaume-Uni ; il a même dû être réimprimé – une première dans l'histoire du groupe Condé Nast – et demeure la meilleure vente de *Vogue Italia*. L'expérience devait être rééditée en février 2011, sous le titre « The black allure ». Sur son site, le magazine a créé une section spéciale baptisée « V Black », à côté d'une autre, « V Curvy », destinée aux rondes. Le succès des numéros spéciaux, comme celui de ces rubriques, démontre qu'ils viennent combler une longue et intense frustration. Mais ils aboutissent à confiner les mannequins noirs – comme les rondes – dans un ghetto, renforçant par là la norme « blanche » – et mince. On remarque aussi que les photos ne sont pas avares en poses de tigresse, en lourds bijoux ethniques et en imprimés léopard. Sans parler des jeux de maquillage douteux consistant à dessiner sur le visage d'un mannequin des bandes de peau plus sombre... Le contraire d'une normalisation, donc.

Une créativité étouffée

Les célébrités qui font vendre dans le royaume en 2011, se défend pourtant mordicus le directeur du *Vogue* anglais [53], sont Jennifer Aniston (*Friends*), Cheryl Cole (du *girls band* Girls Aloud) et Catherine Middleton, la nouvelle épouse du prince William. À Hollywood aussi, depuis quelques années, les beautés blondes tiennent plus que jamais le haut du pavé : outre les inoxydables Gwyneth Paltrow, Jennifer Aniston,

53 Liz Jones, « Is the fashion industry racist ? Yes – and it goes right to its core », art. cit.

Sarah Jessica Parker (*Sex and the City*), Cameron Diaz, Kirsten Dunst, Charlize Theron ou Reese Witherspoon, sont apparues Scarlett Johansson, Sienna Miller, Blake Lively, Diane Kruger, Clémence Poésy, Mélanie Laurent, sans oublier la gamine Elle Fanning et sa grande sœur Dakota (nées respectivement en 1998 et 1994). Pas le genre de filles chez qui *Voici* risquerait de déceler la manifestation d'un gène impur, même avec sa « loupe magique ». La plupart d'entre elles sont couvées par la mode. Sofia Coppola, dont on a noté le goût pour les esthétiques vaporeuses, en a mis sur orbite quasiment une par film : Dunst (*Virgin Suicides*), Johansson (*Lost in Translation*), Elle Fanning (*Somewhere*). Et, puisqu'on parlait de la fascination de la mode pour Versailles, deux d'entre elles ont joué le rôle de Marie-Antoinette au cinéma : Kirsten Dunst chez Coppola et Diane Kruger chez Benoît Jacquot (*Les Adieux à la reine*). On n'a rien contre la blondeur, mais cette monotonie finit par créer un environnement culturel un brin angoissant.

Pour une part, le conservatisme de la mode s'explique par les impératifs commerciaux auxquels ce milieu est soumis et qui obligent à caresser le consommateur dans le sens du poil, en flattant son confort mental et ses réflexes conditionnés, en usant de vieilles recettes qui ont fait leurs preuves (voir chapitre 3). Inévitablement, ces recettes charrient avec elles quelques clichés orientalistes, colonialistes ou racistes. Mais deux choses intriguent : pourquoi cette brusque fermeture, cette régression résolue et décomplexée, après une ébauche d'ouverture il y a vingt ou trente ans ? Et pourquoi cet écart toujours plus grand entre des publics qui se diversifient et des modèles qui s'uniformisent ?

La régression correspond d'abord au mouvement général qui a vu l'Occident, après une période de remise en question de ses rapports avec tout ce qui était « Autre » – aussi bien en son sein que dans le reste du monde –, « retrouver le confort des certitudes » et renouer pleinement avec la « culture de la suprématie », comme l'écrivait Sophie Bessis. Dans *L'Occident et les autres*, en

2001, l'historienne notait les premières manifestations de cette réaction, observables depuis la fin des années 1990 : nostalgie pour la glorieuse époque coloniale, réaffirmation décomplexée de la supériorité de « notre » civilisation [54]... Quelques mois après la parution de son livre, les attentats du 11 Septembre allaient faire voler en éclats les derniers scrupules et les dernières résistances qui bridaient encore ce type de discours. Ils allaient le rendre non seulement légitime, mais hégémonique.

À ce basculement global s'ajoute un facteur interne. L'évolution structurelle de la mode ces dernières années n'est sans doute pas étrangère à sa frilosité actuelle. En tant qu'art décoratif, elle comporte à la fois une part de création authentique et une part de marketing ; le rapport de forces peut favoriser tantôt l'une, tantôt l'autre. Et, depuis quelques années, il penche lourdement en faveur de la seconde. L'affaire Galliano, succédant à d'autres pétages de plombs, *burn-out* ou suicides de stylistes, a été l'occasion de s'apercevoir que leur starisation avait été un leurre. L'image du créateur génial n'était qu'un argument publicitaire : tandis qu'il assurait les relations publiques, dans les coulisses, les équipes commerciales détachées par les actionnaires mettaient les maisons en coupe réglée. Afin de dégager le maximum de rentabilité, elles multiplient les recours à des consultants extérieurs et imposent des rythmes de production infernaux, tout en veillant à réduire autant que possible la prise de risque. Elles encadrent soigneusement les grands hommes : chez Dior, « les idées développées sur le podium par le créateur étaient transformées par la pléthorique équipe du studio en objets faciles à vendre [55] ».

Le grand tournant, expliquent *Les Inrockuptibles*, a eu lieu en 1999. Cette année-là, Pinault-Printemps-Redoute (PPR) rachetait Gucci. Depuis, le groupe de François Pinault et celui de

---

54 Sophie Bessis, *L'Occident et les autres. Histoire d'une suprématie*, La Découverte, Paris, 2001.

55 « Panique dans la mode », *Le Nouvel Observateur*, 17 mars 2011.

Bernard Arnault, LVMH, se disputent le marché du luxe. Il en a résulté un changement de culture complet : « D'un coup, nous avons vu débarquer à la tête des marques des gens issus de la pharmacie ou de la cosmétologie », se souvient l'ancien directeur général de Jean Paul Gaultier [56]. La rivalité des deux géants et les enjeux financiers liés à leurs cotations boursières créent un climat d'extrême tension. Sous couvert d'anonymat, des employés d'une grande maison décrivent la « guerre » que se livrent le directeur artistique et le directeur général. C'est toujours ce dernier qui tranche, car « le commercial est évidemment prioritaire sur tout le reste ». Le créateur compense sa frustration en se montrant de plus en plus capricieux et odieux avec ses collaborateurs. On peut se demander si le recours à des mannequins atypiques, et en particulier noirs ou asiatiques, n'est pas simplement une prise de risque parmi toutes celles qui sont passées à l'as dans ce contexte : pour ceux qui vendent comme pour ceux qui achètent, la blancheur et la blondeur représentent des valeurs refuges.

Le conflit entre recherche créative et efficacité commerciale se retrouve également au sein de la rédaction du *Vogue* américain. Il y est symbolisé par la rivalité qui oppose Anna Wintour à la directrice artistique du magazine, Grace Coddington, et que le documentaire *The September Issue*, en 2009, a rendue publique [57]. On y voit Coddington pester devant les photos de Sienna Miller, blondinette anglaise connue pour son style bohémien chic et ses amours tumultueuses avec l'acteur Jude Law, que Wintour a choisi de mettre en vedette dans le numéro de septembre, traditionnellement le plus important de l'année. Wintour a d'ailleurs joué il y a peu un rôle déterminant dans l'ascension d'une autre beauté blonde et people, Blake Lively (*Gossip Girl*). Coddington, elle, apparaît comme une authentique amoureuse de la mode,

56 « La mode disjoncte », *Les Inrockuptibles*, 23 mars 2011.

57 R. J. Cutler (real.), *The September Issue*, 2009.

une puriste qui méprise le culte des célébrités. Bien qu'elle suscite un respect unanime (Wintour elle-même dit la considérer comme un génie), elle semble condamnée par l'évolution du secteur au rôle d'éternelle perdante dans son duel avec sa patronne. Le film la montre bouillonnant d'une colère et d'une frustration plus ou moins contenues tandis que sa patronne sabre une photo après l'autre hors d'une série qu'elle a dirigée dans le « chemin de fer » du numéro en préparation.

Un autre puriste, le styliste Azzedine Alaïa, qui, en dépit de son succès, se tient relativement en marge de cet univers, et qui, est-ce un hasard ?, a toujours habillé des femmes de toutes origines [58], ne cache pas le peu d'estime que lui inspire Anna Wintour : « Elle dirige très bien son affaire, sauf pour ce qui concerne la mode. Quand je vois comment elle s'habille, je ne crois pas une seconde à ses goûts. Elle n'a pas photographié mon travail depuis des années, alors que je suis un de ceux qui vendent le plus aux États-Unis et que j'ai 140 mètres carrés chez Barneys [grand magasin new-yorkais]. Mais je n'ai pas besoin d'elle. [...] Elle fait juste des relations publiques et du business, et elle terrorise tout le monde. Mais quand elle me voit, c'est elle qui a peur ! [Rires.] [...] De toute façon, qui se souviendra d'elle dans l'histoire de la mode ? Personne [59]. » Le phénomène ne se résume cependant pas à un problème de personnalités : il est structurel. Dressant le portrait d'Emmanuelle Alt, rédactrice en chef du *Vogue* français depuis janvier 2011, *Libération* calculait que LVMH représentait le premier annonceur des publications du groupe Condé Nast France, financées à 70 % par la publicité [60]. Comme Carine Roitfeld, qui l'a précédée à ce poste, Emmanuelle Alt, avant sa nomination, a d'ailleurs joué les consultantes pour diverses marques.

58 Notamment les mannequins Naomi Campbell, Farida Khelfa, Grace Jones, Veronica Webb ou encore Michelle Obama.

59 « Azzedine Alaïa interview », Virginemag.com, 25 mai 2011.

60 « La fille en *Vogue* », *Libération*, 7 juillet 2011.

Ces rapports incestueux ne favorisent pas vraiment une audace et une indépendance débridées. On ne retrouve nulle part, aujourd'hui, le foisonnement inventif – dans les limites du genre – de la première déclinaison française du magazine *Glamour*, publiée entre 1988 et 1995 sous la direction d'Anne Chabrol, et qui mettait en scène, comme un effet naturel de cette créativité, des mannequins aux physiques atypiques et variés.

La lumière, encore

Reste à comprendre pourquoi une clientèle plus diversifiée que jamais s'accommode aussi bien de l'uniformité des modèles qu'on lui propose. Pourquoi la blancheur continue-t-elle d'exercer un attrait si puissant ? L'histoire pèse-t-elle trop lourd ou la culture a-t-elle simplement un temps de retard sur l'économie, alors que la Chine, par exemple, est devenue en 2010 la deuxième puissance économique du monde ? On peut le penser. Mais, avec les vieilles publicités pour le savon Pears et la volonté d'« illuminer les recoins sombres de la Terre », on ne peut s'empêcher de remarquer que c'est aussi le thème de la *lumière* que l'on retrouve ici (voir chapitre 5). L'entreprise coloniale était une autre dimension de la mégalomanie qui a saisi l'Occident au XIXe siècle. Celle-ci l'amenait par ailleurs, avec la révolution industrielle, à identifier la raison à la rationalité économique et à ambitionner, sur le plan scientifique, d'« éclairer » entièrement le réel. Or c'est aussi cet état d'esprit que le reste du monde a fait sien en adoptant son modèle de développement. La haine de soi sur le plan esthétique pourrait donc être un effet collatéral de l'adoption d'une certaine mentalité, de certaines valeurs profondément intriquées les unes aux autres. Le sinologue Jean-François Billeter qualifie de « réaction en chaîne » l'extension planétaire de la fausse rationalité dominée par la raison économique : « Cette réaction en chaîne ne pourra être arrêtée que lorsque ce mécanisme aura été généralement reconnu [61]. »

Dans *Éloge de l'ombre*, Tanizaki s'insurge contre l'univers baigné de lumière agressive de la science médicale occidentale : « J'ai toujours pensé que les murs d'une chambre d'hôpital, les vêtements médicaux, les instruments chirurgicaux ne devraient pas, lorsque le patient est japonais, avoir cet éclat métallique ou cette uniforme blancheur, mais des teintes un peu plus sombres et plus douces. Si le malade était soigné dans une pièce de style japonais aux murs sablés, étendu sur des nattes, il est certain que son appréhension serait moindre. Si nous détestons aller chez le dentiste, cela est dû pour une part à la répulsion que nous inspire le bruit de la fraise creusant la dent, mais la faute en est aussi à notre frayeur devant la surabondance des instruments de verre et de métal éblouissants. À une époque où je souffrais d'une forte dépression nerveuse, rien que d'entendre parler de certain dentiste revenu d'Amérique, et très fier de son installation ultramoderne, me donnait la chair de poule. Je me rendais par contre volontiers chez un dentiste qui avait installé, comme on le voit encore dans les petites villes, un cabinet dentaire un peu vieillot dans une maison ancienne de style japonais [62]. »

Il voit dans la valorisation de l'obscur par la culture japonaise l'expression d'une posture existentielle et philosophique différente de celle de l'Occident : « C'est parce que nous autres, Orientaux, nous cherchons à nous accommoder des limites qui nous sont imposées que nous nous sommes de tout temps contentés de notre condition présente : nous n'éprouvons par conséquent nulle répulsion à l'égard de ce qui est obscur, nous nous y résignons comme à l'inévitable : si la lumière est pauvre, eh bien, qu'elle le soit ! Mieux, nous nous enfonçons avec

61 Jean-François Billeter, *Chine trois fois muette*, *op. cit.*

62 Junichirô Tanizaki, *Éloge de l'ombre*, *op. cit.*

délice dans les ténèbres et nous leur découvrons une beauté qui leur est propre. Les Occidentaux par contre, toujours à l'affût du progrès, s'agitent sans cesse à la poursuite d'un état meilleur que le présent. Toujours à la recherche d'une clarté plus vive, ils se sont évertués, passant de la bougie à la lampe à pétrole, du pétrole au bec de gaz, du gaz à l'éclairage électrique, à traquer le moindre recoin, l'ultime refuge de l'ombre [63]. »

Quant à l'artiste égyptien Mohieddine Ellabbad (1940-2010), il se souvenait dans son *Carnet d'un dessinateur*, en 1999, de ses études aux Beaux-Arts du Caire. Il racontait :

« À cette époque, nous avons découvert une couleur appelée "rose chair". Nous l'achetions toute prête, en tube ou bien dans de petites bouteilles. Tous, nous nous en servions pour colorier les visages, les mains, certaines parties du corps de nos personnages. Nous ne faisions pas attention au fait que les tubes de peinture venaient d'Europe ou d'Amérique. On les vendait chez nous, mais ceux qui les avaient fabriqués l'avaient fait pour eux, pour imiter la couleur de leur peau à eux.

Un jour que je dessinais, mon regard est tombé sur ma main qui tenait le pinceau avec lequel je coloriais des personnages. La différence était évidente ! Ma peau n'avait pas du tout la même couleur ! Étonné, j'ai arrêté ce que j'étais en train de faire et j'ai même cessé totalement par la suite d'utiliser cette teinte toute prête. J'ai appris à préparer moi-même une couleur spéciale pour le visage, les mains, les jambes et le corps. C'est celle de ma peau et de la peau des miens [64]. »

---

63 *Idem.*

64 Mohieddine Ellabbad, *Le Carnet du dessinateur*, Mango jeunesse, Paris, 1999. Voir Princesse de Clèves, « Rose chair », http://islamogauchiste.blogspot.com, 14 septembre 2010, et Yves Gonzalez-Quijano, « Départ d'un ami des livres », Culture et politique arabes, http://cpa.hypotheses.org, 7 septembre 2010.

7

Le soliloque du dominant. La féminité comme subordination

Ce n'est pas seulement la diversité des couleurs de peau qui manque dans notre environnement culturel : ce sont aussi, tout simplement, les représentations de manières diverses d'être une femme. On retrouve ici le mensonge de la « liberté de choix » tant vantée (voir chapitre 5) : le discours de la publicité et de la presse féminine – y compris celle destinée aux adolescentes [1] – pratique cette injonction paradoxale bien connue qui exige des lectrices qu'elles soient « elles-mêmes », qu'elles « trouvent leur propre style », tout en leur donnant le choix entre un éventail très restreint de panoplies, voire en multipliant les prescriptions autoritaires et extrêmement précises. Sur nos murs, sur nos écrans, dans les pages des magazines, un seul type de femme s'impose donc : le plus souvent blanche, certes, mais aussi jeune, mince, sexy, apprêtée. Ce modèle est-il aussi enviable que le prétendent ses promoteurs ?

Rappelons d'abord que les jupes, talons hauts, collants fragiles, bijoux encombrants, lingerie fine, sacs à main et autres

1 Voir l'analyse de cette presse par Pierrette Bouchard, Natasha Bouchard et Isabelle Boily, *La Sexualisation précoce des filles*, Sisyphe, « Contrepoint », Montréal, 2005.

accessoires censés être consubstantiels à la féminité ne vont pas de soi. Certaines peuvent préférer une tenue plus pratique, qui leur permette de courir, de travailler en étant libres de leurs mouvements, de bricoler. Elles peuvent aussi avoir envie d'établir leurs relations avec les hommes sur une base qui marque moins la différence des sexes. C'est à chacune d'arbitrer l'importance qu'elle veut accorder respectivement à son confort, à sa capacité d'agir, et à la recherche ou la séduction de sa tenue. Par ailleurs, le choix de ne pas trop s'exposer, de ne pas porter de vêtements trop moulants, ne relève pas forcément d'une dangereuse déviance ou d'un blocage qu'il s'agirait de pulvériser toutes affaires cessantes : il peut aussi traduire un réflexe légitime d'autoprotection, de quant-à-soi. C'est particulièrement vrai pour les adolescentes, qui ne sont pas toujours à l'aise avec leur corps de femme tout neuf et qui passent leurs journées dans une promiscuité scolaire pesante, à un âge où, dans quelque milieu que ce soit, les commentaires se distinguent rarement par leur intelligence et leur bienveillance. On peut mettre du temps à apprivoiser la féminité ; on peut aussi ne jamais y venir, et ne pas s'en porter plus mal.

Les travaux de Sylvie Cromer sur les représentations à l'œuvre dans les productions culturelles pour enfants mettent bien en évidence, d'ailleurs, ce que ces codes ont de redondant. Dans le corpus qu'elle a étudié, les personnages féminins sont toujours désignés comme tels au moyen de divers signes distinctifs : nœud dans les cheveux, bijoux, cheveux longs, jupe ou robe… « *A contrario*, on ne relève aucun attribut masculin propre récurrent : la barbe ou la moustache n'existent que de manière très discontinue ; la casquette est plus souvent masculine, mais pas exclusive. Le masculin n'est pas identifié en tant que tel : il est [2]. » Il y a une différence essentielle entre la

2 Sylvie CROMER, « Le masculin n'est pas un sexe : prémices du sujet neutre dans la presse et le théâtre pour enfants », art. cit.

démarche qui consiste, pour une femme, à user de divers procédés pour se faire belle et séduisante, sans pour autant résumer son identité à cela, et l'imposition systématique d'attributs destinés à marquer le féminin comme une catégorie particulière, cantonnée à une série limitée de rôles sociaux. Se conformer à ce systématisme revient même à manifester un manque de confiance dans sa valeur propre et dans ses capacités de séduction, lesquelles se passent souvent très bien de cette débauche d'artifices.

Outre que les personnages féminins sont lourdement désignés comme tels, les personnages masculins, poursuit Sylvie Cromer, « sont mieux décrits, porteurs de davantage de traits de caractère (que ce soient des défauts ou des qualités), d'actions ou d'interactions. Ce qui a pour conséquence de donner au personnage, déjà plus visible par son nombre, plus de consistance, voire de provoquer davantage l'intérêt. En revanche, les stéréotypes [...] concernent surtout les personnages féminins et contribuent à présenter ces derniers comme spécifiques [3] ». Comment la féminité traditionnelle peut faire *disparaître* une femme, éclipser son individualité et sa personnalité, c'est ce qu'illustre cette anecdote racontée par la journaliste Natacha Henry : l'une de ses amies, travaillant comme hôtesse d'accueil dans un salon, se fait draguer à longueur de journée par l'exposant du stand voisin, qui lui parle des destinations exotiques où il rêverait de s'enfuir avec elle ; sauf que le soir, lorsque, en partant, elle passe devant lui en baskets et manteau après s'être changée au vestiaire, il ne la reconnaît même pas [4]...

Par ailleurs, la féminité façon arbre de Noël n'est pas promue comme une simple panoplie vestimentaire, mais

---

3 *Idem.*

4 Natacha Henry, *Les Mecs lourds. Essai sur le paternalisme lubrique*, Gender Company, Paris, 2011.

comme un ensemble de signes correspondant à une attitude : une manière d'être entièrement façonnée en fonction du regard et des attentes d'autrui. Elle exclut la force de caractère, l'indépendance, les projets propres. Les « Journées Action Relooking » organisées en 2011 pour des chômeuses de longue durée sont crûment éloquentes à cet égard. Pour l'occasion, Pôle emploi s'est associé au Fonds Ereel. Cette œuvre de charité compte, parmi ses membres d'honneur, deux adjoints au maire du 16e arrondissement de Paris et le chef des cuisines de l'Hôtel Matignon ; dans la grande tradition des dames patronnesses, elle a pour « marraine de cœur » Penelope Fillon, l'épouse de François Fillon. Il s'agit d'aider les pauvresses à être « plus féminines », à « augmenter leur confiance en soi ». Lors du lancement très médiatisé de l'opération, en janvier 2011, la comédienne Marie-Anne Chazel disait sa confiance dans les « trucs de fille » pour venir à bout du chômage de masse [5]. Président d'honneur du Fonds Ereel et habitué des colonnes de l'hebdomadaire droitier *Valeurs actuelles*, où il disserte par exemple sur le « paradoxe de l'égalitarisme [6] », le député Bernard Debré frémissait : « Pendant des mois et des mois, quelquefois plus encore, elles n'ont pas pris l'habitude de se lever, de se coiffer, de se maquiller. »

De même, les magazines travaillent avec constance à modeler les comportements féminins sur les desiderata supposés de la gent masculine, à travers d'innombrables articles sur ce que les hommes pensent, aiment, détestent, sur ce qui les rend fous, sur ce qui les dégoûte irrémédiablement, etc. Ainsi, dans leur analyse de la presse pour préadolescentes, Pierrette Bouchard, Natasha Bouchard et Isabelle Boily décortiquent un

---

5 « Opération relooking pour des chômeuses », Nouvelobs.com, 11 janvier 2011. L'initiative s'inspire de la téléréalité : « Ça se discute » sur France 2, « Nouveau look pour une nouvelle vie » sur M6.

6 *Valeurs actuelles*, 16 décembre 2010.

article du magazine québécois *Cool !* intitulé « 10 choses que les gars aimeraient nous faire comprendre » et destiné aux gamines vivant leurs premières relations amoureuses [7]. Les filles y sont montrées – et donc construites – comme des créatures « excitées et écervelées, contrôleuses, malhonnêtes, colériques et jalouses, manipulatrices et, enfin, infantilisantes », tandis que les garçons sont « des êtres libres, totalement indépendants, qui se gardent des espaces à eux à l'abri des filles et qui ont le pouvoir de mettre à distance et de mettre fin à la relation ». Aux premières, le magazine enjoint « de se taire et de ne pas poser trop de questions, car "les filles parlent beaucoup, un peu trop pour les gars" ». Trop parler nuit également à l'indispensable part de « mystère » qu'elles se doivent de conserver ; une obligation qui, par une heureuse coïncidence, recoupe l'essentiel de ce que l'on attend d'elles : qu'elles restent à leur place.

S'agissant des femmes adultes, citons, entre mille exemples possibles, cette liste, parue dans une édition estivale de *Elle*, de « ce qu'ils aiment vraiment ». En vrac, dans ce festival de clichés indigents : le « chemisier déboutonné » ; les « cheveux mouillés » et les « lèvres humides » ; qu'on ait l'air d'une « fille animale, libérée », mais en même temps BCBG et pas vulgaire ; qu'on laisse entendre qu'on ne porte pas de culotte ; qu'on fasse des allusions salaces avec une subtilité de camionneur ; qu'on « aguiche les autres mecs » en « buvant leurs paroles d'un air passionné », ce qui arrache au malheureux « Alexis », un « séducteur aguerri », ce cri de désespoir : « Ah, la voir rire sans fin, dans une fête, aux blagues d'un idiot quelconque ! » Et surtout, surtout : qu'on minaude. Car on a tort d'avoir peur de « passer pour une cruche » et de croire « qu'il faut être en permanence intelligente et pertinente » – une illusion malheureuse sans doute due à *Elle*, qui nous dope inconsidérément l'intellect à longueur

7 Pierrette BOUCHARD, Natasha BOUCHARD et Isabelle BOILY, *La Sexualisation précoce des filles*, *op. cit.*

d'année. Le journaliste attribue à un « jeune prof de philo » cet aveu : « J'ai toujours eu un peu honte de l'effet ravageur que peut me faire une phrase bassement flatteuse prononcée en roucoulant [8]. » Car les hommes intelligents et cultivés aiment les filles débiles : c'est comme ça.

La condamnation de l'indépendance s'exprime aussi dans le traitement réservé aux monstres contre nature qui s'écartent de la norme mariage-bébé, à ces dangereux électrons libres « sans descendance ni propriétaire [9] ». Lorsque le magazine *Elle* se penche sur le cas de l'actrice Renée Zellweger, l'interprète de Bridget Jones au cinéma, dont il se demande quel est son problème, tant la pauvre fille a du mal à se caser, il sollicite évidemment l'« avis du psy », qui, tout auréolé de son autorité d'expert, répond : « Cette jeune femme a conduit sa vie comme un homme est censé le faire. Pour moi, cela a dû prendre racine dans son enfance : elle s'est probablement mise très jeune en rivalité avec un homme, un frère certainement. Elle est, en quelque sorte, mal partie. Cette attitude l'a aidée dans sa carrière mais l'a desservie en amour. Ce fonctionnement masculin – au sens social du mot – n'est pas compatible avec son horloge biologique de femme. À quarante et un ans, elle comprend que son schéma de vie n'est pas celui qu'elle aurait dû choisir, si son désir était de vivre pleinement une vie de femme. Elle a certainement eu au fil des années un comportement de prédatrice sexuelle qui l'a éloignée des hommes, mais aussi des femmes. La seule issue, pour elle, est de rencontrer quelqu'un, peut-être plus jeune, qui trouve en elle une "niche", une protection, et qui accepte dès lors de vivre auprès d'une femme au comportement d'homme [10]. »

---

8 *Elle*, 22 juillet 2011.

9 Lola Lafon, « Voyager légère », sur l'album *Une vie de voleuse*, Le Chant du monde, 2011.

10 « Renée Zellweger est-elle devenue Bridget Jones ? », *Elle*, 8 avril 2011.

Yohji Yamamoto contre le « style recherche d'emploi »

On trouve pourtant dans la mode d'autres visions des femmes, qui prennent en compte le *sujet* qu'elles sont. Un détour par celle de Yohji Yamamoto, styliste dont le travail, aux antipodes de tout ce que l'on connaissait en Occident, fit sensation lors de son premier défilé à Paris en 1981, montre bien jusqu'où peuvent aller les implications d'une simple proposition vestimentaire. Le catalogue de l'exposition sur la mode japonaise dans laquelle il figurait en 2010 à Londres relie d'ailleurs son travail, comme celui de sa compatriote et ancienne compagne Rei Kawakubo (Comme des Garçons), à l'*Éloge de l'ombre* de Junichirô Tanizaki [11]. Ses vêtements imposants, sculpturaux et les chapeaux immenses dont il coiffe parfois ses modèles traduisent la vision d'une femme d'envergure – dans tous les sens du terme –, qui n'a pas peur de prendre de la place. Un modèle de la collection printemps-été 1998 poussait cette logique à l'extrême : une robe d'un diamètre démesuré, surmontée d'une capeline que quatre assistants faisaient flotter au-dessus de la tête du mannequin au moyen de perches en bois... Son style sobre, ses teintes le plus souvent sombres témoignent d'un refus de ces falbalas dont tant de ses confrères n'imaginent pas pouvoir se passer.

Il raconte dans son autobiographie comment, en tant que créateur, il s'est construit en opposition à la féminité occidentale : « Au début de ma carrière, j'avais seulement envie de voir les femmes porter des vêtements d'homme. À l'époque, les Japonaises portaient systématiquement des vêtements d'importation à l'allure très féminine, et cela ne me plaisait

11 *Future Beauty : 30 Years of Japanese Fashion*, Merrell, Londres, 2010. Exposition tenue au Barbican Centre de Londres d'octobre 2010 à février 2011.

pas [12]. » Il veut habiller des femmes fortes, autonomes, qui existent pour elles-mêmes, indépendamment de la séduction qu'elles exercent, et ce désir remonte à son enfance : « Le quartier de Kabukicho où nous habitions débordait de femmes dont le métier était de séduire les hommes. J'en avais gardé une image très vive, gravée dans mes souvenirs d'écolier de l'après-guerre, et je m'étais bien juré de ne jamais fabriquer de vêtements transformant les femmes en poupées exclusivement destinées à plaire aux hommes. » Son travail brouille la sacro-sainte différence des sexes à laquelle l'ordre social tient tant et que la plupart des autres stylistes se plaisent au contraire à accentuer, au risque de la caricature. « Il a créé une nouvelle notion de la sexualité, loin de tous les stéréotypes », estime sa consœur belge Ann Demeulemeester [13]. « Il y a quelque chose de vivant dans les vêtements de Yohji, quelque chose qui fait abstraction de la démarcation habituelle entre hommes et femmes », observe son ami l'universitaire Seigow Matsuoka [14].

Yamamoto lui-même précise : « Une femme qui exhibe crûment sa peau et se présente comme une marchandise prête à être consommée n'a pas le moindre charme à mes yeux. » Son rejet des vêtements trop près du corps se réfère au *ma*, qui signifie l'espace vide et son importance vitale dans la culture japonaise. Un autre couturier japonais, Kenzo, rappelle d'ailleurs que « le kimono, tout comme le sari, ne montre pas la forme du corps. Il enveloppe l'être et la personnalité d'une seule étoffe comme d'un seul bloc souple. Le vêtement est fondamentalement l'espace situé entre la peau et le tissu [15] ». La journaliste de *Vogue* Irène Silvagni, devenue par la suite

---

12 Yohji Yamamoto, *My Dear Bomb*, Ludion, Anvers, 2010. De même pour les citations suivantes, sauf mention contraire.

13 « La mode vagabonde de Yohji Yamamoto », *L'Express*, 11 avril 2005.

14 Seigow Matsuoka, *in* Yohji Yamamoto, *My Dear Bomb, op. cit.*

15 Cité par Jean-Marie Bouissou, « Aux sources du raffinement japonais », *Esthétiques du quotidien au Japon, op. cit.*

directrice de la création chez Yamamoto, se souvient du choc qu'elle a éprouvé la première fois qu'elle a assisté à l'un de ses défilés : « Il y avait cette sensation indicible d'espace entre le tissu et le corps, cette façon subtile de dévoiler tout en ne montrant pas. Tout cela était entièrement nouveau à mes yeux, et tout en regardant le défilé, je faisais croquis sur croquis. Des émotions inconnues d'une force indicible s'élevaient en moi [16]. »

Le couturier se montre conscient du fait qu'une mise trop recherchée peut nuire à l'expression et à la communication : « Le souci de l'apparence et le besoin de se faire admirer ont toujours fait partie du charme de l'être humain. Mais quand cela devient trop ostentatoire, je ne peux pas le supporter, c'est physique. Si je vois une femme porter de grandes boucles d'oreille modernes de forme géométrique, j'ai du mal à l'approcher. "Si vous commenciez par enlever vos boucles d'oreille ? Après on pourra parler." » Il défend une manière de s'habiller intransigeante, qui traduit l'intégrité d'une personnalité et rejette les conventions sociales comme les concessions aux attentes extérieures : « Je ne mettrais jamais une cravate, même si je devais me présenter devant l'empereur. C'est une décision que j'ai prise il y a longtemps [17]. » Il fustige ce qu'il appelle le « style recherche d'emploi », le style « femme chic » ou « jeune fille BCBG », avec ce qu'il implique de conformisme et de soumission.

À bien des égards, Yamamoto apparaît comme l'anti-Lagerfeld. Outre son horreur des femmes âgées, dont on a déjà eu un aperçu, le directeur artistique de Chanel professe un refus énergique du passé, de l'histoire, du temps long. Dans *Lagerfeld Confidentiel*, il dit n'aimer « que la dernière saison » et fustige

---

16 Irène Silvagni, *in* Yohji Yamamoto, *My Dear Bomb*, *op. cit.*

17 « Japanese minimalism set to reshape fashion once again », Guardian.co.uk, 7 janvier 2011.

les créateurs qui continuent de mettre « un vieux tee-shirt dégueulasse de la collection d'il y a deux ans : quand on aime la mode, on la porte ! ». Il se revendique « sans racines » et clame que « le bon vieux temps, on s'en fout ». À l'inverse, Yamamoto déplore le rythme effréné des collections, qui « empêche de dessiner un vêtement qui ait le temps de vieillir ». Dans *Carnets de notes sur vêtements et villes*, le portrait filmé que Wim Wenders lui a consacré en 1989, il dit son goût « des vêtements de seconde main, des vieilles choses », et son rêve de parvenir à « dessiner le temps ». Rien de passéiste, pour autant : « Yohji fait face au futur en lui tournant le dos [18] », résume le philosophe Kiyokazu Washida. En ouverture de son film, Wenders raconte comment il a découvert le travail de celui qui allait devenir son ami : « Je m'étais acheté une chemise et une veste. Vous connaissez ce sentiment : mettre un nouvel habit, se regarder dans la glace et être content de sa nouvelle peau. Mais avec cette chemise et cette veste, c'était différent : dès le début, elles étaient vieilles et neuves à la fois. » On devine qu'une telle attitude envers le passage du temps autorise une tout autre approche de la vieillesse. Ce respect du passé s'accompagne chez Yamamoto d'un amour « des défauts et des faiblesses », mais aussi de l'asymétrie, qui symbolise le rejet de la perfection, jugée incompatible avec la nature humaine [19].

Tout en adoptant à l'égard des femmes capables d'autonomie une démarche empathique et complice, le couturier confie cependant l'ambivalence des sentiments qu'elles lui inspirent : « D'un côté, je respecte profondément les femmes qui travaillent avec énergie pour se faire une place dans la société et je suis animé d'une envie sincère de les soutenir, mais cette attitude a un revers caché, cette haine qui me suit partout, une sorte de rage, un désir profondément enraciné de voir ces femmes

---

18 « Yohji sort de l'ombre », *Elle*, 2 mai 2005.

19 Wim Wenders (réal.), *Carnets de notes sur vêtements et villes*, 1989.

m'obéir, justement parce qu'elles sont indépendantes. » Au moins, ici, la phobie des femmes fortes se mêle d'une admiration et d'un soutien réels. On peut aussi apprécier cette franchise. Chez d'autres hommes, à l'inverse, on ne trouve qu'un ressentiment à l'état pur et qui, de surcroît, avance masqué.

Ainsi, les enjeux que cristallise le modèle de la féminité consumériste ne concernent pas tant la tension entre puritanisme et liberté que celle entre femme-sujet et femme-objet. Ce n'est vraisemblablement pas par pudibonderie que le jeune Yamamoto s'était promis de ne jamais habiller les femmes comme des prostituées, mais parce qu'il voulait leur permettre d'exister socialement comme des personnes, dans toutes leurs dimensions. Ce que traduit la célébration insistante de la féminité, en revanche, c'est une résistance acharnée à l'idée que les femmes puissent, à l'égal des hommes, imposer leurs désirs, leurs goûts, leurs points de vue sur le monde, leur légitimité intellectuelle, au lieu de se cantonner au rôle d'objet de fantasme tout juste nappé – au mieux – d'un inoffensif vernis de savoir et de culture.

Il suffit en effet de creuser un peu pour constater que les discours qui leur prescrivent l'adoption d'une tenue « féminine » (voir chapitre 1) recouvrent un profond mépris à leur égard. Comme en avertit le sociologue Laurent Mucchielli, analysant le discours de l'association Ni putes ni soumises, « la revendication d'une sorte de droit naturel à la féminité sur le modèle de l'industrie publicitaire (la femme maquillée, montrant une grande partie de son corps, bref la femme séductrice) est en réalité une défaite pour le féminisme entendu comme combat contre ce partage symbolique des sexes qui soutient par ailleurs les inégalités sociales persistantes entre les hommes et les femmes [20] ». Natacha Henry raconte l'histoire d'une cadre qui

---

20 Laurent MUCCHIELLI, *Le Scandale des « tournantes ». Dérives médiatiques, contre-enquête sociologique*, La Découverte, Paris, 2005.

répétait à sa fille adolescente : « Mets des jupes, mets des talons, sois féminine ! » Quand la petite a eu dix-huit ans, sa mère lui a interdit de porter des jeans. « Elle aurait aussi bien pu lui accrocher une pancarte : "Sexe féminin, soumission aux standards du pouvoir masculin garantie, misogynes bienvenus, sourire et amabilité assurés. Objectifs : carnet d'adresses, plan de carrière, bon parti [21]." »

Est-ce un hasard ? Un Daniel Leconte, qui, comme on l'a vu, promeut aujourd'hui avec passion le port de la jupe, avait produit et présenté en 2003 sur Arte une soirée intitulée *Où sont passées les féministes ?* L'émission avait suscité un tollé par son accumulation de clichés imbéciles et désobligeants. « Rarement l'incompétence, la sottise, la flagornerie journalistique et la méchanceté ont été poussées aussi loin », s'insurgeait alors l'historienne Éliane Viennot dans une lettre ouverte aux responsables d'Arte publiée sur le site de l'Association européenne contre les violences faites aux femmes au travail (AVFT) [22]. Sur le même site, on trouve l'écho d'une émission du même Leconte, qui avait été présentée à certaines des intervenantes, au moment du tournage, comme consacrée au harcèlement sexuel et qui fut finalement diffusée comme un sujet sur la « drague »...

Cette assignation au statut de femme-objet, l'actrice Jane Fonda en a fait l'expérience, comme la plupart de ses consœurs, et l'a analysée avec une lucidité particulière. Dans ses Mémoires, elle raconte que lorsqu'elle joua sur les bases militaires américaines le spectacle qu'elle avait monté avec d'autres artistes contre la guerre du Vietnam, en 1971, les soldats étaient parfois furieux de constater qu'elle ne correspondait pas à la bombe sexuelle qu'ils attendaient. Certains déchirèrent même leur poster de Barbarella, l'astronaute ultrasensuelle en

21 Natacha Henry, *Les Mecs lourds*, *op. cit.*

22 « Réactions individuelles à la Théma d'Arte sur les féministes », Avft.org, 8 décembre 2003.

combinaison Paco Rabanne qu'elle avait incarnée en 1968 dans le film du même nom sous la direction de son mari d'alors, Roger Vadim. Elle commente : « Je voudrais pouvoir refaire cette tournée aujourd'hui, dans la peau de celle que je suis devenue. J'arriverais sur scène et dirais : "Oui, je sais que vous êtes déçus de me voir comme ça, au lieu de la très sexy Barbarella, une fille comme les autres, en jean, pas maquillée. [...] Attention, je peux comprendre tous les fantasmes, mais il faut que vous sachiez une chose. Incarner ceux des autres peut vous enlever toute votre humanité. Être sexy, c'est super, tant que cela ne vous oblige pas à renoncer à ce que vous êtes vraiment, comme cela m'est arrivé. Je m'étais perdue. Maintenant, j'essaye d'être qui je suis, j'espère que vous le comprendrez." [...] Peut-être saurais-je leur expliquer que le "syndrome Barbarella" me déshumanisait comme l'armée les déshumanisait [23]. »

Les femmes sont-elles des objets ?

La dénonciation par les féministes de la notion de « femme-objet » a parfois suscité des protestations chez les femmes elles-mêmes. Ainsi, la romancière et essayiste américaine Siri Hustvedt s'irrite : « La réification est mal vue dans notre culture. Une clameur protestant que "les femmes ne sont pas des objets sexuels" résonne depuis des années. » Elle se souvient de ce qu'elle considère comme ses propres contradictions de jeunesse : « J'ai rencontré pour la première fois cette déclaration dans un livre intitulé *Sisterhood Is Powerful* [24] [« La

---

23 Jane FONDA, *Ma vie*, traduit de l'anglais (États-Unis) par Marie-Hélène Dumas, Plon, Paris, 2005.

24 Robin MORGAN (dir.), *Sisterhood Is Powerful. An Anthology of Writings from the Women's Liberation Movement*, Random House, New York, 1970.

puissance de la sororité »], que j'ai acheté en neuvième année scolaire [soit à l'âge de quatorze-quinze ans] [...]. Bien sûr que les femmes sont des objets sexuels ; les hommes aussi. À la même époque où je serrais contre mon cœur cet ouvrage de rhétorique féministe, je m'appliquais à me faire belle, me sanglais dans des jeans moulants et pourchassais l'élu de mon cœur, analysant en experte les désirables corps masculins [25]. »

Peut-être existe-t-il en effet des féministes puritaines refusant d'envisager que les femmes puissent être des objets sexuels *dans quelque circonstance que ce soit* ; mais on a surtout l'impression d'un malentendu persistant. Le problème n'est évidemment pas qu'une femme puisse être envisagée comme un objet sexuel par des hommes qui, par ailleurs, la voient comme une personne globale, dotée d'un libre arbitre. Le problème est qu'elle existe *socialement* comme un objet sexuel ; qu'elle soit réduite à cela et qu'elle ne puisse jamais affirmer pleinement sa dimension de sujet. Natacha Henry montre bien comment ceux qu'elle appelle les « mecs lourds » se servent de remarques crues, adressées à une collègue, une subordonnée ou une parfaite inconnue, non pas pour séduire (ou alors, ils s'y prennent vraiment très mal), mais pour disqualifier, pour humilier, pour marquer une domination [26]. Quand un vieil avocat, croisant un confrère accompagné de sa jeune stagiaire, lui lance : « C'est ta stagiaire pipe ? », il est difficile de ne pas s'en formaliser en alléguant que, après tout, « les femmes sont des objets sexuels ».

C'est cette inégalité fondamentale que refuse de voir Siri Hustvedt : certes, dans leur vie amoureuse et sexuelle, les femmes sont des objets, et les hommes aussi ; mais les hommes, dans leur vie quotidienne, peuvent circuler, travailler, créer, exercer le pouvoir et que sais-je encore sans qu'on spécule à

---

25 Siri Hustvedt, *Plaidoyer pour Eros*, traduit de l'anglais (États-Unis) par Christine Le Bœuf, Actes Sud, Arles, 2009.

26 Natacha Henry, *Les Mecs lourds*, *op. cit.*

voix haute sur leurs talents érotiques et qu'on les ramène en permanence à leur joli petit cul – ou qu'on leur reproche leurs fesses tombantes. Cette impuissance des femmes à obtenir qu'on les respecte est le sujet d'une vidéo satirique du site américain Funny or Die. Marion Cotillard y vante les mérites d'une mini-paire de seins postiches à se coller sur le front pour aller travailler : le seul moyen d'obtenir des hommes qu'ils vous regardent dans les yeux et vous prennent enfin au sérieux, au lieu de loucher sur votre décolleté [27]... Mieux : les hommes, eux, peuvent même espérer qu'on rende hommage à leur physique avenant sans pour autant qu'on les oblitère en tant que personnes, ce à quoi une femme s'expose constamment. « On peut avoir envie d'être séduisante sans avoir envie d'être agressée [28] », proteste une étudiante.

Par ailleurs, Hustvedt se trompe : quand elle « s'applique à se faire belle » et « se sangle dans des jeans moulants », elle soigne effectivement sa dimension d'objet ; mais quand elle « pourchasse l'élu de son cœur » ou « analyse en experte les désirables corps masculins », elle est un *sujet*. Et ces attitudes, d'ailleurs, ne vont pas de soi. Les femmes, on l'a vu, sont encore éduquées pour se conformer au désir d'autrui plus que pour satisfaire le leur propre, que la norme sociale continue de brider. Les hommes, écrivait notre journaliste-plagiste dans *Elle*, aiment les filles « libérées ». Être « libérée » représente donc un impératif ; et un impératif auquel il faudrait se conformer non pour le plaisir de la liberté, mais pour correspondre aux attentes des hommes : confessons que cela fait beaucoup de paradoxes pour notre petit cerveau. Et, pourtant, cette vision pour le moins particulière de la « libération » est très répandue ; elle en finit même par passer inaperçue. On la retrouvait par exemple dans la présentation que faisait Nathalie

---

27 « Forehead Tittaes w/ Marion Cotillard », Funnyordie.com, mars 2010.

28 Natacha HENRY, *Les Mecs lourds*, *op. cit.*

Rykiel de sa collection de lingerie pour H&M, en 2009. La blogueuse mode du *Monde* rappelait que, trente ans auparavant, sa mère, Sonia Rykiel, « incitait les femmes à jeter leurs soutiens-gorge, à porter de l'over-size et des coutures à l'envers ». La styliste justifiait ainsi ce changement de cap imprimé à l'entreprise familiale : « J'ai ramené la lingerie car, quand la femme est libérée, c'est fantastique de pouvoir utiliser cet ancien carcan comme un jeu ou un outil de séduction, un jouet de libération [29]. » Là encore, « séduction » et « libération » sont utilisés, quasiment sans y penser, comme des synonymes.

Le corps et l'érotisme féminins restent présentés comme devant correspondre au désir masculin, auquel ils demeurent subordonnés. Stéphane Rose raconte comment l'une de ses amantes, après avoir été heureusement surprise de pouvoir, avec lui, laisser repousser sa toison pubienne, lui demande un jour l'autorisation de se faire le maillot pour aller à la piscine, ce qui le désole : « Épilée ou poilue, la femme se soumet à l'homme pour disposer de son propre sexe [30] ! » « Ce que les petites filles apprennent, ce n'est pas à désirer les autres, mais à désirer être désirées », écrit Naomi Wolf. Les femmes qui ont maigri disent se sentir « plus sexy », remarque-t-elle, alors que « les terminaisons nerveuses des tétons et du clitoris ne se multiplient pas avec la perte de poids ». En somme, l'apparence d'une femme doit toujours avoir la priorité sur ses sensations. Une opération des seins, par exemple, affecte la sensibilité de ceux-ci aux caresses ; une spécialiste estime que le chirurgien devrait le signaler, « au cas où ce serait important pour la patiente [31] »...

---

29 « Nathalie Rykiel : "La lingerie, un jouet de libération" », Effets de mode, http://mode.blog.lemonde.fr, 30 novembre 2009.

30 Stéphane Rose, *Défense du poil, op. cit.*

31 Naomi Wolf, *The Beauty Myth, op. cit.*

La neutralisation du désir féminin est aussi, même si cela dérange de moins en moins, au cœur de la prostitution, qui repose sur la négation tant du désir de la prostituée que de celui de la « femme convenable ». Il reste communément admis que la sexualité d'une femme vise avant tout à lui permettre d'obtenir divers avantages, ce qui la prive à la fois du droit de baiser pour le plaisir et du droit d'avancer dans la société en faisant la démonstration de compétences autres que sexuelles. Un article de *Cosmopolitan* détaillant une série de positions à essayer au lit se concluait sur ce clin d'œil à la lectrice : « Vous verrez : après ça, il la réparera, l'étagère de l'entrée [32] ! »

Cette négation se retrouve chez l'écrivaine et prostituée Grisélidis Réal. Si impressionnante que soit son œuvre, il se pourrait bien que son caractère subversif ne soit qu'un trompe-l'œil. Dans *La Passe imaginaire*, par exemple, qui raconte son quotidien à Genève dans les années 1980, lorsque Grisélidis lit dans une revue le portrait d'une femme « pleine de feu et de désirs », qui « baise et se livre à perdre haleine », qui « réalise tous ses fantasmes », elle est sincèrement outrée qu'on puisse faire tout ça pour autre chose que pour de l'argent : « Quand je pense au mal que nous avons, nous les vraies Putes honnêtes, à gagner notre vie et à trouver des clients, il faut encore qu'il y ait des salopes qui nous les fauchent *gratuitement* et sans aucune hygiène, c'est scandaleux. » Elle estime que si cette femme « avait le courage et l'honnêteté de faire la Pute en se faisant *payer*, elle gagnerait sa vie tout en vivant toutes sortes d'aventures et, en plus, elle ne nous ferait pas une concurrence malhonnête et *illégale*, ce qui est vraiment inadmissible [33] ».

---

32 « Moi dessus ! Moi dessus ! », *Cosmopolitan*, mai 2006.

33 Grisélidis Réal, *La Passe imaginaire*, Presses Pocket, Paris, 1993 (réédité, comme l'ensemble de son œuvre, chez Verticales, Paris, 2006). De même pour les citations suivantes.

Plus tard, ayant entamé une correspondance avec la « salope » en question, elle réfléchit à ce qui les oppose en des termes plutôt déconcertants : « Elle, elle baise et se fait arroser et humidifier par *plaisir*. Moi, c'est du travail. Je ne choisis pas les mecs, je prends ce qui vient... bien obligée. Bien sûr, il y en a de charmants, cultivés, délicats, intelligents, mais il y a aussi une sombre et sordide racaille qui tient le fond de la poubelle humaine. Je les aime tous, mais *je ne suis pas amoureuse,* voilà la différence ! Toutes ces queues, tous ces intérieurs d'Anus brûlants comme l'enfer, tous ces Foutres, épais, gluants, fétides, giclant, bavant, hoquetant, quelle *horreur* !! Ah non ! L'amour, c'est l'*amour,* à ne pas confondre avec la sexualité ! *Non* !! Moi, je rêve d'un Amant, un Prince des ténèbres, mystérieux et fatal, qui m'attend dans un univers interdit, immobile depuis des siècles, pétrifié et fossilisé dans un désir minéral. Et j'avance vers lui, millénaire par millénaire, et nous nous rejoignons dans l'espace, entre les étoiles. Ça, ça dépasse de loin toutes ces petites envolées et ces petites retombées végétales fugitives ! » Autrement dit : il y a d'un côté l'amour (pur et sublime) et de l'autre le sexe (dégoûtant). Et une femme digne de ce nom se préoccupe du premier, pas du second, à moins d'être payée pour ça.

Développant une mystique sacrificielle, Grisélidis Réal se montre fière de son rôle social, de sa capacité à soulager des hommes de leur frustration et de leur solitude : « La prostitution est un humanisme », écrit-elle. Mais elle semble trouver normal que les femmes dans la même situation soient abandonnées à leur sort, dont elle les juge entièrement responsables. Vitupérant contre les « bourgeoises », elle écrit : « Si personne ne les désire *sexuellement,* qu'elles réfléchissent, en se regardant dans le miroir, elles comprendront peut-être ! Et si elles sont frigides, qu'elles aillent au couvent, Jésus les baisera ! » Lorsqu'elle lit dans *Elle* un article sur les « désirs coupables » (*sic*) de femmes qui « s'envoient en l'air avec le plombier ou le garçon-livreur », elle juge tout de même qu'elles ont « bien raison ». Avant d'ajouter : « Mais alors, qu'elles ne culpabilisent pas les hommes qui vont assouvir leurs fantasmes avec les Putes, qu'ils ont tout de même, eux, l'honnêteté de payer ! » On peut s'interroger sur cette étrange conviction selon laquelle une sexualité libre devrait absolument être tarifée. Apparaît l'image d'une femme en effet malmenée par l'ordre bourgeois (le transfert de sa sépulture dans le cimetière où repose Calvin, en 2009, quatre ans après sa mort, a suscité des polémiques sans fin à Genève), mais qui n'en était peut-être pas moins au service de ce même ordre.

Grands hommes et petites pépées

Femme-sujet ou femme-objet : c'est aussi cette alternative que recouvre, si l'on y regarde de plus près, ce qui nous est présenté comme l'opposition entre le « puritanisme américain » et les « rapports de séduction à la française ». Dans *La Tentation de l'innocence*, son plaidoyer pour l'« exception française » évoqué en ouverture de ce livre, Pascal Bruckner s'irrite par exemple d'un constat de Susan Faludi selon lequel les femmes continuent à préférer le confort des sous-vêtements en coton aux bodies et aux porte-jarretelles. Il crie, bien sûr, au puritanisme : « Comment ne pas évoquer ici les diatribes de l'Église contre les nudités féminines, les soutiens-gorge ou les corsets ? »

Que les Américaines servent de repoussoir, afin de dissuader les Françaises de préférer leur confort et leur liberté de mouvement à l'agrément des yeux masculins, cela ne date pas d'hier ; et cela a toujours eu pour but de les inviter à être des objets plutôt que des sujets. Dans son étude historique du magazine *Femina*, Colette Cosnier en a relevé plusieurs exemples : « En 1910, “Les Bavardages de Françoise” [une rubrique de la revue] fulminent contre les “vilains petits souliers mastocs” dont les femmes sont alors chaussées, “vilain don que nous a fait l'Amérique !”. » Avec clairvoyance, elle fait remarquer qu'il ne s'agit pas tant ici d'élégance que de la « libération des femmes » : « Avec ces “souliers mastocs” on peut marcher aisément, sportivement et non pas trottiner comme avec les petites chaussures que portent les Parisiennes. » Sauf que, bien sûr, « ce ne sont pas ces confortables souliers qui alimenteront les fantasmes masculins, pour lesquels les rédacteurs de *Femina* devaient avoir toutes les indulgences [34] »... Les admonestations paternalistes, dans les pages du magazine, du romancier Marcel Prévost, qui dispense à la lectrice ses sentences définitives et ses conseils bienveillants, présentent une ressemblance frappante avec celles de Bruckner. Dans les deux cas, le langage châtié, le lyrisme en roue libre dans la peinture de l'idéal féminin dénotent une certaine ivresse du pouvoir : celui d'incarner une autorité morale, d'être l'arbitre des grâces et des libertés, celui qui commente, qui distribue les points, qui fixe les limites. Ce dont il s'agit, c'est de garder la main.

Impossible de ne pas le constater : ceux qui se sont faits ces dernières années les preux défenseurs des musulmanes opprimées et les contempteurs du « puritanisme américain », à commencer par Pascal Bruckner, Alain Finkielkraut et Bernard-Henri Lévy, sont aussi ceux qui se sont distingués par leur comportement grossièrement misogyne. Ce qu'ils célèbrent à travers les « rapports de séduction à la française », c'est le modèle rêvé – pour eux – de la femme qui ne la ramène pas, de la jolie chose décorative qui flatte leur mégalomanie et ne menace pas le monopole masculin de la péroraison, de la logorrhée permanente. Nos petits potentats médiatiques ne veulent pas être contredits, ni même interrompus ; l'incapacité de

---

34 Colette Cosnier, *Les Dames de* Femina, *op. cit.*

Finkielkraut à laisser parler ses invités dans son émission sur France Culture, *Répliques*, est d'ailleurs proverbiale [35]. Plusieurs de ses thèmes de prédilection dénotent la même passion de faire taire les autres : sa défense de l'école traditionnelle, celle où l'élève écoute et la ferme ; sa haine d'Internet, qui permet à n'importe qui de s'exprimer – alors qu'auparavant il pouvait déblatérer tranquillement dans le poste sans que le premier pékin venu ait les moyens de contester ses propos.

Quant à BHL, on avait déjà remarqué que son couple avec Arielle Dombasle se caractérisait par un strict partage des rôles, l'homme prenant la pose de l'intellectuel et sa compagne incarnant la sensualité (voir chapitre 2). Les confidences de la chanteuse et actrice à *Paris Match* révèlent une division des tâches encore plus rétrograde. Se souvenant des débuts de leur vie commune, Dombasle raconte : « Je m'installais avec l'intellectuel le plus brillant qui soit. J'étais très intimidée. Je ne voulais pas être la petite fille qui ne savait rien faire des tâches ménagères, qui avait été servie toute sa vie [36]. » La journaliste s'attendrit : « Par amour pour lui, vous tentez même de vous mettre à la cuisine... » Réponse : « Oh ! J'ai fait tant d'autres choses par amour pour lui ! Sauf que là, côté cuisine, c'était souvent une petite catastrophe ! Je m'étais lancée dans une frénétique invention, dans l'élaboration de desserts très sophistiqués et, un soir où nous recevions de grands intellectuels, j'ai voulu me surpasser pour le dessert. J'en avais inventé un à base de crème de marrons, de myrtilles et de groseilles. Malheureusement, j'avais oublié de les cueillir de leurs minibranches ! Et tous les convives s'étranglaient avec les brindilles en faisant semblant de s'extasier sur mes talents ! »

---

35 Voir Mathias Reymond et Yves Rebours, « Les prédications d'Alain Finkielkraut : "*Répliques* à moi-même" », Acrimed.org, 4 janvier 2005.

36 « Arielle Dombasle : la femme passion », Parismatch.com, 17 avril 2011.

En 1993, Bernard-Henri Lévy avait publié avec Françoise Giroud un livre d'entretiens au titre beau comme du Lelouch : *Les Hommes et les Femmes*[37]. Les deux interlocuteurs s'y penchent sur l'avenir, non pas du féminisme – « quel ennui ! » –, mais « du couple dans la société et dans sa vie intime ». BHL se déclare « pressé – dans l'intérêt, non seulement du couple, mais des femmes – qu'on se débarrasse de l'idéologie dite "féministe" ». La tonalité générale de ses répliques oscille entre Feydeau et Guitry. Les choses s'animent un peu quand le duo évoque les femmes émancipées. Là, BHL sort de ses gonds : « Je vais vous faire bondir. Mais je trouve que l'argent va mal aux femmes. J'aurais du mal à aimer une "banquière". Ou une "femme d'affaires ». Quand je déjeune avec une femme, l'idée même qu'elle paie la note me semblerait incongrue. Et le partage... Je ne parle pas du partage... L'idée du déjeuner "en copains", dont on partage l'addition... » La journaliste et ancienne secrétaire d'État à la condition féminine essaie de lui faire comprendre le concept de l'indépendance économique, lui en explique les enjeux ; il patauge un peu. Plus loin, il décrit le genre de femme qui le rebute : « La femme-homme, en un mot, qui a repris aux hommes leurs attributs les moins sympathiques. Je sais que, en un sens, c'est un "progrès". Et je sais aussi que vous allez encore me dire que je vous rappelle votre oncle Adolphe. Mais ce n'est pas là, à mes yeux, le rôle le plus flatteur pour une jolie femme. Et j'éprouve toujours un certain malaise, c'est vrai, à les voir comme ça, mal réveillées, trop vite maquillées, coiffées un peu de travers, le rouge à lèvres mal étalé, en train de discuter business avec un patron de chaîne ou de banque... »

Giroud le sermonne gentiment : « Vous voyez comme vous êtes... Non seulement convaincu que les hommes sont plus

---

37 Françoise Giroud et Bernard-Henri Lévy, *Les Hommes et les Femmes*, Olivier Orban, Paris, 1993.

forts, plus intelligents, plus courageux, plus créateurs, plus rationnels, les seigneurs, quoi ! et que les femmes s'épuisent à les imiter mais que de surcroît elles y perdent leur trop fameuse féminité. » Il s'alarme : « Vous n'allez tout de même pas me traiter de partisan de la sujétion des femmes ! » Sur la corde raide, il tente de se justifier et résume sa position dans des termes franchement cocasses venant d'un homme qui était déjà bien parti, à l'époque, pour asseoir sa domination – aujourd'hui écrasante – sur le Tout-Paris médiatique et mondain : « Bravo aux femmes qui ont pris le pouvoir et qui, surtout, y ont pris goût. Moi, le pouvoir ne m'excite pas. Il ne me semble pas désirable. Et ce n'est donc pas cette part d'elles-mêmes qui me rend ces femmes-là désirables. » Sans surprise, il se dit persuadé qu'il existe « une identité masculine et une identité féminine » et que ces deux identités sont « fondamentalement séparées » : « C'est ainsi depuis la nuit des temps. Ce sera ainsi pour, encore, la nuit des temps. Sauf à envisager une révolution, que dis-je ? une mutation de l'espèce humaine, une fin du monde... »

Mais c'est bien sûr l'affaire Polanski et l'affaire Strauss-Kahn qui, à l'automne 2009, puis au printemps 2011, ont donné au sexisme des bellâtres de Saint-Germain-des-Prés les plus belles occasions de se manifester – avec, à chaque fois, BHL en première ligne. L'arrestation du réalisateur franco-polonais par les autorités suisses, qui se sont réservé quelque temps la possibilité de l'extrader vers les États-Unis, où il est recherché pour un crime sexuel sur mineure commis en 1977, puis celle, à New York, du directeur du Fonds monétaire international accusé de viol par une femme de chambre ont représenté, à un an et demi d'intervalle, deux sérieux coups de boutoir dans un certain ordre machiste, amenant ses défenseurs à multiplier, dans leur affolement, les déclarations proprement hystériques, et ô combien révélatrices.

Les deux accusés sont des hommes illustres, entourés d'amis influents : Roman Polanski, cinéaste « de renommée internationale » ayant collectionné au cours de sa longue carrière les honneurs et les récompenses les plus prestigieuses ; Dominique Strauss-Kahn, présenté comme le Superman capable de sauver le monde de la crise financière et la gauche française, ou ce qui en tient lieu, d'une défaite à l'élection présidentielle de 2012. Face à eux, deux femmes anonymes, d'un poids dérisoire : Samantha Gailey, qui était, à l'époque des faits, une gamine rêvant d'une carrière de modèle ou d'actrice ; et Nafissatou Diallo, une femme de chambre immigrée. BHL se tord les mains à l'idée que la peccadille mesquinement reprochée à Strauss-Kahn risque de l'empêcher de mener à bien sa noble mission : « Son arrestation survient à quelques heures de la rencontre où il allait plaider, face à une chancelière allemande plus orthodoxe, la cause d'un pays, la Grèce, qu'il croyait pouvoir remettre en ordre sans, pour autant, le mettre à genoux [38] » (pas sûr que les Grecs auraient senti la nuance, mais c'est une autre histoire).

Envisager que de tels personnages, placés par le système de valeurs culturel et médiatique au sommet de la hiérarchie sociale, puissent avoir une face aussi sombre, et qu'ils puissent être tenus de rendre des comptes devant la justice comme n'importe qui, représente une telle commotion que beaucoup, y compris de simples quidams qui ne font pas partie de leurs réseaux d'amitié ou d'influence, rejettent à toute force cette hypothèse. Ils s'acharnent donc à les sauver, quitte à renverser les rôles pour les transformer en victimes – les mots « piège » et « traquenard » reviennent sans cesse dans les deux affaires – et à faire feu de tout bois pour accabler leurs accusatrices. Dans les mois qui suivent l'arrestation de DSK, ils échafaudent les

---

38 Bernard-Henri LÉVY, « Ce que je sais de Dominique Strauss-Kahn », Laregledujeu.org, 16 mai 2011.

scénarios les plus délirants, tout en refusant de considérer celui qui, au vu des informations alors disponibles, apparaît pourtant comme le plus plausible : celui de l'agression sexuelle. Ce qui est en jeu, c'est rien moins que l'ordre social, avec le grand homme tout en haut de la chaîne alimentaire et la pauvre fille tout en bas [39].

Une négation féroce de la subjectivité des femmes s'est exprimée en ces deux occasions. Nombre de commentateurs y ont démontré à quel point leur vision de l'érotisme se passait aisément de cette broutille que représente à leurs yeux la réciprocité du désir. Le langage utilisé n'a cessé de manifester une inconscience totale de la ligne de démarcation existant entre un rapport sexuel et un viol. L'expression « affaire de mœurs » a été utilisée dans les premières dépêches qui ont suivi l'arrestation de Polanski, ainsi que dans la pétition du gratin du cinéma mondial lancée en sa faveur [40] ; quelques voix se sont élevées pour objecter que, s'agissant de la pénétration et de la sodomie d'une adolescente de treize ans préalablement soûlée au champagne et shootée au Quaalude, c'était un peu léger. De même, il y a eu, dans l'affaire DSK, le fameux « troussage de domestique » lâché par le journaliste Jean-François Kahn, qui ramenait Nafissatou Diallo au cliché dépersonnalisant de la « soubrette », l'effaçant du tableau en tant qu'individu [41]. L'épouse de Strauss-Kahn, Anne Sinclair, a été assimilée à une « femme trompée [42] ». Et on a entendu à de multiples reprises la comparaison avec l'affaire Clinton-Lewinski, pourtant d'une nature radicalement différente, puisque la stagiaire de la Maison-Blanche était (plus que) consentante. Expliquant qu'il

39 Pour une analyse plus détaillée, voir Mona Chollet, « Les informulés d'une rhétorique sexiste », *in* Christine Delphy (dir.), *Un troussage de domestique*, Syllepse, Paris, 2011.

40 « Le cinéma soutient Roman Polanski », Sacd.fr, 28 septembre 2009.

41 France Culture, 16 mai 2011.

42 *France Soir*, 19 mai 2011.

« adore » DSK et qu'il lui a envoyé des fleurs pour son retour en France, Karl Lagerfeld se montre confiant dans son avenir : « Même en Amérique, Bill Clinton a survécu à son histoire de pipe [43]. »

À cette désinvolture s'ajoute, pour Samantha Gailey, le présupposé selon lequel, puisqu'elle n'était pas vierge, il n'y avait pas de problème. De ses archives, *Paris Match* ressort un article publié à l'époque : « La jeune "victime" pervertie n'était pas si innocente [44] », clamait un intertitre. La journaliste de 1977 précisait : « Samantha G. est une Lolita en tee-shirt, à qui des formes bronzées donnent nettement plus que son âge, d'ailleurs plus près de quatorze ans que de treize. Elle a reconnu avoir eu, avant sa rencontre avec le metteur en scène, et au moins à deux reprises, des rapports sexuels avec un boyfriend de dix-sept ans. » Seul objet de la discussion, le fait que les relations sexuelles avec un(e) mineur(e) soient prohibées par la loi dans tous les cas permet d'occulter la différence entre un rapport consenti et un rapport forcé. Sa non-virginité, à laquelle s'ajoutent ses « formes bronzées » de « Lolita », fait de la jeune fille un objet appropriable par qui le souhaite ; dire oui à un homme, c'est dire oui à tous les hommes. Et, en trente ans, rien n'a changé : elle « n'était pas une fillette, une petite fille, une enfant, au moment des faits », s'époumone Finkielkraut, comme si une fille pubère ou une femme adulte ne pouvait pas faire l'objet d'un viol. Il insiste sur le fait que Samantha Gailey était « une adolescente qui posait dénudée pour *Vogue Homme* [45] ». S'entendant rappeler l'âge qu'elle avait, le cinéaste Costa-Gavras a ce cri du cœur : « Mais elle en fait vingt-cinq [46] ! » Commentaire perfide du blogueur Maître

---

43 « Karl Lagerfeld opens up », Style.com, 7 septembre 2011.

44 « Roman Polanski : une lolita de 13 ans a fait de lui un maudit », Parismatch.com, 28 septembre 2009.

45 France Inter, 9 octobre 2009.

46 Europe 1, 28 septembre 2009.

Eolas : « Il est vrai que 13 minutes d'un de ses films en paraissent 25, mais je doute de la pertinence juridique de l'argument [47]. »

Le fait qu'il s'agisse d'accusations de viol aurait dû interdire que l'on mentionne même deux thèmes sur lesquels on a pourtant épilogué sans fin : la « vie privée des hommes politiques » et le « puritanisme américain », tous deux complètement hors sujet. Après l'arrestation de Polanski, le ministre de la Culture Frédéric Mitterrand parle de l'« Amérique qui fait peur ». « L'homme de Washington est rattrapé au sein même du FMI par cette fameuse "culture anglo-saxonne" qu'en France on tient parfois pour de la pudibonderie [48] », analyse *Le Nouvel Observateur* quand éclate l'affaire DSK. Jean Daniel estime que « le peuple américain et nous n'appartenons pas à la même civilisation [49] ». Le député socialiste Jean-Marie Le Guen met en garde contre toute contamination : il invoque « l'esprit des Lumières et l'exemple des libertins » qui ont « lié étroitement la liberté politique, économique et celle des mœurs, ce qui a permis la paix et l'émancipation des individus [50] ».

Dans une tribune annoncée en une du *Monde*, après la remise en liberté de Strauss-Kahn, fin août 2011, Pascal Bruckner récrimine contre la « police du désir » qui sévit outre-Atlantique et se félicite de ce que « l'Europe latine semble mieux protégée de ce fléau par une culture ancienne de la conversation et une tolérance aux faiblesses humaines ». Avant de conclure : « Nous avons beaucoup de choses à apprendre de nos amis américains mais certainement pas l'art d'aimer [51]. » Si on a bien suivi, une fellation de sept minutes, présentations

47 « Quelques mots sur l'affaire Polanski », Maitre-eolas.fr, 29 septembre 2009.

48 *Le Nouvel Observateur*, 18 mai 2011.

49 Jean Daniel, « Affaire DSK : l'organisation médiatique d'une mise à mort », Nouvelobs.com, 17 mai 2011.

50 *Le Monde*, 21 mai 2011.

51 Pascal Bruckner, « L'affaire DSK aura révélé une bien triste image de l'Amérique », *Le Monde*, 26 août 2011.

comprises, pratiquée sur la moquette d'une chambre d'hôtel par une femme de chambre qui affirme y avoir été forcée représente donc le témoignage éclatant d'une « culture ancienne de la conversation » et d'un « art d'aimer » typiquement français : ça fait rêver. Les Françaises sont des sacrées veinardes. Pas étonnant que ces lourdauds de Yankees ne comprennent rien à de tels sommets de raffinement latin.

Banalité du pygmalion lubrique

« Il m'a montré la couverture de *Vogue* et il m'a demandé : "Voudrais-tu que je te fasse une telle photo ?" J'ai dit : "Oui" », racontait Samantha Gailey dans sa déposition. Dans le film de Marina Zenovich *Roman Polanski : Wanted and Desired* (2008), un journaliste allemand qui avait couvert l'affaire à Los Angeles explique : « Le meilleur moyen d'approcher son rêve, c'est de rencontrer une star – une vraie star. Or, après *Chinatown*, Roman Polanski était un très grand nom à Hollywood. Ça ne lui aurait pas déplu d'être découverte par lui. » Et Samantha Geimer elle-même se souvient de son excitation quand l'opportunité de poser pour lui s'est présentée : « C'était une occasion unique. On a signé tout de suite. "Avoir ma photo prise par Roman Polanski... Génial !" » conclut-elle avec un rire nerveux. Pour défendre son ami après son arrestation en Suisse, un an plus tard, Costa-Gavras assénait, ulcéré : « Cessez de parler de viol, il n'y a pas de viol dans cette histoire ! Vous savez, à Hollywood, les metteurs en scène, les producteurs sont entourés de très beaux jeunes hommes, de très belles jeunes femmes, qui sont grands, blonds, bien bronzés et prêts à tout [52]. »

---

52 Europe 1, 28 septembre 2009.

Il est étrange que la société ne s'interroge pas davantage sur les mécanismes qui font que des adolescents, et surtout des adolescentes, sont, en effet, « prêts à tout » pour une carrière dans le cinéma ou dans la mode ; comme si les filles sortaient du ventre de leur mère en rêvant de devenir top models. Là encore, on se lave les mains du conditionnement qui les amène à se percevoir uniquement comme des objets esthétiques, et à ne rêver de succès qu'à travers une carrière de chanteuse, d'actrice ou de mannequin. Rappelons l'analyse qu'en fait Catherine Monnot dans son étude sur l'éducation des petites filles (voir chapitre 1) : dans la presse destinée aux préadolescentes, les modèles sont toujours photographiés « dans des poses statiques où elles n'existent que comme objets du regard d'autrui » ; les sites de jeux en ligne qui leur sont proposés sont tous voués « à la présentation de soi et au désir de plaire [53] ». À ce conditionnement correspond un système économique qui les récompense – du moins une poignée d'entre elles – pour leurs performances dans ce domaine bien davantage que pour n'importe quelle prouesse intellectuelle. « Ma sœur a fait quatorze ans d'études pour devenir cancérologue et elle ne gagne pas, et de loin, ce que je gagne, constatait le top model Veronica Webb. Donc, au moins pour l'argent, je vais continuer [54]. » Dans *Picture Me*, la mère de Sara Ziff, qui est avocate, avoue son malaise : « Gagner autant d'argent juste parce qu'on est jolie et qu'on est arrivée au bon moment, je trouve quand même cela un peu étrange. »

Ces incitations plus ou moins franches, venant de l'environnement culturel et, parfois, de l'entourage direct, donnent naissance au rêve féminin sans doute le plus largement partagé depuis que le showbiz existe : celui d'être « découverte ». Il est venu s'ajouter aux rêves de prince charmant, dont il constitue

53 Catherine Monnot, *Petites filles d'aujourd'hui*, *op. cit.*

54 Michael Gross, *Top model*, *op. cit.*

un préalable indispensable, puisque mannequins et actrices finissent le plus souvent par épouser une tête couronnée ou un riche homme d'affaires. Le récit de la « découverte » est un schéma narratif récurrent dans la presse féminine. Kate Moss a été découverte à l'aéroport JFK de New York, à l'âge de quatorze ans, alors qu'elle rentrait de vacances avec ses parents ; Claudia Schiffer, à dix-sept ans, dans une boîte de nuit en Allemagne... Ce moment marque le basculement dans un univers de conte de fées où pleuvent les dollars, le champagne, les compliments. Il est une légende moderne. Dans les années 1940, déjà, une jeune Anglaise confessait, non sans humour : « J'ai souvent pensé, comme beaucoup d'autres stupides adolescentes, que ce serait merveilleux si un célèbre producteur d'Hollywood, ou même d'Elstree [où sont implantés les studios du cinéma anglais], me découvrait. Comme si j'avais jamais été perdue [55] ! »

Mannequin vedette aux États-Unis dans les années 1970 et 1980, Tara Shannon, originaire de Denver, racontait à propos de son enfance : « J'étais une gamine maigrichonne et sans poitrine. Je me peignais des seins et j'imitais les poses des mannequins dans *Cosmo*. J'adorais *Millie the Model*, la bande dessinée sur les mannequins [56] ; j'ai d'ailleurs gardé la collection complète. On pouvait leur envoyer nos dessins des tenues de *Millie*, et ils s'en servaient, ils mettaient votre nom sous la BD. Le drame de ma vie c'est que ma mère n'a jamais envoyé mes lettres. C'est pour ça que je suis devenue mannequin [57]. » Les désirs d'évasion alimentent ce fantasme : « Je pensais à la mode tout le temps, confie Veronica Webb, née à Détroit. Je me

55 Jacob Peter MAYER, *British Cinemas and Their Audiences*, Dobson, Londres, 1948, cité par Carol DYHOUSE, *Glamour. Women, History, Feminism*, Zed Books, Londres, 2011.

56 Publiée aux États-Unis de 1945 à 1973.

57 Michael GROSS, *Top model*, *op. cit.*

souviens de moi lorsque j'étais petite, en train de regarder des magazines qui montraient des femmes, des femmes qui faisaient absolument tout ce qu'elles voulaient. Personne ne leur disait de faire la vaisselle, de tondre la pelouse, de ne pas dire ceci, de ne pas faire cela. C'était rassurant de voir des femmes libres. C'était exactement ce que la mode représentait pour moi : la liberté. » Revenant sur son parcours, elle constate : « Regardons les choses en face, j'ai gagné le gros lot. Mais on ne parle que des succès, alors qu'il faudrait dire aux filles dans l'Iowa ou dans le Kansas qui pensent qu'elles vont devenir millionnaires qu'elles auraient plus de chances en jouant au loto. »

On ne parle que des succès, en effet. Et des aspects reluisants du métier. Le décalage entre l'image idyllique qu'on en donne et sa réalité est même stupéfiant ; il confine à la propagande. Car Costa-Gavras a au moins raison sur un point : un comportement comme celui de Polanski est d'une banalité absolue. Dans les interviews, à la sortie de *Picture Me,* Sara Ziff décrivait la mode comme un « environnement prédateur », « plein d'hommes d'âge mûr tournant comme des requins autour de filles jeunes et vulnérables [58] ». Devant sa caméra, un mannequin du nom de Sena Cech raconte un casting avec l'un des plus grands photographes de mode. « Chérie, peux-tu faire quelque chose de plus sexy ? » lui demande-t-il. Puis son assistant lui dit : « Sena, peux-tu attraper sa queue et la tordre très fort ? Il aime quand on la lui serre vraiment très fort. » « C'était horrible, mais je l'ai fait, commente-t-elle. Et j'ai eu le job. Mais le lendemain, je me sentais mal. » Une autre, qui a finalement refusé que son témoignage figure dans le film, raconte comment, à ses débuts, alors qu'elle avait seize ans et n'avait « encore jamais embrassé personne », un autre grand photographe (« probablement l'un des plus célèbres ») l'a coincée dans un couloir et lui a introduit ses doigts dans le vagin.

58 « Top model exposes sordid side of fashion », *The Observer,* 7 juin 2009.

« À peu près toutes les filles à qui j'ai parlé ont une histoire comme ça [59] », affirme Sara Ziff. Curieusement, pourtant, dans les *success stories* du métier, les épisodes « Comment j'ai été découverte » et « Comment je suis devenue riche et célèbre » sont bien mieux documentés que l'épisode « Comment j'ai dû empoigner la queue du Grand Photographe ».

En 1995, dans une enquête-fleuve intitulée *Top model. Les secrets d'un sale business*, le journaliste américain Michael Gross a retracé minutieusement l'histoire du commerce international des mannequins depuis ses débuts. Son livre jette un éclairage cru sur la génération d'agents et de photographes qui, à la fin des années 1980, a présidé à la transformation des top models en stars planétaires. Se détachent en particulier les figures de John Casablancas, fondateur à Paris, en 1972, de la puissante agence Elite, et de Gérald Marie, qui allait devenir son bras droit. Racontant les premiers pas de Casablancas, Gross écrit : « À partir de ce jour, le monde des agences de mannequins ne serait plus jamais le même. Les hétérosexuels étaient entrés dans l'arène et concurrençaient directement les femmes et les homosexuels qui avaient eu jusqu'à présent le monopole de ces entreprises. "Sex, drugs and rock'n'roll" allaient infiltrer le milieu [60]. » La mode ne passionne que très modérément les nouveaux venus : ils sont là pour le sexe et pour l'argent.

Casablancas expose au reporter sa théorie selon laquelle « les mannequins sont des pierres brutes qu'il faut tailler pour les transformer en diamants ». Or, explique-t-il, « les hommes européens sont les meilleurs sculpteurs pour parachever le travail, car ils ont tendance à être machos. Leur comportement permet aux filles de prendre conscience de leur féminité, ce qui est un atout indispensable à leur réussite ». Avec l'arrivée de

---

59 *Idem.*

60 Michael Gross, *Top model*, *op. cit.* De même pour les citations suivantes, sauf mention contraire.

Gérald Marie chez Elite, constate Gross, ce « polissage sexuel » est désormais effectué « en interne ». Marie fut bientôt affublé du surnom de « Chevalier à la longue queue ». Il épousa Linda Evangelista, dont il lança la carrière. Le mannequin Christine Bolster, qui avait été auparavant sa compagne attitrée et qui le qualifie de « Don Corleone du modeling », raconte à Gross le plateau de cocaïne sur la cheminée et les doses d'injections contre les MST dans le frigo. L'une de ses collaboratrices se souvient d'un épisode révélateur : « Un jour, j'ai vu une fille horrible, très laide, et Gérald a quand même dit : "Prépare-lui un contrat de trois ans, à trente mille francs par mois." Huit jours plus tard, il disait : "Annule-le." Je lui ai demandé d'en discuter d'abord avec le père de la fille. Mais il signait avec certaines filles uniquement pour les mettre dans son lit. »

Ce cynisme est omniprésent dans le milieu. Un autre agent, Claude Haddad, « découvreur » de Jerry Hall (la future épouse de Mick Jagger) et de Grace Jones, fit l'objet en 1988 d'une enquête du magazine de CBS *60 minutes*, de même que Jean-Luc Brunel, de l'agence Karin. Un ancien employé raconte que Haddad avait aménagé son bureau « comme un night-club marocain » et qu'il en sortait, les cheveux en bataille, après s'y être enfermé avec une candidate au prétexte de la peser. Un autre témoin dit avoir vu un jour une fille en sortir en hurlant : « Il m'a demandé de lui tailler une pipe ! » Pour plus de commodité, Haddad hébergeait les nouvelles recrues dans son propre appartement parisien. Un mannequin américain, qui traînait avec lui et ses amis en leur faisant croire qu'elle ne comprenait pas le français, témoigne : « Ils étaient grossiers comme des souteneurs en virée, des ordures. » L'une de ses anciennes collaboratrices, Marilyn Gaulthier, assure que lorsqu'elle est partie ouvrir sa propre agence, « il n'y avait pas un seul homme dans la maison. Même pas pour planter un clou. J'étais totalement dégoûtée ». Une autre agente a elle aussi démarré sa propre entreprise, au personnel entièrement féminin, en récupérant les victimes de ses confrères : « Les mannequins s'enfuyaient en pleine nuit et arrivaient à l'aéroport sans bagages ni argent, elles appelaient leur mère en pleurant. »

Dans son entretien avec Michael Gross, John Casablancas balance sur Jean-Luc Brunel et sur ses amis : « Leur terrain de chasse, c'était les discothèques parisiennes. Ils étaient connus. Ils invitaient les filles et mettaient de la drogue dans leurs boissons. Tout le monde sait que c'était une bande de salopards. » Connaissant la réputation de Casablancas lui-même, le magazine en ligne Jezebel s'interroge : « À quel point faut-il être pervers pour que John Casablancas vous traite de pervers [61] ? » Le journaliste de CBS, Craig Pyes, obtint le témoignage de cinq filles qui affirmaient avoir été droguées et violées par Brunel ou ses amis ; l'une s'était retrouvée en hôpital psychiatrique avec de graves troubles psychologiques. Un mannequin qui lui avait « ri au nez » lorsqu'il lui avait fait des avances disait n'avoir plus jamais travaillé. Il faut noter cependant que, si les révélations des journalistes ont causé des remous considérables, elles n'ont pas eu d'effets notables à long terme. À nouveau mis en cause en 1999 par un reportage de la BBC filmé en caméra cachée, Gérald Marie est aujourd'hui président d'Elite Model Management. En 1993, lorsque Michael Gross l'a rencontré, Haddad s'était simplement fait discret : « Je parcours l'Europe de l'Est et je trouve des filles qui ont faim et qui ne veulent pas entendre parler de ces conneries de scandales. » Quant à Jean-Luc Brunel, il a refait surface en 2010 : il figurait dans l'entourage de Jeffrey Epstein, un financier américain suspecté par le FBI d'avoir abusé de dizaines de jeunes filles mineures [62].

Au moment où Gross rencontre Haddad, celui-ci est encore furieux contre le reportage de CBS, cinq ans plus tôt. Il exprime son indignation dans des termes qui, après les affaires Polanski

---

61 « The sex-trafficking model scout », Jezebel.com, 4 août 2010.
62 *Idem.*

et Strauss-Kahn, prennent une résonance particulière : « Je travaille avec des belles jeunes femmes. D'accord, j'essaie de les baiser, mais ce n'est pas un crime. En France, vous pouvez baiser toutes les nanas que vous voulez. » Lui aussi a un problème avec le « puritanisme américain » : « Cette fille qui m'a interviewé, peut-elle jurer qu'elle n'a jamais baisé quelqu'un pour réussir ? Je hais les Américains. [...] C'est le peuple le plus dégueulasse que j'aie jamais rencontré. Je ne suis pas amer, c'est un fait. » Traité de maquereau par un concurrent, Casablancas, qui est américain d'origine catalane, adopte la même ligne de défense, estimant que ses compatriotes sont des coincés : « Moi, je suis latin. » Il analyse en ces termes ce qui l'oppose à sa plus grande rivale, l'Américaine Eileen Ford, fondatrice de l'agence du même nom : « En réalité, le problème se résume en quelques mots : Ford était une puritaine, et moi tout le contraire. » Eileen Ford – que Gross décrit comme un personnage fortement antipathique – était peut-être une puritaine, mais on peut douter que le problème se résume à cela...

Cette nouvelle ère de l'industrie a correspondu à un rajeunissement considérable des mannequins. Ayant un jour envoyé une petite recrue de treize ans en voyage avec un photographe, Casablancas apprend au retour que celui-ci n'a pas été inspiré par elle et ne l'a pas utilisée pour ses prises de vue. Mais elle ne s'est pas ennuyée du tout, le rassure l'autre : « Ne t'inquiète pas, elle est allée à la plage tous les jours. Elle s'est acheté un seau et une pelle et elle a fait des châteaux de sable ! » De même, dans *Picture Me*, les amies de Sara Ziff évoquent une collègue âgée de douze ans : « Mais si, rappelle-toi, l'année dernière elle faisait des coloriages dans les coulisses du défilé Calvin Klein... » Ziff, qui a elle-même commencé à quatorze ans, relève combien il est problématique de demander à des filles de prendre des poses sexy, de jouer de leur sexualité, alors que celle-ci est encore balbutiante. On notera l'ironie qu'il peut y avoir à hypersexualiser des filles à peine pubères, pour ensuite les accuser d'avoir provoqué les abus dont elles sont victimes en les qualifiant de « Lolitas perverses »...

Le goût de l'industrie de la mode correspondait en tout point au goût des nouveaux patrons d'agence. Casablancas fut mis dans l'embarras par la révélation de sa liaison avec Stephanie Seymour, entamée en 1984, alors que le top model, tout juste débutante, avait seize ans, et lui quarante-deux. L'une de ses collaboratrices raconte que Stephanie allait chez lui, qu'elle jouait avec son jeune fils [63], et que son épouse – qui n'était pas au courant – leur faisait la cuisine à tous les deux. Une agente estime que la mère de l'adolescente aurait dû éloigner sa fille : « Mais elle voulait qu'elle devienne mannequin. » En 1999, dans *Tout le monde en parle*, sur France 2, Thierry Ardisson invita Gérald Marie, alors en pleine tempête après le scandale causé par le reportage de la BBC ; il lui rappela au passage la liaison de son patron avec Seymour. Marie s'en tira en jouant la complicité masculine et le prestige du nom de la jeune femme : « Je crois qu'on aurait été nombreux à craquer comme lui avec Stephanie Seymour... » Et puis, argue-t-il, « elle fait seize ans plutôt en allant vers vingt-cinq [64] ». (Décidément...) À quinze ans, Seymour avait participé une première fois au célèbre concours annuel d'Elite, baptisé « Look of The Year ». Elle avait été bien classée, mais sans plus. Au cours de l'année suivante, elle écrivit régulièrement de petites lettres au personnel de l'agence : « Quand on ouvrait l'enveloppe, de petites étoiles argentées tombaient, se souvient Casablancas. Tout le monde était sous le charme. »

Les goûts du patron d'Elite sont largement partagés. Interrogé à la télévision sur son penchant pour les jeunes filles, Polanski réfléchissait un instant, avant de répondre un brin tautologiquement : « J'aime les jeunes femmes, disons-le

---

63 Julian Casablancas, futur chanteur des Strokes.

64 *Tout le monde en parle*, France 2, 11 décembre 1999.

comme ça. Comme la plupart des hommes, je pense[65]. » À ce sujet, on trouve dans *Top model* une anecdote intéressante, racontée par Tara Shannon. À la fin des années 1970, la jeune Américaine est à Paris. Se promenant avec une amie, elle voit tout à coup Jack Nicholson sortir de l'hôtel George V. Elles l'abordent au culot, et l'acteur leur propose de l'accompagner à une petite fête où il se rend. « Jack sonne et devinez qui ouvre la porte ? Roman Polanski[66] ! C'était complètement dingue ! Nous sommes rentrés dans une pièce remplie de petites blondes d'une quinzaine d'années. Du coup, Lisa et moi, on se trouvait vieilles et on s'est regardées en se disant intérieurement : "Foutons le camp d'ici !" Quelqu'un a fait passer un joint, Lisa n'y a pas touché, mais j'en ai pris quelques taffes. Tout à coup, je commence à me sentir malade, à tel point que je suis obligée de m'allonger. Il m'a fallu quelques minutes pour reprendre mes esprits. Mais plusieurs des filles étaient inconscientes... ça craignait ! On s'est barrées. »

Un érotisme de ventriloques

Les considérations juridiques nous intéressent assez peu ici. En revanche, on peut s'interroger sur le sens de cette compulsion. On parle couramment de goût pour la « chair fraîche » : l'expression, plutôt désobligeante, traduit une disqualification des femmes mûres qui n'a pas son équivalent pour les hommes du même âge, et qui ressemble fort à une disqualification des femmes tout court. Or il semblerait que ce soit

---

65 Séquence reprise dans le film de Marina Zenovich (réal.), *Roman Polanski : Wanted and Desired*, 2008.

66 Rappelons qu'en 1977, à Los Angeles, la séance photo de Roman Polanski avec Samantha Gailey s'était déroulée dans la villa de Jack Nicholson, qui était absent.

un aspect psychologique, au moins autant que l'attrait d'un corps neuf et lisse, qui motive les amateurs. Inexpérimentées, impressionnables, malléables, les jeunes filles n'ont en effet pas encore les moyens de s'imposer comme des individus ; elles sont des créatures inoffensives, génériques, interchangeables. Et c'est bien cela que recherchent leurs Pygmalions. Car une peur bleue des femmes sourd des récits que recueille Michael Gross – une peur qui tourne parfois à la haine et à la violence pures : il rapporte d'innombrables histoires de filles non seulement abusées, mais insultées ou tabassées. Sa description du milieu des « play-boys milanais », en particulier, est cauchemardesque ; ceux-ci durent cependant faire profil bas après le meurtre, en 1984, d'un riche héritier italien, abattu par un mannequin américain qu'il avait harcelée d'une manière abjecte et qui, cette nuit-là, était défoncée à la cocaïne.

Un photographe qui avait commencé dans le métier en 1970 déplore l'évolution du milieu de la mode : « Avant, les filles étaient plus âgées, plus mûres, elles portaient des lunettes et lisaient des livres. On en a même connu avec un doctorat universitaire, elles avaient de la conversation. » Oui... Et il semblerait que ce soit bien là le problème. Les collectionneurs de nymphettes ne veulent pas des filles qui aient *de la conversation.* « La plupart des photographes shootent des jeunes filles, devant une femme ils perdent leurs moyens », lance le top model Lauren Hutton, qui a connu une carrière d'une exceptionnelle longévité. Elle-même, croisant un jour Stephanie Seymour et un autre mannequin tout aussi jeune, accrochées chacune à un bras de Casablancas, leur conseilla : « Sauvez-vous vite ! » Il fallut intervenir pour empêcher le fondateur d'Elite de la frapper : « Je pensais que c'était une gouine, alors je l'ai traitée comme un homme », explique-t-il ingénument à Michael Gross. Sa proche collaboratrice analyse : « À dix-huit ans, on commence à réfléchir et à devenir intelligente. Le jour où les filles devenaient un peu plus matures et commençaient à avoir leurs propres opinions, c'était fini. John voulait être adulé, alors qu'elles se mettaient à lui répondre. À mon avis, John craignait qu'on découvre qu'il est complètement angoissé [...]. Quand une fille le remettait en question, ça le mettait mal à l'aise. Il a peur des femmes, alors il tire sa révérence dès que ça devient délicat. »

Il ne faut pas que les filles *répondent*. Cette asymétrie de la parole recoupe l'asymétrie de la relation de pouvoir. Ce qui frappe, c'est la prédominance universelle d'un érotisme de ventriloques. La qualité prestigieuse d'artiste renforce encore cette ventriloquie ; elle la légitime. On l'a vu dans l'affaire Polanski. Les défenseurs du reclus de Gstaad ne cessaient de mettre en avant son parcours, comme pour revendiquer une sorte de droit naturel du créateur mâle à imposer son récit, son fantasme, ses désirs. Au moment de son arrestation, la polémique s'est étendue à Frédéric Mitterrand, qui prenait fait et cause pour lui, et dont on rappela qu'il avait rapporté, dans un livre, sa propre expérience de touriste sexuel en Thaïlande. Le futur ministre de la Culture s'y trouvait en position de dominant non seulement parce qu'il payait un jeune Thaïlandais pour que celui-ci se mette au service de son désir (« I want you happy »), mais aussi parce qu'il projetait ensuite sur le garçon, dans l'écriture, les sentiments qui lui convenaient, avec cette étonnante capacité à se raconter des histoires que manifestent les clients de la prostitution : « Le fait que nous ne puissions pas nous comprendre augmente encore l'intensité de ce que je ressens et je jurerais qu'il en est de même pour lui [67]. »

Il y a encore mieux qu'être un artiste, cependant : être un artiste *qui souffre*. Les amis de Polanski n'ont pas manqué de souligner que, entre la mort des siens en déportation pendant la guerre et l'assassinat en 1969 de son épouse Sharon Tate, cet homme avait beaucoup souffert. Dans l'interview télévisée déjà

---

67 Frédéric MITTERRAND, *La Mauvaise Vie*, Robert Laffont, Paris, 2005.

citée, le cinéaste disait qu'il y avait différentes manières de réagir à la douleur : « Certains s'enferment dans un monastère, d'autres se mettent à fréquenter les bordels. » Quant à Frédéric Mitterrand, il confiait que la fréquentation de jeunes prostitués thaïlandais lui avait servi à apaiser ses tourments d'homosexuel mal assumé [68]. S'abriter derrière son statut d'artiste pour justifier cet usage consolatoire de plus faible que soi ne va pourtant pas sans poser quelques problèmes. Sur son blog, André Gunthert ironisait : « La littérature, c'est comme la baguette magique de la fée Clochette : ça transforme tout ce qui est vil et laid en quelque chose de beau et de nimbé, avec un peu de poudre d'or, de musique et de grappes de raisin tout autour. Pour les poètes, la prostitution n'est plus la misère, le sordide et la honte. Elle devient l'archet de la sensibilité, l'écho des voix célestes, la transfiguration des âmes souffrantes. La littérature, ça existe aussi au cinéma. Talisman de classe, elle protège celui qui la porte de l'adversité. Que vaut une fillette de treize ans face à une Palme d'or [69] ? »

Le prestige de l'art est si bien installé, il sert si bien à tout justifier, qu'il peut aussi n'être qu'un prétexte, et même un prétexte plutôt mince. Dans une scène de *Picture Me*, le coréalisateur Ole Schell, petit ami de Sara Ziff, la filme en larmes après un défilé. Dans les coulisses, les mannequins ne disposent d'aucun espace privatif : entre deux passages, elles se changent au milieu de l'agitation générale, et des intrus en profitent sans vergogne. « Il y avait ce type qui prenait des photos, sanglote-t-elle. Je lui ai dit d'arrêter de me prendre en photo quand j'étais nue, mais au lieu d'arrêter, il m'a répondu : "Tu auras peut-être le privilège de poser pour moi un jour" ! » Là encore, les

---

68 Lire à ce sujet les réflexions de Didier LESTRADE, « Le chapitre 11 », http://didierlestrade.blogspot.com, 10 octobre 2009.

69 André GUNTHERT, « Éloge de la littérature », Recherche en histoire visuelle, www.arhv.lhivic.org, 9 octobre 2009.

femmes sont considérées comme des objets esthétiques et sexuels impersonnels, offerts à l'objectif du premier mégalomane lubrique venu ; elles n'ont pas à faire valoir leur droit à une intimité quelconque.

L'homme est un créateur, la femme est une créature : cette division des rôles a des racines très anciennes. Portemanteau à fantasmes, marionnette de ventriloque, telle est aussi la position la plus fréquemment assignée aux actrices. En 1976, Delphine Seyrig avait donné la parole à quelques-unes de ses consœurs, françaises et américaines, dans un documentaire intitulé *Sois belle et tais-toi* [70]. Toutes s'accordent sur la pénurie de rôles féminins, et, plus encore, sur leur pauvreté, sur les quelques clichés affligeants auxquels ils se réduisent. « J'avais envie de bastonner les gens qui me disaient : "Oh, tu étais formidable dans ce film !", avoue Barbara Steele. J'aurais voulu leur répondre : "Ne me dis pas que tu m'as aimée là-dedans, je n'y étais même pas ! C'était quelqu'un d'autre !" » Seule exception, Jane Fonda déborde d'enthousiasme en évoquant le film qu'elle vient alors de tourner avec Vanessa Redgrave : *Julia*, de Fred Zinnemann, sorti en 1977, qui raconte l'amitié entre deux femmes pendant la Seconde Guerre mondiale. Elle a cette formule éloquente : « C'était la première fois que je jouais le rôle d'une femme qui ne joue pas un rôle. »

Fonda raconte son passage, le jour de son arrivée à la Warner, sur le fauteuil où atterrissaient toutes les actrices, tandis que les experts se bousculaient au-dessus d'elles pour les examiner sous toutes les coutures : « Ils m'ont conseillé de me teindre en blonde, de me faire briser les mâchoires par le dentiste pour creuser les joues – j'avais encore mes bonnes joues d'adolescente –, de porter des faux seins et de me faire refaire le nez, parce que, avec un nez pareil, je ne pourrais "jamais jouer

70 Édité en DVD par le Centre audiovisuel Simone-de-Beauvoir, à Paris, que Seyrig a cofondé. http://centre-simone-de-beauvoir.com.

la tragédie" ! » Maria Schneider, covedette avec Marlon Brando du *Dernier tango à Paris* de Bernardo Bertolucci, sorti en 1972, dit que, durant le tournage, Bertolucci lui a à peine adressé la parole : « Il a fait le film avec Marlon. » Elle dit aussi qu'elle aimerait bien tourner enfin avec des hommes de son âge – elle a vingt-trois ans : « Nicholson, c'est mieux que Brando, mais il a quand même quarante ans... » Une autre lui fait écho : « Tout le cinéma n'est qu'un énorme fantasme masculin. »

L'horreur : une femme qui pense

Un préjugé tenace pèse sur les femmes qui expriment leurs désirs, leurs capacités intellectuelles, leurs jugements, à l'égal des hommes. On y voit un désordre, une menace pour l'idéal amoureux promu par la culture dominante. Dans son étude de la revue *Femina*, Colette Cosnier cite les descriptions exaltées qui y étaient faites, au début du XXe siècle, de quelques épouses de grands hommes [71] : la poétesse Rosemonde Gérard, mariée à Edmond Rostand, « néglige » ses propres manuscrits, mais, comme elle « sait le métier », elle devient une parfaite secrétaire, et « grâce à elle le poète, comme un enfant, se trouve choyé, câliné, compris ». La femme du peintre Chartran crée autour de lui l'« atmosphère d'élégance et de beauté qu'il chérit » et organise des réceptions « où se délasse le cerveau de l'artiste ». Après la démission des dactylos qu'il avait à son service, le journaliste Hugues Le Roux dicte chaque matin son courrier à sa femme, « installée en face de lui à une table plus basse ». Tout cela est pimpant, charmant. À l'inverse, Pierre et Marie Curie, eux, vivent « dans une petite maison

---

71 Colette Cosnier, *Les Dames de* Femina, *op. cit.*

triste et poussiéreuse du boulevard Kellerman, près des fortifications ». « Ils ne sortent pas, ne voient presque personne. » Dès le départ, leur union a été sinistre : « Ils s'accordèrent devant les cornues et leur épithalame [chant composé pour les nouveaux mariés] fut une équation. »

Dans un numéro de 1903, l'académicien Henri Lavedan publie un dialogue dans lequel le mari d'une écrivaine se lamente : « On m'avait garanti sur facture qu'elle était nulle, stupide et bonne. C'était ça que je voulais, que je cherchais comme une épingle ! Une créature excellente qui n'invente rien. Et puis, patatras, voilà-t-il pas qu'une fois mariée elle se découvre une vocation, des poussées... Un génie dans l'œuf... Toute la blague, quoi ! Et puis qu'elle écrit !... Qu'elle publie !... Qu'elle a du succès [72] !... » Une soixantaine d'années plus tard, les attentes n'ont pas beaucoup évolué. Dans une brève scène de *Jules et Jim* de François Truffaut, un homme présente à ses amis sa dernière conquête, une jeune femme complètement muette. Très excité, il commente, comme si cela allait de soi : « Le sexe à l'état pur ! » À la même époque, Lauren Hutton est lycéenne en Floride. Elle est persuadée d'être moche, car les garçons la dédaignent. « Récemment, j'ai revu le délégué de ma classe et il m'a dit : "Tu n'étais pas laide, tu étais très belle, mais tu avais des idées et ça nous terrifiait [73]." »

En dehors même des milieux artistiques, cet idéal d'une femme muette ou même, idéalement, pour plus de précaution, idiote est d'une banalité étonnante. C'est parce que l'intellectuelle marocaine Fatema Mernissi en a été intriguée qu'elle a entrepris d'écrire son livre *Le Harem et l'Occident* [74]. L'idée lui est venue au cours de la tournée de promotion en Europe de *Rêves*

72 *Idem.*

73 Michael Gross, *Top model*, *op. cit.*

74 Fatema Mernissi, *Le Harem et l'Occident*, *op. cit.*

de femmes, récit de son enfance dans un harem de Fès [75]. Étonnée par les sourires gênés ou entendus que provoque chez les journalistes qui l'interviewent le mot « harem » – terme qui, pour elle, désigne simplement une réalité familiale –, elle cherche à en savoir plus sur la représentation qu'ils s'en font.

Elle découvre alors que pour les hommes occidentaux, nourris des peintures de Delacroix, Ingres, Matisse et Picasso, le mot renvoie à un pur fantasme : celui d'un paradis sexuel peuplé de captives disponibles, alanguies et perpétuellement nues (« les musulmans semblent éprouver un sentiment de puissance virile à voiler leurs femmes, et les Occidentaux à les dévoiler », observe-t-elle insolemment). Le harem leur évoque en fait un univers très similaire à celui des maisons closes peintes par Toulouse-Lautrec ou Degas. Elle est stupéfaite : comment peuvent-ils croire sérieusement que des femmes enfermées acceptent leur sort de bonne grâce ? Cette réalité du non-consentement féminin, sa propre tradition culturelle ne l'occulte jamais, dit-elle, que ce soit dans les grands récits littéraires ou dans la peinture : on y sent toujours planer la menace d'une révolte possible, et la situation du maître des lieux est tout sauf confortable. Les miniatures des artistes musulmans, de surcroît, montrent toujours les femmes des harems très habillées et très actives : montant à cheval, tirant à l'arc...

Harcelant de questions ses amis européens, Fatema Mernissi poursuit ses recherches. Un journaliste parisien avec qui elle a sympathisé lui confie l'un de ses fantasmes sexuels : celui d'une femme « muette, passive intellectuellement autant que physiquement ». Le même, pour l'aider à comprendre la vision

---

75 Fatema MERNISSI, *Rêves de femmes. Une enfance au harem*, traduit de l'arabe par Claudine Richetin, Albin Michel, Paris, 1996.

prédominante en Occident des rapports entre hommes et femmes, lui fait lire *Observations sur le sentiment du beau et du sublime*, de Kant. Elle tombe sur ces lignes : « L'étude laborieuse ou la cogitation morose, encore qu'une femme puisse y exceller, anéantissent les avantages qui sont propres à son sexe, et peuvent faire l'objet d'une froide admiration en raison de leur rareté ; mais elles affaibliront par là même les charmes par lesquels elles exercent une grande force sur l'autre sexe. »

S'y ajoutent d'autres éléments concordants, comme l'insistance d'un Molière à tourner en dérision les prétentions intellectuelles des femmes (*Les Femmes savantes*, *Les Précieuses ridicules*). Cette fois, Fatema Mernissi est carrément prise de malaise – et de pitié : cette séparation de l'intellectuel et du sexuel lui apparaît comme un appauvrissement tragique, un non-sens. Pour elle, la séduction ne peut se réduire au langage du corps, ni faire l'économie d'une « communication intense ». « Que peut donc être un orgasme partagé, pensais-je, dans une culture où les pouvoirs de séduction de la femme ne comptent pas celui de l'esprit ? » Il s'agit là d'une tradition qui lui est complètement étrangère : « Dans le harem musulman, l'échange intellectuel est, au contraire, indispensable à la jouissance partagée. » Les califes exigeaient en effet de leurs esclaves féminines une intelligence, des connaissances et des talents oratoires, comme l'esprit de répartie, qui étaient loin de se réduire au petit vernis d'éducation nécessaire à donner le change dans les conversations mondaines. Le calife Ma'moun, fils de Haroun al-Rachid, par exemple, trouvait un plaisir hautement érotique à affronter une femme aux échecs. « N'est-il pas étrange, interroge Fatema Mernissi, que, dans l'Orient médiéval, des despotes comme Haroun al-Rachid recherchaient des esclaves érudites tandis que, dans l'Europe des Lumières, des philosophes tels que Kant rêvaient de femmes incultes ? » Quand elle expose la conception de l'amour développée par Jahiz, écrivain arabe du IXe siècle – une conception baptisée *isq*, et faite à la fois d'affinité intellectuelle, d'érotisme intense et de « désir profond de faire durer la relation » –, à un ami allemand, celui-ci lui réplique que son Jahiz est un adolescent attardé et qu'il « attend trop de l'amour ».

Une idée germe alors dans son esprit : « Se pourrait-il qu'en Orient la violence imposée aux femmes vienne de ce qu'on leur reconnaît la faculté de penser et donc d'être des égales, et qu'en Occident les choses aient l'air plus cool parce que le théâtre du pouvoir gère la confusion entre masculinité et intelligence ? » Elle va plus loin : en Orient, l'enfermement est spatial, alors que, en Occident, il est immatériel et se fait dans l'image d'elles-mêmes qu'on impose aux femmes ; en somme, les femmes y sont enfermées dans le regard des hommes. Mise à contribution d'autorité dans ses réflexions, son éditrice française apporte de l'eau à son moulin en lui offrant *Voir le voir* (*Ways of Seeing*) de John Berger [76], où elle lit par exemple : « Les hommes regardent les femmes. Les femmes se regardent être regardées. » Avant elle, les féministes américaines ont elles aussi fait leur miel de cette analyse.

Elle-même professe, vis-à-vis de ces regards, un détachement et une sérénité remarquables. Ses hanches larges lui valent les compliments des hommes de son pays, mais son visage et son cou, jugés trop minces, l'ont toujours exposée aux critiques. Au cours de ses études, raconte-t-elle, ses camarades, qui la traitaient de « girafe », n'en revenaient pas de l'indifférence avec laquelle elle accueillait leurs remarques. Elle avait fini par répliquer à l'un d'entre eux : « Tu sais, mon cher Karim, tout ce dont j'ai besoin pour vivre, c'est du pain, des olives et des sardines. Si tu juges mon cou trop long, c'est ton problème, pas le mien. » Plus loin, elle ajoute : « Je me trouve laide quand je suis fatiguée ou malade, et je me trouve belle

---

76 John Berger, *Voir le voir*, Alain Moreau, Paris, 1976.

quand il fait beau ou quand j'ai écrit une page particulièrement réussie. »

Non, décidément, « il n'y a pas de mal à vouloir être belle ». Mais il serait peut-être temps de reconnaître qu'il n'y a aucun mal non plus à vouloir *être*.

Table

Introduction **7**

1 **Et les vaches seront bien gardées. L'injonction à la féminité** **17**

Pour des femmes en jupe et des hommes qui en ont 23

Le charme retrouvé des territoires féminins 28

« N'exister que par la beauté » 34

Backlash *et marketing* 39

Fermer des portes pour l'avenir 45

2 **Un héritage embarrassant. Interlude sur l'ambivalence** **53**

« Avec quoi elle vient ! » 56

Sagesse de la parure 60

L'univers en modèle réduit 67

Derrière la fascination du it bag 70

Congédier le monde 74

3 **Le triomphe des otaries. Les prétentions culturelles du complexe mode-beauté** **89**

« Il faut faire un effort, Jenn' ! » 92
Actrices ou communicantes ? 96
Le paradigme Gossip Girl 101
L'aristocratie du showbiz 106
Les marques en terrain conquis 112
Patauger dans son aliénation 115
Les femmes et la culture de masse 123
Une « fin de l'histoire » au féminin ? 128

4 **Une femme disparaît. L'obsession de la minceur, un « désordre culturel »** **133**

Exister sans corps 137
Femmes et nourriture, un rendez-vous toujours manqué 141
L'anorexique : anormale ou trop normale ? 144
Un modèle impossible 148
Hypocrisie et perversité 152
Couper les ponts 157
Une question de santé ? 160

5 **La fiancée de Frankenstein. Culte du corps ou haine du corps ?** **165**

Nier la douleur 168
Un couteau sans lame… 173

Un éclairage impitoyable 178

L'aura confisquée 185

« Ce qui me fait chanter » 189

Le piège de l'homologation 196

Une merveilleuse « liberté de choix » 200

6 **Comment peut-on ne pas être blanche ? Derrière les odes à la « diversité »** **207**

S'afficher dans le camp des gagnants 213

Soigner les corps « dégénérés » 216

« Illuminer les recoins sombres de la terre » 219

« Suprématie blanche » dans la mode 228

Une créativité étouffée 234

La lumière, encore 239

7 **Le soliloque du dominant. La féminité comme subordination** **243**

Yohji Yamamoto contre le « style recherche d'emploi » 249

Les femmes sont-elles des objets ? 255

Grands hommes et petites pépées 261

Banalité du pygmalion lubrique 270

Un érotisme de ventriloques 279

L'horreur : une femme qui pense 284

CPI
FIRMIN-DIDOT

Composition Facompo, Lisieux.
Impression réalisée par CPI Firmin Didot
à Mesnil-sur-l'Estrée (Eure).
Dépôt légal du 1er tirage : avril 2015
Suite du 1er tirage (18) : août 2021
N° d'impression : 165804
Imprimé en France